Johann Gottlieb Fichte: Grundlage des Naturrechts

Klassiker Auslegen

Herausgegeben von
Otfried Höffe

Band 24

Johann Gottlieb Fichte: Grundlage des Naturrechts

Herausgegeben von
Jean-Christophe Merle

2., bearbeitete Auflage

DE GRUYTER

ISBN 978-3-11-044172-7
e-ISBN (PDF) 978-3-11-043461-3
e-ISBN (EPUB) 978-3-11-042932-9
ISSN 2192-4554

Library of Congress Cataloging-in-Publication Data
A CIP catalog record for this book has been applied for at the Library of Congress.

Bibliografische Information der Deutschen Nationalbibliothek
Die Deutsche Nationalbibliothek verzeichnet diese Publikation in der Deutschen Nationalbibliografie; detaillierte bibliografische Daten sind im Internet über http://dnb.dnb.de abrufbar.

© 2016 Walter de Gruyter GmbH, Berlin/Boston
Satz: Frank Hermenau, Kassel
Druck und Bindung: CPI books GmbH, Leck
♾ Gedruckt auf säurefreiem Papier
Printed in Germany

www.degruyter.com

Inhalt

Zitierweise —— VII

Jean-Christophe Merle
1 Einführung —— 1

Wolfgang Kersting
2 Die Unabhängigkeit des Rechts von der Moral (Einleitung) —— 19

Frederick Neuhouser
3 The Efficacy of the Rational Being (First Proposition: § 1) —— 35

Claude Piché
4 Die Bestimmung der Sinnenwelt durch das vernünftige Wesen (Folgesatz: § 2) —— 45

Axel Honneth
5 Die transzendentale Notwendigkeit von Intersubjektivität (Zweiter Lehrsatz: § 3) —— 57

Alain Renaut
6 Deduktion des Rechts (Dritter Lehrsatz: § 4) —— 75

Günter Zöller
7 Leib, Materie und gemeinsames Wollen als Anwendungsbedingungen des Rechts (Zweites Hauptstück: §§ 5–7) —— 89

Rolf-Peter Horstmann
8 Theorie des Urrechts (§§ 8–12) —— 103

Matthias Kaufmann
9 Zwangsrecht (§§ 13–16) —— 113

Ingeborg Maus
10 Die Verfassung und ihre Garantie: das Ephorat (§§ 16, 17 und 21) —— 125

Jean-Christophe Merle
11 Eigentumsrecht (§§ 18–19) —— 143

Alessandro Lazzari
12 „Eine Fessel, die nicht schmerzt und nicht sehr hindert" (§ 20) —— 157

David Archard
13 Family Law (First Annex) —— 169

Carla De Pascale
14 Das Völkerrecht (Zweiter Anhang) —— 179

Auswahlbibliographie —— 193
Personenregister —— 201
Sachregister —— 203
Autorenhinweise —— 207

Zitierweise

Fichte wird zitiert nach der Johann Gottlieb Fichte-Gesamtausgabe, hrsg. v. R. Lauth, H. Jacob u. H. Gliwitzky, Stuttgart-Bad Cannstatt, 1962 ff. Die römische Zahl verweist auf die Reihe (I: Werke; II: Nachgelassene Schriften; III: Briefwechsel; IV: Kollegnachschriften), die erste arabische Zahl auf die Nummer des Bandes und die letzte auf die Seitenzahl, z. B. I 3, 313 = Reihe ‚Werke', Bd. 3, S. 313: „Einleitung" der *Grundlage des Naturrechts*. Kant wird nach der Ausgabe der Preußischen Akademie der Wissenschaften (Berlin 1902 ff.) zitiert, z. B. VI 229 = Bd. VI, S. 229. Klassische philosophische Texte sind im Literaturverzeichnis am Ende des Bandes aufgeführt. Auf andere Literatur wird mit dem Namen des Verfassers und dem Erscheinungsjahr Bezug genommen.

Siglen

GHS	Der geschloßne Handelstaat (1800)
GMS	Immanuel Kant: Grundlegung zur Metaphysik der Sitten (1785)
GNR	Grundlage des Naturrechts (1796/1797)
KrV	Immanuel Kant: Kritik der reinen Vernunft (1781/87)
KprV	Immanuel Kant: Kritik der praktischen Vernunft (1788)
MdS	Immanuel Kant: Die Metaphysik der Sitten (1797)
Revolution	Beitrag zur Berichtigung der Urtheile des Publikums über die französische Revolution (1793)
RL	Immanuel Kant: Metaphysische Anfangsgründe der Rechtslehre (1797)
SRL	Das System der Rechtslehre (1812)
WL 1794	Grundlage des gesamten Wissenschaftslehre (1794)
WL 1798	Wissenschaftslehre nova methodo (1798)
VKO	Versuch einer Kritik aller Offenbarung (^{1}1792; überarbeitet ^{2}1793)
Zurückforderung	Zurückforderung der Denkfreiheit (1793)

Jean-Christophe Merle
1 Einführung

1.1 Abschied vom Naturrecht

Fichtes *Grundlage des Naturrechts* ist das letzte bedeutende philosophische Werk, das sich in einer Zeit, in der das Naturrecht in Verruf geriet, schon im Titel auf das Naturrecht bezieht. Darunter hat seine Rezeption erheblich gelitten.

Bekanntlich verwendet Kant in seiner *Rechtslehre* (1797) den Terminus „Naturrecht" an keiner Stelle: Denn nach seiner Ansicht kann aus dem unbestimmten Begriff der Natur weder im theoretischen noch im praktischen Bereich ein allgemeingültiges Prinzip gewonnen werden. Hegels Naturrechtsaufsatz (1802) formuliert das Todesurteil für das Naturrecht, indem er es mit ausdrücklichem Bezug auf Fichtes Naturrechtsabhandlung als eine mechanische Auffassung von Recht und Staat charakterisiert, die es angeblich nicht erlaubt, eine Gesellschaft freier Individuen zu denken.

Auf den ersten Blick scheinen diese Bedenken ein Wahrheitsmoment zu besitzen. Während Kant in seiner Grundanthropologie – d. h. in der Willkür der Menschen und in deren Zusammenleben in einer gemeinsamen Welt – die bloßen Rahmenbedingungen der äußeren Welt findet, auf die das metaphysische Prinzip der Sittenlehre angewandt und dadurch als der Tugendlehre entgegengesetzt spezifiziert wird (sie ist die „äußere Gesetzgebung"), deduziert Fichte den Rechtsbegriff nicht aus dem Prinzip der Sittenlehre, sondern aus dem Selbstbewußtsein. Es stimmt auch, daß das Zwangsrecht und die Anwendung des Rechtsbegriffs durch Kontrollinstanzen in der *Grundlage des Naturrechts* besonders geprägt ist.

Doch trügt dieser erste Blick. Nicht um Grundsätze des Naturrechts wie etwa bei Wolff, sondern um die *Grundlage* des Naturrechts *nach den Prinzipien der Wissenschaftslehre* geht es in Fichtes Schrift. Nicht aus einer Grundanthropologie lernen wir, daß das absolute Ich eine „Tathandlung" ist, die sich in einer Disjunktion setzt zwischen Ich und Nicht-Ich, die wiederum einander in einem theoretischen Standpunkt, in dem das Nicht-Ich das Ich bestimmt, und in einem praktischen Standpunkt, in dem das Ich das Nicht-Ich bestimmt, entgegengesetzt werden, sondern aus der *Grundlage der gesamten Wissenschaftslehre* (1794). Dort, und nicht in einer Anthropologie, findet sich auch der Gedanke, daß sowohl das Ich als auch das Nicht-Ich in dieser doppelten Gegensätzlichkeit teilbar sind, so daß sie einander in einer Vielzahl von Individuen und von Handlungen entgegengesetzt sind. Das „endliche vernünftige Wesen" des 1. Lehrsatzes der *Grundlage des Naturrechts* darf also keineswegs als eine bloß anthropologische Prämisse angesehen werden. Es ist vielmehr ein Teil dieser doppelten Gegensätzlichkeit zwischen dem teilbaren Ich und dem teilbaren Nicht-Ich. Hier befindet sich die „*Grundlage*" des Naturrechts. Die traditionellen Naturrechte wie das Recht auf Leib und Leben und das Eigentumsrecht gelten nicht mehr als letzte Prämissen, sondern erhalten nur noch den Rang einer Abstraktion, die in ein aus der „Grundlage" deduziertes System noch integriert werden müssen. Fichtes Naturrechtstheorie ist also eher mit späteren spekulativen Rechtssystemen – z. B. mit dem Hegelschen – verwandt als mit der Begründung des Rechts in der Tradition des Naturrechts.

Wenn in der *Grundlage des Naturrechts* das Zwangsrecht im Mittelpunkt der eigentlichen „Rechtslehre" steht und das „angewandte Naturrecht" aus zwangsbefugten Institutionen besteht, zeigt dies eher den Abschied vom traditionellen Naturrecht, als daß es ein Bekenntnis Fichtes zur mechanischen absolutistischen Staatskunst wäre, wie sie die Romantik und Hegel in der preußischen Monarchie immer wieder kritisieren sollten.

Fichtes Hintergrund ist die kantische Philosophie. Hätte er es vollendet, dann wäre Fichtes erstes philosophisches Werk ein didaktischer Kommentar zur *Kritik der Urteilskraft* („Versuch eines Erklärenden Auszugs auf Kants Kritik der Urteilskraft" (1790/91): II 1, 319–373) gewesen. Die Nähe Fichtes zum kantischen Denken war so groß, daß man den 1792 anonym erschienenen *Versuch einer Kritik aller Offenbarung* für ein Werk Kants hielt, bis bekannt wurde, daß der Autor Johann Gottlieb Fichte hieß, der von diesem Moment an ebenso berühmt wie berüchtigt war. Auch in seiner Revolutionsschrift (1793) übernahm Fichte das kantische Gedankengut. Kantianische Juristen wie Hufeland (^{2}1795) und Schmalz (1792), auf die sich Fichte in der Revolutionsschrift ausdrücklich beruft, leiten die Naturrechte aus dem kategorischen Imperativ der *Grundlegung zur Metaphysik der Sitten* ab. Danach soll erlaubt werden, was der kategorische Imperativ nicht verbietet, vor allem aber, was der kategorische Imperativ gebietet. Daraus entstehen „absolute" (Hufeland 1790; Schmalz 1792) bzw. „ursprüngliche" (Hoffbauer 1793) Rechte sowie aus erlaubten Handlungen entstehende, sog. „hypothetische" (Hufeland; Schmalz) bzw. „bedingte" (Hoffbauer) Rechte. Gegen die Verletzung dieser Rechte ist dann der Einsatz von Zwang erlaubt. Schmalz schreibt: „Der oberste Grundsatz des Naturrechts [...] ist [...] Behandle die Menschheit in andern nie als blosses Mittel" (Schmalz 1992, § 31). Er behauptet weiter: „Weil dies Gebot die einzige Bedingung ist, unter welcher vernünftige Wesen in Freyheit neben einander bestehen können, so ist alles vollkommnes äusseres Recht, was nicht gegen die Freyheit anderer streitet, und alles, was sie einschränkt, gegen äussere vollkommne Pflicht" (§ 32).

Daraus ergibt sich nach Fichtes Revolutionsschrift ein Recht auf Revolution, d. h. auf den Austritt aus dem Staat, sobald der Staat dem kategorischen Imperativ nicht folgt, d. h. sobald er z. B. den Fortschritt der Kultur in der Menschengattung nicht fördert bzw. sobald das Individuum aus freiem Willen austreten möchten. Eine solche Staatsvertragstheorie muß offenbar etliche Schwächen haben, vor allem mit Blick auf die Stabilität des Staates (zu einer ausführlichen Untersuchung dieses Problems, vgl. Philonenko 1976).

Während Fichte in Jena im Wintersemester 1795/96 eine Vorlesung über das Recht hält und gleichzeitig ab dem Sommer 1795 die *Grundlage des Naturrechts* verfaßt (vgl. Briefe von Fichte an Reinhold vom 29.8.1795: I 2, 385, und von Fichte an Cotta vom 15.11.1795: I 2, 433), zeichnet sich bereits eine Wende der Diskussion über das Recht ab, die zur Neuorientierung des Fichteschen Denkens führen und mit der Naturrechtsabhandlung eine originelle Lösung finden wird. Maßgebend ist vor allem eine Reihe von Aufsätzen, die im von Niethammer und – ab dem 5. Band – von Fichte herausgegebenen *Philosophischen Journal einer Gesellschaft Teutscher Gelehrter* im Jahre 1795 erscheinen (für eine Liste vgl. I 3, 395; vgl. auch Waibel 2000, 236 f.) und die nach Schlegels Rezension dieser Schriften die Rechtslehre zum „vorzüglichen Tummelplatz der philosophierenden Vernunft" machen (Schlegel 1975, 21). Auch Fichte trägt sich mit dem Gedanken, diese Aufsätze zu rezensieren, und zwar für das *Philosophische Journal*, in dem sie erschienen waren. Der vermutlich im Zeitraum von Mai bis August 1795 geschriebene und unveröffentlichte Entwurf dieser Rezension („Zur Recension der Naturrecht für das Niethammersche Journal": II 3, 395–406) gleicht jedoch weniger einer Rezension, als daß er vielmehr den noch nicht vollendeten Überlegungsprozeß Fichtes dokumentiert.

Neben Kant werden nur zwei der Autoren des *Philosophischen Journal*s in der Einleitung der *Grundlage des Naturrechts* (lobend) genannt: Erhard (unter den „mehreren seiner neuesten Schriften" (I 3, 323) befinden sich seine *Apologie des Teufels* (1795), seine „Beiträge zur Theorie der Gesetzgebung" und seine Rezension von Fichtes Revolutionsschrift, die alle drei im *Philosophischen Journal* veröffentlicht wurden) und Maimon („Über die ersten Gründe des Naturrechts", 2. Heft). Beide Autoren suchen nach einer neuen Deduktion des Rechts, dank derer es möglich sein soll, das Recht unabhängig von der Moral zu begründen. In seinem Rezensionsentwurf faßt Fichte den Kern diese Versuchs mit den Worten zusammen: „Im Recht liegt offenbar, daß man es thun, oder laßen kann. In der Pflicht nicht so"; „Ihr leitet also entgegengesetzte Begriffe, wie der der Pflicht, u. der des Rechts oft sind, ab, von dem gleichen Princip? Das ist inconsequent" (I 2, 405).

Ein Gedanke, den Fichte in der „Einleitung" zur *Grundlage des Naturrechts* fälschlich Kants *Zum ewigen Frieden* zuschreibt, vermutlich weil er die Berufung auf Kant für ein wichtiges Argument gegen die genannten kantischen Juristen hielt, stammt in Wirklichkeit von Maimon. Maimon behauptet: „Das Naturrecht ist die Wissenschaft von den, durch das Moralgesetz a priori bestimmten, nothwendigen und allgemeingültigen scheinbaren Ausnahmen von demselben. Diese scheinbaren Ausnahmen werden, durch das Moralgesetz, entweder als Bedingungen seines möglichen Gebrauchs, oder als indirecte Folgen aus demselben, bestimmt" (Maimon 1971, 328). Maimon erklärt jedoch nicht, was er unter „scheinbar" versteht; außerdem ergibt sich ein verhängnisvolles Dilemma: entweder haben wir es *tatsächlich* mit Ausnahmen zu tun und der Anspruch des Moralgesetzes auf Allgemeingültigkeit widerspricht sich selbst (vgl. dazu Schlegel 1975, 20), oder es sind nur *scheinbare* Ausnahmen, die sich schließlich doch – wenn auch über indirekte Wege – aus dem Moralgesetz ableiten lassen. Doch obgleich Maimons These recht unbefriedigend ist, übernimmt Fichte sie, wenn er die Erörterung des Erlaubnisgesetzes in Kants Friedensschrift so interpretiert, daß Kant die „Beschränktheit" (I 3, 324) des Rechtsgesetzes zugestanden habe. Fichte tut dies in derselben Absicht wie Maimon. Er will zeigen, daß sich das Recht nicht aus der Moral deduzieren läßt. In seiner Rezension von Kants *Zum ewigen Frieden* ist Fichte deutlicher: „Sie [die *lex permissiva*] ist nur möglich dadurch, daß das Gesetz auf gewisse Fälle nicht gehe, woraus man, wie Rec. glaubt, hätte ersehen mögen, daß das Sittengesetz, dieser *kategorische* Imperativ, *nicht* die Quelle des Naturrechts sein könne, da er ohne Ausnahme und unbedingt gebietet: das letztere aber nur *Rechte* giebt, deren man sich bedienen kann, oder auch nicht" (I 3, 223). Offenbar übersieht Fichte, daß Kant die Ausnahme nur für den bisherigen Stand, keineswegs für die bevorstehenden und künftigen Handlungen zuläßt. Wie Wolfgang Kersting in diesem Band darlegt, macht es diese normlogische Sekundarität unmöglich, den Begriff des Erlaubten als das oberste Prinzip einer normativen Rechtstheorie zu begründen. Fichte übernimmt aber keineswegs Maimons Recht als Wissenschaft der „scheinbaren Ausnahmen" vom Moralgesetz. Jedoch hat er von Maimon gelernt, daß das Recht gleichzeitig unabhängig von der Moral und mit ihr vereinbar sein soll, obwohl „eine Pflicht der Ausübung des Rechts widersprechen könne" (Rezension: I 2, 405). In seinem Rezensionsentwurf verwirft Fichte nämlich sowohl eine bloß physische Erklärung des Rechts wie bei Spinoza, als auch eine bloß moralische Erklärung wie im Naturrecht. Er schreibt Maimon einen dritten Weg zu (vgl. II 2, 405), der also nichts anderes als das physische mit dem moralischen kombinieren kann. Diesen Weg, den Maimon nach Fichtes Ansicht leider erfolglos eingeschlagen hat, nennt Fichte die „Deduktion". In der „Deduktion der Einteilung der Wissenschaftslehre" der *Wissenschaftslehre nova methodo* (1798) wählt er selber genau diesen Weg, denn er sieht darin den wesentlichen Unterschied zwischen allen bisherigen Rechtstheorien und seiner Rechtslehre: „Die Natur dieser Wißenschaft [der Rechtslehre] ist sehr lange verkannt worden; sie hält die Mitte zwischen theoretischer und praktischer Philosophie" (IV 2, 264).

Anders als bei Maimon wird das Recht in Erhards *Apologie des Teufels* weder als eine Folge des Moralgesetzes, noch als eine Ausnahme zum Moralgesetz begriffen. Erhard unternimmt keine Begründung des Rechts aus der inneren Perspektive der Absicht, d. h. einer Aufgabe der persönlichen Moral, worin das Recht grundsätzlich nie von der Moral unabhängig werden kann, sondern er behandelt die Begründung des Rechts als ein primär theoretisches Problem unter einer moralischen Prämisse. Die moralische Prämisse lautet, daß „im geselligen Zustand der Menschen" die „Kollisionen zwischen den Menschen" verhindert werden sollen (Erhard 1795, 136). Dies ist etwa gegenüber der von Schmalz vertretenen Position etwas Neues. Schmalz ist der Auffassung, es sei „alles vollkommenes äusseres Recht, was nicht gegen die Freyheit anderer streitet, und alles, was sie einschränkt, gegen äussere vollkomene Pflicht". Schmalz bestimmt allerdings die vom Recht anzuerkennende Freiheit, die lädiert bzw. eingeschränkt werden kann, nicht genauer; er scheint auch jede Einschränkung der Freiheit auszuschließen. Erhard will nun die „Kollisionen" der Freiheiten verhindern; dies setzt voraus, daß die einzelnen Freiheiten einander entgegengesetzt sind oder sein können. Als einander entgegengesetzt werden die Freiheiten also nicht unter dem Gesichtspunkt der allgemeingültigen Pflicht betrachtet, unter welchem die einzelnen Willen koordiniert sind, sondern unter dem Gesichtspunkt von deren Individualität, unter welchem die einzelnen Willen einander entgegengesetzt werden können. Das Recht gebietet also nicht den absoluten Ausfall jeglicher Einschränkung der fremden Freiheit, sondern nur die Wechselseitigkeit der Einschränkung. Die nähere Bestimmung der Einschränkungsregel ist aber nicht Aufgabe der Moral, sondern Aufgabe der theoretischen Vernunft. Darum schreibt Erhard: „Der Begriff des Rechts ist seiner Möglichkeit nach von der Moral abhängig, aber seinen Merkmalen nach ganz durch die theoretische Vernunft bestimmbar" (Erhard 1795, 136); „Moralisch möglich kann nichts sein, was die Handlungsweise der Bosheit in sich enthält; es kann mithin auch nichts ein Recht sein, was es nicht wechselseitig sein kann. Die Herleitung des Rechts geschieht daher auch nicht aus der Moral, sondern aus der Möglichkeit der wechselseitigen Verträglichkeit der eigennützigen Triebe bei den Menschen" (Erhard 1795, 137).

Schon in seinem Rezensionsentwurf thematisiert Fichte das Rechtsverhältnis zwischen Individuen als „moralisches Vermögen als Kraft gedacht – gegen *moralisches Vermögen*" (II 3, 397), d. h. als moralische und garantierte gegenseitige Einschränkung der individuellen Willen. Fichte betont „daß meine Behauptung: *ich habe Rechte*; die voraussetzt, als Bedingung, ohne [die] sie nicht möglich ist: *Du hast die gleichen Rechte.*" (II 3, 406).

In der *Grundlage des Naturrechts* besteht das Recht weder aus einem Imperativ noch aus einer Pflicht, sondern aus einem „Gleichgewicht der Rechte". Fichte formuliert folgende Definition des Rechts: „Das deduzierte Verhältnis zwischen vernünftigen Wesen, daß jedes seine Freiheit durch den Begriff der Möglichkeit der Freiheit des anderen beschränke, unter der Bedingung, daß das erstere die seinige gleichfalls durch die des anderen beschränke, heißt das *Rechtsverhältnis*; und die jetzt aufgestellte Formel ist der *Rechtssatz*" (I 3, 358). Wie schon mit seiner Religionsschrift geht Fichte, der sich als Kantianer versteht, auch mit seiner Rechtslehre Kant voraus. Mehr als sechs Monate nach der Veröffentlichung des ersten Teils der *Grundlage des Naturrechts* gibt Kant eine ähnliche Definition des Rechts, die die kantischen Juristen und Naturrechtler überrascht und enttäuscht: „Das Recht ist [...] der Inbegriff der Bedingungen, unter denen die Willkür des einen mit der Willkür des anderen nach einem allgemeinen Gesetze der Freiheit zusammen vereinigt werden kann" (Kant, *Rechtslehre*, Einl. § B: VI 230). Die von Kant in der *Rechtslehre* vertretene Position kam allerdings nicht unerwartet, weil ihre wesentlichen Prinzipien sich schon in der *Idee einer allgemeinen Geschichte* (1784) sowie im *Gemeinspruch* (1793) finden.

Doch stellt auch Erhards Definition des Rechts Fichte nicht zufrieden. An alle Autoren des *Philosophischen Journals* adressiert Fichte das auch bei Erhard noch unerfüllte Desiderat jeder Rechtslehre: „Im Recht liegt offenbar, daß man es thun oder laßen kann. In der Pflicht nicht so. Zeigt durch genetische Deduction den Unterscheidungsgrund auf" (II 3, 405). Später wird Fichte auch Kants *Rechtslehre* den Vorwurf machen, daß sie nur eine Worterklärung des Rechtsbegriffs sei, den sie ohne weiteres voraussetzt: „Ich habe diesen Sommer [1795] über das NaturRecht Untersuchungen angestellt, und gefunden, daß es allenthalben an einer Deduktion der *Realität* des Rechtsbegriffs mangelt, daß alle Erklärungen deßselben nur formale, nur Wort-Erklärungen sind [...]. Ich habe bei dieser Gelegenheit K[ants] *Grundlegung [zur Metaphysik der Sitten]* revidirt und gefunden, daß, wenn irgendwo, hier die Unzulänglichkeit der Kantischen Principien, und die von ihm selbst unvermerkt gemachte Voraussetzung höherer, sich handgreiflich darthun läßt" (Fichte an Reinhold, 29. August 1795: III 2, 385; vgl. auch Bartuschat 1992, 184 f.). Denn die Moral und das Recht müssen beide von einem höheren Standpunkt aus – vom Standpunkt des absoluten Ich – deduziert werden (vgl. Léon 1922, 490); erst aus dieser *Deduktion* sollte sich die Unterscheidung zwischen Recht und Moral ergeben und das Recht „Realität" erhalten. Das moralische Gebot der Wechselseitigkeit ist keine *Grundlage* des Naturrechts.

1.2 Recht, Intersubjektivität und Moral

Der methodologische Status der Deduktion bei Fichte wurde oft mißverstanden, und dies hat wiederum zu einem jeweils verzerrten Verständnis des Status des Rechts im Fichteschen System geführt. Zwei Aspekte der Deduktion sind besonders wichtig.

1. Eine Deduktion besteht aus einer Reihe von Schritten bzw. Stufen (in der *Grundlage des Naturrechts* werden nur die letzten, in der *Grundlage der gesamten Wissenschaftslehre* nicht behandelten Schritte der Deduktion des Rechts dargestellt). Dabei könnte grundsätzlich jeder Schritt der Deduktion des Rechts als Gegenstand einer eigenen Deduktion gewählt werden. Alle höheren bzw. vorhergehenden Schritte würden dann die Deduktion dieses Schrittes ausmachen. Wenn Fichte sich auf § 1 der Naturrechtsschrift beschränkte, so hätte er die freie Wirksamkeit des endlichen Vernunftwesens deduziert; wenn er nach § 3 aufhören würde, so hätte er die Existenz anderer endlicher Vernunftwesen, kurz: die Intersubjektivität deduziert.

2. Die folgenden bzw. niedrigeren Schritte sind die Bedingungen der vorhergehenden bzw. höheren Schritte. In den drei Lehrsätzen der „Deduktion des Begriffs vom Recht" der *Grundlage des Naturrechts* (1. Hauptstück) wird dies in Formeln der Form „kein X, ohne Y" ausgedrückt. Diese Bedingungen sind *notwendige* Bedingungen der höheren Schritte. Dies bedeutet jedoch keineswegs, daß sie auch deren *hinreichende* Bedingungen wären.

Darum scheinen mir zwei Interpretationsansätze der *Grundlage des Naturrechts* nicht gerecht zu werden.

1. Eine *prima facie* attraktive Lesart besteht darin, aus dieser Schrift bzw. aus dem Recht den Mittelpunkt des Fichteschen Systems und aus den ersten beiden Abschnitten des „angewandten Naturrechts" – d. h. aus dem „Staatsbürgervertrag" und aus der „bürgerlichen Gesetzgebung" – wiederum den Mittelpunkt des Rechts zu machen. Nach Renaut (vgl. Renaut 1986, 134; s. auch seinen Aufsatz in diesem Band), der unter Berufung auf Philonenkos Arbeit über Fichtes Wissenschaftslehre (vgl. Philonenko 1966) diese Interpretation ausgebaut hat, liefert die *Grundlage des Naturrechts* die Lösung des Problems der Grundlage der Wissenschaftslehre, das von der *Grundlage der gesamten Wissenschaftslehre* (1794) noch offen gelassen worden sei; die *Wissenschaftslehre nova methodo* (1798) habe diese Lösung dann einfach übernommen. Zurecht weist Renaut darauf, daß das Recht eine theoretische Dimension mit einer praktischen verbindet. Das heißt aber noch nicht, wie Renaut (1986, 42–43) annimmt, daß sich die Grundlage des ganzen Systems aus der Verbindung der theoretischen Philosophie mit der praktischen Philosophie bzw. der „Natur" mit der „Freiheit" ergibt. Dabei scheint mir Renaut die Kantische Problematik einer systematischen Einheit der *Kritik der reinen Vernunft* und der *Kritik der praktischen Vernunft* in der *Kritik der Urteilskraft* mit Fichtes Deduktion zu verwechseln, die nicht darauf abzielt, eine Grundlage zu finden, sondern deren Bedingungen zu deduzieren. Zudem vermeidet Fichtes Deduktion aus der Tathandlung die aus Kants Zweiweltenlehre entstehenden Probleme der Einheit des Systems. Nicht zuletzt führt Renauts „Hypostasieren" (Radrizzani 1993, 41) des Rechts dazu, die ebenso gültige Deduktion anderer Bereiche,

wie die der Religion, die übrigens eine wichtige Rolle für die Intersubjektivität spielt und die theoretische Dimension mit der praktischen ebenfalls verbindet, zu übersehen (vgl. Renaut 1986, 459; zur Kritik an Renaut vgl. Radrizzani 1993, 40; Maesschalck 1996, 76 f.).

2. Umgekehrt wird die Rolle des Rechts von Siep m. E. unterbewertet. Siep (1992, 48) sieht das Recht – bzw. den 3. Lehrsatz – als eine bloße „Konsequenz" des „Ereignisses der Aufforderung" zur Freiheit – bzw. des 2. Lehrsatzes über die Intersubjektivität. Nach Siep ist nämlich der Übergang von der Intersubjektivität zum Recht keine Deduktion. Siep (ebd.) bestreitet, „daß das Offenlassen meiner Handlungssphäre [die gegenseitige Selbstbeschränkung der fremden Freiheit], [...] für mich ein hinreichendes Kriterium für die Vernünftigkeit des anderen sei. Die Tatsache, daß der Andere alle meine Freiheit einschränkenden Handlungen unterläßt, könnte auch ein Zeichen von Desinteresse, List oder gerade des Fehlens jeder Gemeinsamkeit mit mir sein [...]". Siep will damit die seines Erachtens von Fichte vertretene These widerlegen: „der Akt der Selbstbeschränkung" müsse „die Erzeugung einer Erkenntnis beim Anderen zum Zweck haben" (ebd.). Diese These könnte man Fichte in der Tat zuschreiben, wenn in einer Deduktion jeder Schritt nicht nur die *notwendige* Bedingung des vorhergehenden Schrittes, sondern auch dessen *hinreichende* Bedingung wäre. Dies ist aber nicht der Fall. Ohne Beschränkung der Freiheit kann nämlich kein fremdes freies Wesen – daher auch kein vernünftiges Wesen – als solches wahrgenommen werden, das zur eigenen Freiheit auffordern würde. Selbstverständlich reicht aber die Selbstbeschränkung allein noch nicht zu einer solchen Aufforderung aus. Andernfalls müßte man Fichte tatsächlich eine mechanische Auffassung der Gesellschaft vorwerfen, wie es Hegel in seinem Naturrechtsaufsatz (1802) getan hat.

Bei Fichte beschränkt sich die Intersubjektivität tatsächlich nicht auf das Recht; das Recht ist nicht einmal die höchste Stufe der Intersubjektivität. So ist etwa die „Religion" bei Fichte dem Recht übergeordnet. Unter Religion versteht er gewiß nicht die bestehenden Kirchen, sondern eine geistige Gemeinschaft aller Bürger, die es auf die gemeinsame Bestimmung der Menschen absieht. Eine Illustration der religiösen Gemeinschaft findet sich schon in den *Vorlesungen über die Bestimmung des Gelehrten* (1794), später auch im *System der Sittenlehre* (1798) und in der *Bestimmung des Menschen* (1800). Die Bestimmung der Menschen ist nach den *Vorlesungen* eine doppelte Übereinstimmung, nämlich eine der Menschen mit sich selbst und eine der Dinge mit den Menschen: „Die vollkommene Uebereinstimmung des Menschen mit sich selbst, und – damit er mit sich selbst übereinstimmen könne – die Uebereinstimmung aller Dinge ausser ihm mit seinen nothwendigen praktischen Begriffen von ihnen, – den Begriffen, welche bestimmen, wie sie seyn *sollen*, – ist das letzte höchste Ziel des Menschen." (I 3, 32). Unter der Übereinstimmung der Menschen mit sich selbst versteht Fichte die

Übereinstimmung jedes Menschen mit allen Menschen. Wie es in den „Corollaria" des § 3 der *Grundlage des Naturrechts* heißt, ist der Begriff des Menschen nicht der Begriff eines Einzelnen, sondern der einer Gattung. (Aus diesem Grund wäre es falsch, wie manche Interpreten, vgl. etwa Cesa 1992, 66, die *alle* Menschen umfassende Rechtsgemeinschaft der angeblich *nur zwei* Menschen benötigenden Aufforderung zur Freiheit entgegenzusetzen.) Die Bestimmung des Menschen – d. h. also die „Bestimmung des Menschen in der Gesellschaft" (I 3, 34) – besteht nach Fichte aus zweierlei: zunächst aus dessen Kultivierung – sprich aus seiner Beherrschung der Natur und seiner selbst, dann aus seiner übersinnlichen Bestimmung. Kultivierung heißt also teils die „Erwerbung" einer technischen Geschicklichkeit, teils die Kultivierung unserer selbst, zu der nicht nur das Recht, sondern auch die Kooperation und die Solidarität unter Menschen gehören (vgl. I 3, 31 f.). Der Staat beschränkt sich nicht auf das Recht: das *System der Sittenlehre* sieht es als eine Pflicht des Staates, „öffentliche Bildungsanstalten" bzw. eine „Kirche" – im oben erläuterten Sinne einer Zivilreligion – zu stiften. Anders als in totalitären Regimen erfolgt die Mitgliedschaft in diesen Bildungsanstalten auf freiwilliger Basis (vgl. I 5, 303 f.). Die Kultur ist aber nicht nur Aufgabe des Staates, sondern Aufgabe der Gesellschaft und jedes Individuums. Das Recht wird von Fichte als *notwendige* – dennoch *nicht ausreichende* – Voraussetzung der Kultur gesehen, weil ohne Recht keine Gesellschaft freier Menschen und kein Fortschritt der Beherrschung der Natur denkbar sind.

Im Rezensionsentwurf heißt es schon: „Ein Recht ist Bedingung meiner Individualität in der SinnenWelt" (II 3, 396). Wie wir nun sehen, läßt sich aber die Individualität nicht auf das Recht reduzieren, sondern ihr kommen eine Bestimmung und damit verbundene Pflichten zu. In dieser Hinsicht gleicht Fichtes Rechtslehre dem klassischen Naturrecht stoischer Herkunft, das als Bestimmung des Menschen das *commercium* (Austausch) zwischen den Menschen sieht und für welches das *ius strictum* (strenges Recht) weder die gesellschaftlichen Beziehungen noch die Pflichten der Menschen erschöpft (vgl. Maesschalck 1996, 77).

Falsch wäre es auch zu glauben, es gäbe, weil Fichte das Recht nicht aus der Moral bzw. aus einem Imperativ deduziert, keine Pflicht bzw. keinen Imperativ, eine Rechtsgemeinschaft zu stiften. Das *System der Sittenlehre* macht es selbstverständlich zur Pflicht, der Rechtsordnung beizutreten und deren Gesetzen zu gehorchen. Die *Wissenschaftslehre nova methodo* wiederholt es: „Juridische Welt muß vor der moralischen vorhergehen". (IV 2, 264) Das Umgekehrte gilt aber natürlich nicht. Das Recht erlaubt es mir etwa, mich nicht kultivieren zu wollen, obwohl die Kultivierung eine Pflicht ist. Der gegenseitige Respekt der Rechte genügt dem Recht. Hier macht Fichtes Deduktion des Rechts genau das deutlich, was bei den Interpreten von Kants *Rechtslehre* noch heute umstritten ist: die bloß einseitige Implikation von der Moral auf das Recht und die Möglichkeit, Kants Rechtsbegriff ohne den kategorischen Imperativ zu übernehmen.

Ein minimaler Anteil an Moral ist dennoch in Fichtes Rechtsordnung nötig. Dies läßt sich durch den Vergleich mit einer politischen Theorie zeigen, die sich auf die anthropologische These eines allgemeinen Egoismus Hobbesscher Provenienz stützt. Das „Zwangsrecht" und der „Staatsbürgervertrag" der Naturrechtsabhandlung lassen sich bis auf mindestens eine Ausnahme mit einer solchen Theorie in Einklang bringen. Spätestens am Beispiel der uneingeschränkten Gewalt des Leviathans und der Einrichtung des Fichteschen Ephorats als Gegengewalt wird nämlich der Unterschied deutlich. Hobbes thematisiert nicht das Problem des möglichen Machtmißbrauchs. Kants *Zum ewigen Frieden* (VIII 366) erklärt die Aufgabe der Staatserrichtung für „auflöslich", selbst für ein Volk von Teufeln dank des Mechanismus der Natur. Dagegen besteht immer für Fichte trotz des Mechanismus des staatlichen Zwangs ein Restrisiko für die Rechtsordnung, nämlich das Restrisiko eines Volkes, in dem die Korruption sich so weit – bis zur Regierung und zu den unabhängigen Ephoren – ausgebreitet hat und das so sehr „zum Wollen der Freiheit, und zur Einsicht in seine Rechte noch nicht erwacht" ist (I 3, 458), daß jeder Mechanismus des Rechts im allgemeinen und insbesondere jede Kontrollinstanz versagt. In einem solchen Fall zeigt sich, daß eine minimale *Bürgertugend* für das Bestehen des Rechts vonnöten ist. Es ist allerdings nicht ausgeschlossen, daß dieses erste „Erwachen" durch einen Mechanismus der Natur wie in Kants *Idee einer allgemeinen Geschichte* stattfinden kann. Diesen Weg wird insbesondere Fichtes Staatslehre (1813) beschreiten (vgl. Merle 1991).

Nicht nur bei den Bürgern, sondern selbst in den Bestimmungen der Rechtsordnung ist mehr als die bloße Gegenseitigkeit der Selbstbeschränkung der Bürger erforderlich. Es sei hier auf zwei Beispiele hingewiesen: auf das Strafrecht und auf den rechtlichen Status der Kinder (vgl. u. a. Zaczyk 1981, 108 ff.; Siep 1992a, 90; Merle 1992).

Durch die Straftat hat der Verbrecher die Gegenseitigkeit der Selbstbeschränkung offensichtlich gebrochen. Er hat sich dadurch aus der Rechtsgemeinschaft ausgeschlossen. Als Konsequenz dieser Tat ist er nach Fichtes Auffassung „vogelfrei": die Rechtsgemeinschaft hat ihm gegenüber keine Verpflichtung mehr. Also darf er wie ein gefährliches Tier erschossen werden. Dennoch will ihm Fichtes Rechtslehre die Chance geben, sich zu retten. Dafür sorgt ein „Abbüßungsvertrag", der zu den die Rechtsordnung stiftenden Verträgen hinzukommt, die der Verbrecher verletzt. Dieser Vertrag gibt dem Verbrecher die Gelegenheit, zu überleben und der Rechtsgemeinschaft nach der „Abbüßung" wieder beizutreten. Zaczyk (1981, 109) bringt das Paradoxe dieses Vertrags auf den Punkt: „Für Fichte müßte nämlich das Problem des ,Abbüßungsvertrages' darin liegen, daß die Gültigkeit des Vertrages ihre Bewährung *nach* der Tat erfährt. Dies ist – folgt man Fichte – aber nicht begründbar. Denn wenn nach seiner Auffassung jede Unrechtstat den Täter rechtlos macht und ihn ‚der Strenge nach' aus dem Staat ausschließt, fallen notwendig alle Rechte von ihm ab, d. h. auch die aus dem Abbüßungsvertrag erworbenen". Fazit: „Fichtes Argumentation trägt also nur dann, wenn man – wie schon oben beim Unrecht – annimmt, daß die Unrechtstat nichts daran ändert, daß der Täter Vernunftwesen und Rechtsperson bleibt" (a. a. O. 109 f.).

Kinder sind noch nicht in der Lage, ihre Freiheit so zu beschränken, wie dies die Rechtsordnung verlangt (daher sind sie z. B. nicht strafbar). Wie Siep (1992a, 90) bemerkt, „überzeugt Fichtes Argument zugunsten der Einbeziehung der Kinder in die Rechtsordnung trotz dieses Umstands nicht: er beruft sich auf die Verpflichtung des Staates, eine seinen Aufgaben angemessene Bevölkerungsgröße zu garantieren". Wie die Verbrecher sind hier auch die Kinder als – potentielle – Vernunftwesen und Rechtspersonen zu betrachten, obwohl sie noch nicht imstande sind, sich selbst rechtmäßig zu beschränken. Für die Möglichkeit, daß Verbrecher und Kinder in der Zukunft zu den durch die Intersubjektivität verbundenen freien Wesen gehören, muß die Rechtsordnung sorgen, obwohl sie nach der Definition des Rechts als eines Systems der gegenseitigen Selbstbeschränkung keine Mitglieder der Rechtsgemeinschaft sein können.

In zwei der wenigen Korrekturen an der *Grundlage des Naturrechts*, die Fichte 1812 in seinem *System der Rechtslehre* vorgenommen hat, vertritt er die Auffassung, daß die Bestimmungen zugunsten von Kindern und Verbrechern sich beinahe unmittelbar aus der Intersubjektivität – also nicht einmal indirect aus dem Recht – deduzieren und auf das Recht anwenden lassen.

1.3 Weiterentwicklung und Wirkungsgeschichte

Der erste Teil der *Grundlage des Naturrechts* wurde im März 1796 veröffentlicht; weil der Verleger Gabler den zweiten Teil nicht sofort drucken konnte, erschien der er erst im September 1797 (vgl. I 3, 322). Inzwischen war Kants *Rechtslehre* um die Jahreswende 1796/97 veröffentlicht worden. Im zweiten Teil zitiert Fichte Kants Ausführungen über das Strafrecht (I 4, 76 f.), so daß man annehmen darf, daß er Kants *Rechtslehre* gelesen und den zweiten Teil seiner Naturrechtsschrift dementsprechend überarbeitet hat. Dem genannten Unterschied zwischen den Deduktionen der beiden Werke (aus einem Imperativ bei Kant, aus der Intersubjektivität bei Fichte) entspricht ein auffälliger Unterschied zwischen den beiden angewandten Rechtslehren. Kant plädiert für das Recht der *prima occupatio*, Fichte entwickelt ein Recht auf Arbeit und Eigentum für alle; Kant lehnt jegliche Form von Widerstandsrecht ab, Fichte entwickelt im Detail die negative

Gewalt der Ephoren, die direkt an das Volk appellieren darf; Kant entwickelt eine Mischtheorie des Strafrechts mit generalpräventiver Androhung und retributivistischer Durchführung, Fichte spricht für die Resozialisierung; als Grundlage von Kants Eherecht und Familienrecht gilt der eheliche Vertrag, bei Fichte steht die Erzeugung eines Kindes im Mittelpunkt; Kants Völkerrecht lehnt die Zusammenschmelzung von Staaten ab, für Fichte ist sie unproblematisch; usw.

Die *Grundlage des Naturrechts* hatte auf Fichtes Zeitgenossen eine starke, wenn auch selten eingestandene oder anerkannte Wirkung. Dabei sind zwei Ebenen der Rezeption zu unterscheiden: die Rezeption der Deduktion des Rechtsbegriffs und die des angewandten Rechts.

Anders als die Revolutionsschrift, die Fichte berühmt machte, und anders als die Vorlesungen über die Wissenschaftslehre und über die Bestimmung des Gelehrten stieß Fichtes Vorlesung über die Rechtslehre auf wenig Zustimmung bei den Studenten (vgl. I 3, 305). Die meisten Rezensionen der Naturrechtsschrift lehnten das Vorhaben einer Deduktion des Rechts, mehr noch der Intersubjektivität ab. Die bekannteste ist die anonyme Rezension der *Göttingischen Anzeigen in gelehrten Sachen* (1796, Bd. III, 194. St., 3.12.1796), der neben Fichtes Deduktion auch und vor allem eine Deduktion des Rechts aus der Moral annehmen wollte. In einem im *Philosophischen Journal* erschienenen Aufsatz mit dem Titel „Annalen des philosophischen Tons" (1797; I 4, 283/321) protestierte Fichte mit ironischem Ton gegen solche Mischauffassung einer Rechtfertigung des Rechts, die nach seiner Ansicht die Begründungsaufgabe nicht ernstnimmt.

Gleichzeitig fand Fichtes Deduktion ein positives Echo bei den jungen Autoren der Frühromantik. Hölderlins Religionsfragment etwa zieht eine Parallele zwischen den Rechtsverhältnissen und den religiösen Verhältnissen, was die Beziehung des Individuums zur Gemeinschaft betrifft (vgl. Neuffer 1943; Waibel 2000). Hölderlin sieht und übernimmt auch die Fichtesche Auffassung der Moral als einer am Maßstab der Intersubjektivität dem Recht übergeordneten Stufe der Übereinstimmung des Menschen mit sich selbst. Waibel (2000, 257) faßt Hölderlins Ansicht wie folgt zusammen: „Während [für Hölderlin] das Rechtsverhältnis dort, wo die Menschen ihre Vernünftigkeit nicht wahren, in Zwangsgesetze übergeht, sind die religiösen Verhältnisse solche, die einzig auf dem Boden der realisierten Freiheit der Menschen und in ihrem wirklichen Miteinander statt einem bloßen Nebeneinander möglich sind".

Fichte selber betont zunehmend diesen Aspekt seiner Deduktion. Die *Reden an die Deutsche Nation* (1808), *Die Republik der Deutschen* (1807) und die *Staatslehre* (1813) etwa stellen ausdrücklich den Rechtsstaat als Vorstufe einer höheren Gemeinschaft, und zwar der Gemeinschaft des Sittengesetzes und der Zivilreligion dar. In den späten Fassungen der Wissenschaftslehre (vgl. Janke 1993, Teil IV) sowie etwa in der *Anweisung zum seligen Leben* (1806) weist Fichte dem

Recht erst die zweitniedrigste Stufe in der Hierarchie der Weltansichten und der Übereinstimmung des Ich mit sich selbst zu. Dabei verleugnet er keineswegs die in der Naturrechtsabhandlung vertretene Auffassung. Das *System der Rechtslehre* (1812) übernimmt zum größten Teil die bereits 1796 entwickelte Theorie. Die Hauptänderung liegt in der Deduktion, die anders als in der *Grundlage des Naturrechts* nicht erst mit dem endlichen Vernunftwesen, sondern schon mit dem Absoluten – d. h. mit dem absoluten Ich – beginnt und dadurch – wiederum im Unterschied zur Naturrechtsabhandlung – die Stelle des Rechts in der Hierarchie der Stufen des Ich bzw. der Gemeinschaft in den Mittelpunkt stellt.

Die verschiedenen Auseinandersetzungen mit der jungen Generation der Romantiker und Fichtes relative Ungnade bei Kollegen und Studenten am Anfang des 19. Jahrhunderts haben dazu beigetragen, daß die Rezeption dieses Aspekts der Fichteschen Rechtslehre gering blieb. Von Fichtes Rechtslehre herrschte in dieser Zeit eher das durch die Romantiker und durch Hegels Naturrechtsaufsatz geprägte Bild eines alle Freiheit, Treue und Glauben erstickenden Zwangsmechanismus, dem es nicht gelingt, die individuelle Freiheit und die gemeinschaftliche miteinander zu verbinden.

Dennoch läßt sich eine klare Parallele zwischen Fichtes Rechtstheorie und Hegels eigener Philosophie ziehen. Diesen Zusammenhang beschreibt Siep auf folgende Weise: „Wenige Jahre nach dieser Kritik im Naturrechtsaufsatz [in der *Phänomenologie des Geistes* (1807)] hat er [Hegel] selber den Kampf um Anerkennung und seine Aufhebung ins Rechtsverhältnis sowie die Etablierung des ‚gewalthabenden Gesetzes' als notwendige Stufen des Bewußtwerdens im Prozeß der Interaktion vernünftiger Wesen dargestellt. Daß Fichte eine solche Darstellung in der Naturrechtsschrift schon vorgezeichnet hatte, hat Hegel vielleicht nicht gesehen [...]" (Siep 1992, 61). Die Parallele trifft auch für die *Grundlinien der Philosophie des Rechts* (1821) zu, in denen das „abstrakte Recht" als ein zwar erstes aber doch notwendiges Moment der Selbstverwirklichung des Geistes in der politischen Gemeinschaft betrachtet wird.

Diese Gemeinsamkeit von Fichtes Deduktion des Rechts mit der Romantik und mit Hegel wurde durch die Ablehnung des Fichtesschen angewandten Rechts verdrängt. Spätestens mit Fichtes voluntaristischem, planwirtschaftlichem *Geschloßnen Handelsstaat* (1800), der sich im Titel „als Anhang zur Rechtslehre, und Probe einer künftig zu liefernden Politik" erklärt, wurde der Graben zwischen Fichte und der politischen Philosophie der Romantik deutlich.

Auch die weitere Rezeption der *Grundlage des Naturrechts* wurde von der Diskussion über Fichtes angewandtes Recht beherrscht. Rickerts (vgl. 1922/23) Fokussierung auf Fichtes Deduktion des Rechts diente selber dem Zweck, Fichtes Rechtstheorie zugunsten des neukantischen Sozialismus in Anspruch zu nehmen.

Die Aspekte des Fichteschen angewandten Rechts, die zunächst besonders umstritten worden sind, sind die Ablehnung der Gewaltenteilung und das Ephorat. Tieftrunks Rezension in den *Nachrichten von gelehrten Sachen* (Fuchs u. a. 1995, Nr. 60) formuliert am besten die zentralen Einwände: „Es ist [...] die [...] behauptete Verbindung der executiven und legislativen Gewalt dem Rechte gerade zu entgegen; denn sie auctorisirt eine vollkommene Willkür, der die übrigen unterworfen werden" (Fuchs u. a. 1995, 134); das „*Ephorat* kann, meiner Einsicht nach, das gar nicht leisten, was er sich davon verspricht. Es liegt zuvörderst schon etwas Widersprechendes in dem Begriffe einer höchsten Staatsgewalt, welche doch unter ein Zwangsgesetz gebracht werden, mithin die höchste Staatsgewalt seyn soll" (a. a. O. 135). Nach Tieftrunk kann das Ephorat nur entweder unwirksam sein oder zur „Anarchie und [zum] Stand der Natur" führen. Nicht nur bei Tieftrunk lautet das Fazit: Fichtes politische Ordnung führt entweder zur Anarchie oder – eher – zu einem despotischen Absolutismus. Tieftrunk plädiert dann für die Gewaltenteilung, in der die Gewalten „einander untergeordnet" sind, „indem die Eine nur unter der Bedingung der Andern ihre Function verrichten kann" (a. a. O. 137).

Erst nach der Veröffentlichung des *Geschloßnen Handelsstaat*s (1800) wird man auch auf Fichtes Eigentumstheorie aufmerksam. Auch die beim späten Fichte deutlicher gewordene Integration des Rechts in einer – im oben definierten Sinne – „religiösen" Perspektive spielt eine entscheidende Rolle in dieser Rezeption. Am deutlichsten sieht man es bei Marianne Weber (1900) und dem Nationalökonomen Schmoller, die den Fichteschen Staat für seinen „ethischen Sozialismus" loben. Darunter verstehen sie eine Synthese, die sowohl den egoistischen Individualismus als auch die Aufopferung des Individuums für die Gemeinschaft ablehnt und mit der Forderung nach einem höheren Maß an Gleichheit verbindet, weil zu große Ungleichheiten für das Zusammenhalten der Gesellschaft schädlich sind. Fichtes Gedanke, jedem Bürger Beruf und Arbeit zu garantieren, wird positiv gewürdigt, vor allem aber, daß Fichte ab 1800 dies in der Form von Zünften konzipiert. Dagegen kritisieren Weber und Schmoller Fichtes voluntaristisch-staatliche Orientierung, der sie eine organische Auffassung der Gesellschaft vorziehen. Auch für Lassalle (1862) stellt Fichtes Sozialismus eine sittliche Alternative zu Marx dar. Auf Ablehnung stoßen aber Fichtes Konzeption des Völkerrechts und der Fichtesche Internationalismus, der auch die frühe Kommunistische Partei prägt.

Eine andere Rezeptionslinie hat in Fichte einen Vertreter des sozialen Republikanismus gesehen. Diese Rezipienten spielen den Unterschied zwischen Fichtes Revolutions- und der Naturrechtsschrift herunter. Sie sehen lieber die Kontinuität von Fichtes Engagement zugunsten der republikanischen Prinzipien und der Sozialgerechtigkeit. Der kantianische Philosoph Renouvier (Renouvier 1843/47) erkennt bei Fichte die künftigen Schwerpunkte der zweiten französischen Republik, deren Erziehungsminister er 1848 wird und für die er einen kantischen *Manuel Républicain de l'Homme et du Citoyen* (1848) verfaßt: Kleineigentum für alle, Recht auf Lebensunterhalt und auf Arbeit, faire Entlohnung der Arbeit und soziale Kooperation zwischen den einzelnen Berufen. Eine Generation später verfaßt der Philosoph und Abgeordnete der republikanischen Partei Jules Barni ein *Manuel Républicain* (1872) für die junge dritte französische Republik; er übersetzt Kants *Kritik der reinen Vernunft* und Fichtes Revolutionsschrift; er verbreitet auch ihr politisches Denken. Fichtes Biograph Xavier Léon (1924) gehört auch zu dieser Tradition.

Die Rezeption Fichtes als eines ethischen Sozialisten und das Bild Fichtes als eines sozialen Republikaners können miteinander einhergehen, wie etwa bei Jaurès (1892).

In den letzten Jahrzehnten sind diese beiden vornehmlich positiven Rezeptionen Fichtes in eine mehr oder weniger ablehnende Rezeption umgeschlagen. Zu Beginn seiner Behandlung der *Grundlage des Naturrechts* sieht Verweyen (1975) ein „grundsätzliches Problem" (§ 7): „Zwei sehr verschiedene Konzepte von Freiheit sind auseinanderzuhalten [...]. Aus der naheliegenden Verwechslung dieser Begriffe – einer (noch) nicht notwendig für den gemeinsamen Zweck entschiedenen und einer bloß auf die eigene Individualität bezogenen Freiheit – ergeben sich die beiden wesentlichen Mißverständnisse der Rechtsphilosophie, nämlich eine ‚liberalistisch-individualistische' und eine ‚idealistisch-totalitäre' Verengung des Rechtsbegriffs'" (Verweyen 1975, 84). Nach Verweyen wurde Fichte trotz seiner „ungeheuren Arbeit [...] in den Jahren 1795–1800" dieses Problems nie Herr. Willms (1967) Anklagerede gegen Fichtes Rechtstheorie stuft sie nicht einmal als ‚idealistisch-totalitär'", sondern deutlich als seelenlos-technisch-totalitär ein: „In Fichtes *Grundlage des Naturrechts* bleibt Freiheit sozusagen vor der Tür des Zwanges – nach Eintreten in denselben herrscht eben Zwang in reiner Zweckrationalität, auf die sich die geforderte Vernünftigkeit reduziert. Von Moralität ist dann in der Rechtslehre durchaus nicht mehr die Rede [...]. Freiheit und damit auch Vernunft geben so nur mehr den Rahmen ab, innerhalb dessen sich dann bloße Technik ausbreitet, die in allen ihren Konsequenzen legitimiert bleibt"; die „technisch praktische Zweckrationalität" entwickelt sich „zu einer völlig entliberalisierten Wirklichkeit" (Willms 1967, 90; zu derselben These, aber meistens auf rein biographische Argumente gestützt vgl. als Kuriosität Druet 1977; zur Gegenthese vgl. Batscha 1970, 172 f.). Nachdem Renaut (1986; vgl. auch seinen Beitrag zu diesem Band) bei Fichte seine Theorie der Intersubjektivität, seinen Rechtsbegriff und seine „Phänomenologie der Freiheit", also den ersten Teil der Schrift gewürdigt hat, läßt er das ganze „angewandte Recht" (Teil II der GNR) unbehandelt. Seine Diagnose einer „Hypertrophie des Staates" im *Geschloßnen Handelstaat* (vgl. Renaut 1996, 250 f.; Renaut 2000, 273–276) verallgemeinert er in eine Verurteilung jegliches Versuchs einer Anwendung des Rechts: verhängnisvoll seien bei Fichte „die Unfähigkeit, sich mit einem Rückzug auf die Kantische Position, nämlich auf die unendliche Annäherung zum gerechten Staat zu begnügen und der besessene Wille, dem, was den Status einer Idee [bei Kant] erhielt, in der Wirklichkeit partout Gestalt zu verleihen" (Renaut 1996, 250).

Die neueren Publikationen über die *Grundlage des Naturrechts* kommen zu einer positiveren und nuancierteren Bild. Wie Renaut würdigt auch Breazeale (1991, 527) Fichtes Theorie der Intersubjektivität: „Sie ermöglicht eine strenge Trennung zwischen Fragen der Moralität und Fragen der Gerechtigkeit". Doch anders als Renaut bewertet Breazeale die ganze Fichtesche Rechtsordnung als liberal: „Jedenfalls hat Fichtes ‚System der Freiheit' mehr mit der liberalen politischen Theorie zu tun, als man es generell wahrnimmt; sie bietet ungewöhnliche und interessante Strategien für eine Theorie der Menschenrechte". Maesschalck (1996) zeigt Fichtes Versuch eines Rechts, das die „Gesellschaftsbildung" (*création sociale*) nicht hindert, sondern vielmehr ermöglicht und befördert. Manz (1992) will eine Parallele zwischen Fichtes Rechtsphilosophie und Rawls' *Theorie der Gerechtigkeit* in den Prinzipien der Gerechtigkeit sehen, obgleich beide Autoren zwei grundverschiedene Methoden anwenden.

Diesem Sammelband ist es ein Anliegen, keinen Teil der *Grundlage des Naturrechts* zu privilegieren. Darum werden hier die Deduktion des Rechtsbegriffs, die Deduktion seiner Anwendbarkeit, seine systematische Anwendung und nicht zuletzt das angewandte Recht gleichermaßen untersucht. In der Zusammensetzung der Beiträge habe ich versucht, die verschiedenen Horizonte der Fichte-Interpretation und der heutigen politischen Philosophie zu Wort kommen zu lassen, damit dem Leser ein differenzierter und kritischer Blick auf die Naturrechtsabhandlung geboten wird. Für ihre Hilfe in diesem Unternehmen bin ich den Autoren dieses Sammelbandes zu Dank verpflichtet. Zu danken habe ich auch dem Herausgeber dieser Reihe Professor Otfried Höffe sowie Michael Walz. Für seine redaktionelle Hilfe möchte ich mich an dieser Stelle nochmals bei meinem Kollegen Tim Wagner herzlich bedanken. Mein Dank gilt auch Janina Lindenberg.

Literatur

Bartuschat, W. 1992: Zur Deduktion des Rechts aus der Vernunft bei Kant und Fichte, in: Kahlo u. a. 1992, 173–193

Batscha, Z. 1970: Gesellschaft und Staat in der politischen Philosophie Fichtes, Frankfurt/M., Kap. 3b

Breazeale, D. 1991: Why Fichte Now? in: Journal of Philosophy, LXXXVIII/10, 524–543

Cesa, C. 1992: Zur Interpretation von Fichtes Theorie der Intersubjektivität, in: Kahlo u. a. 1992, 53–70
De Pascale, C. 1995: Etica e Diritto. La Filosofia pratica de Fichte e le sue ascendenze kantiane, Bologna
Druet, P. Ph. 1977: Fichte, Paris
Fuchs E., Jacobs, G. u. Schieche, W. (Hrsg.) 1995: J. G.Fichte in zeitgenössichen Rezensionen, Bd. 2, Stuttgart-Bad Cannstatt
Hoffbauer, J. Ch. 1793: Naturrecht aus dem Begriffe des Rechts entwickelt, Halle
Hufeland, G. 1790: Lehrsätze des Naturrechts und der damit verbundenen Wissenschaften, Jena
Janke, W. 1993: Vom Bilde des Absoluten. Grundzüge der Phänomenologie Fichtes, Berlin
Jaurès, J. 1892: Les Origines du Socialisme Allemand, Paris, frz. Übers. v. Jaurès' lat. Diss. v. A. Veber, Paris 1960
Kahlo, M., Wolff, E. A. u. Zaczyk, R. (Hrsg.) 1992: Fichtes Lehre vom Rechtsverhältnis, Frankfurt/M.
Köhler, M. 1992: Zur Begründung des Rechtszwangs im Anschluß an Kant und Fichte, in: Kahlo u. a. 1992, 93–126
Lassalle, F. 1862: Die Philosophie Fichtes und die Bedeutung des deutschen Volksgeistes, Berlin
Léon, X. 1922: Fichte et son Temps, Bd. 1, Paris
Maesschalck, M. 1996: Droit et Création Sociale chez Fichte, Louvain
Maimon, S. 1971: Gesammelte Werke, hrsg. v. V. Verra, Hildesheim
Manz, H.-G. v. 1992: Fairneß und Vernunftrecht. Rawls' Versuch der prozeduralen Begründung einer gerechten Gesellschaftsordnung im Gegensatz zu ihrer Vernunftbestimmung bei Fichte, Hildesheim
Masulo, A. 1986: Fichte, l'Intersoggetività e l'Originario, Neapel
Merle, J.-Ch. 1991: Indolenza e politica in Fichte, in: Rivista Internazionale di Filosofia del Diritto, 1
Merle, J.-Ch. 1992: La déduction fichtéenne du concept du droit de 1795 à 1812, in: Cahiers de Philosophie Juridique et Politique, Heft 21
Neuffer, Ch. L. 1943: Hölderlins mythische Welt, in: Hölderlin. Gedenkschrift zu seinem 100. Todestag, Tübingen
Neuhouser, F. 1990: Fichte's Theory of Subjectivity, Cambridge
Philonenko, A. 1966: La Liberté Humaine dans la Philosophie de Fichte, Paris.
Philonenko, A. 1976: Theorie et Praxis dans la Pensée morale et Politique de Kant et de Fichte en 1793, Paris
Radrizzani, I. 1993: Vers la Fondation de l'Intersubjectivité chez Fichte, Paris
Renaut, A. 1986: Le Système du Droit, Paris
Renaut, A. 1996: Fichte, in: Raynaud, Ph. u. Rials, S.: Dictionnaire de Philosophie Politique, Paris, 247–251
Renaut, A. 2000: L'Etat fichtéen: Sur quelques apories du républicanisme, in: Goyard-Fabre, S. (Hrsg.), L'Etat moderne 1715–1848, Paris
Renouvier, J. 1843/47: Fichte, in: J. Raynaud (Hrsg.), Encyclopédie nouvelle, Paris
Rickert, H. 1922/23: Die philosophischen Grundlagen von Fichtes Sozialismus, in: Logos, Heft 11
Schlegel, F. 1975: Rezension der vier ersten Bände von F. J. Niethammers Philosophischem Journal. 1797, in: ders.: Kritische Friedrich-Schlegel-Ausgabe, hrsg. V. E. Behler u. U. Struc-Oppenberg, Darmstadt
Schmalz, Th. 1792: Das reine Naturrecht, Königsberg

Schmoller, G. 1865: Johann Gottlieb Fichte. Eine Studie aus dem Gebiete der Ethik und der Nationalökonomie, in: B. Hildebrand (Hrsg.), Jahrbücher für Nationalökonomie und Statistik, Bd. V, Jena, 1–62

Siep, L. 1992: Praktische Philosophie im Deutschen Idealismus, Frankfurt/M., Kap. 2–3

Siep, L. 1992a: Naturrecht und Wissenschaftslehre, in: Kahlo u. a. 1992, 71–92

Waibel, V. 2000: Hölderlin und Fichte. 1794–1800, Paderborn

Weber, Marianne: 1900: Fichtes Sozialismus und sein Verhältnis zur Marx'schen Doktrin, in: C. J. Fuchs, G. v. Schulze-Gävernitz u. Max Weber (Hrsg.), Volkswirtschaftliche Abhandlungen der Badischen Hochschulen, Bd. IV, Tübingen/Leipzig, 220–342.

Willms, B. 1967: Die totale Freiheit. Fichtes politische Philosophie, Köln/Opladen

Wolfgang Kersting
2 Die Unabhängigkeit des Rechts von der Moral (Einleitung)
Fichtes Rechtsbegründung und „die gewöhnliche Weise, das Naturrecht zu behandeln"

Die „Einleitung" in die *Grundlage des Naturrechts nach Principien der Wissenschaftslehre* umfaßt drei Abschnitte. Der erste Abschnitt zeigt, „wie eine reelle philosophische Wissenschaft sich von blosser Formular-Philosophie unterscheide" und gibt eine äußerst gedrängte Darstellung der Fichteschen Philosophiekonzeption, der Wissenschaftslehre. Unter „blosser FormularPhilosophie" versteht Fichte einen sich empirisch mißverstehenden Cartesianismus, der das Unternehmen philosophischer Begründung in empirische Selbstbeobachtung auflöst. „Reelle philosophische Wissenschaft" hingegen liefert die Wissenschaftslehre, weil sie „die Vernunft überhaupt in ihrem nothwendigen Handeln" untersucht und darin die Bedingungen der Möglichkeit der Erfahrung, des Handelns und des Selbstbewußtseins freilegt und in ihrem systematischen Zusammenhang darstellt (I 3, 316, Anm.).

Der zweite Abschnitt fragt, „was insbesondere das Naturrecht, als eine reelle philosophische Wissenschaft, zu leisten habe" und skizziert das rechtsphilosophische Begründungsprogramm, das sich aus den systematischen Vorgaben der Wissenschaftslehre ergibt. Es soll den Nachweis liefern, daß der Rechtsbegriff ein „ursprünglicher Begriff der reinen Vernunft" (I 3, 319) und notwendiger Bestandteil des transzendental-konzeptuellen Repertoires eines vernünftigen Wesens ist. Damit rückt der Rechtsbegriff in den Rang einer „Bedingung des Selbstbewußtseins" und kann insofern als deduziert, als begründet gelten. Mit dieser transzendentalen Deduktion des Rechts, die im ersten Hauptstück der *Grundlage des Naturrechts* dann detailliert entwickelt wird, hat Fichte nicht nur die Leistungsfähigkeit des systematischen Ansatzes der Wissenschaftslehre auf dem Gebiete der Rechtsphilosophie bewiesen, er hat auch als erster deutscher Naturrechtsphilosoph eine moralunabhängige Rechtsbegründung vorgetragen.

Mit seiner transzendentalen Rechtsdeduktion rückt Fichte weit von der „gewöhnlichen Weise, das Naturrecht zu behandeln", ab (I 3, 323). Diese ‚gewöhnliche Weise' war die Weise der Kantianer, die Kants Revolution der Moralphilosophie durch eine Neubegründung des Naturrechts vervollständigen wollten und auf der Grundlage der *Grundlegung zur Metaphysik der Sitten* von 1785 eine Rechtsphilosophie nach kritischen Prinzipien vorzutragen versuchten. Im systematischen Zentrum dieser kantianischen Entwürfe steht ein Argument, das ich als *deontische Deduktion* des Rechts bezeichne, zielt es doch darauf, die deontischen Modalitäten begründungstheoretisch nutzbar zu machen und das Rechtsgesetz als Erlaubnisgesetz aus dem Sittengesetz als Gebots- und Verbotsgesetz abzuleiten und den Bereich des Rechts somit als den Bereich des sittengesetzlich Erlaubten zu bestimmen.

Im dritten Abschnitt seiner Einleitung kontrastiert Fichte darum seine transzendentale Rechtsdeduktion mit dieser deontischen Rechtsdeduktion der Kantianer. Angesichts der Tatsache, daß Kants eigene Rechtsphilosophie auch zur Zeit der Veröffentlichung der *Grundlage* immer noch ausstand, war diese begründungstheoretische Konkurrenz zwischen der deontisch-gewöhnlichen und der transzendental-ungewöhnlichen Behandlungsweise des Naturrechts auch ein Streit um die angemessene rechtsphilosophische Fortführung der Kantischen Philosophie. Daher kontrastiert Fichte im Schlußabschnitt der Einleitung seine Rechtsbegründung auch mit einer vermuteten Kantischen, aus Kants Schrift *Zum ewigen Frieden* von 1795 extrapolierten rechtsphilosophischen Konzeption. Er möchte zeigen, daß seine Rechtsdeduktion mit den Kantischen Vorstellungen einer erfolgreichen Lösung des rechtsphilosophischen Begründungsproblems übereinstimmt, um sich so für sein ungewöhnliches Vorgehen bei naturrechtlichen Begründungsfragen Rückendeckung von allerhöchster Stelle zu verschaffen.

Die drei Einleitungsabschnitte hängen auf einsichtige Weise zusammen: der allgemeinen systematischen Programmskizze folgt deren bereichsspezifische Einengung auf die Begründungserfordernisse der Rechtsphilosophie; und der hierbei vorentworfene Rechtsbegriff erhält dann durch Einordnung in den vorgefundenen Diskussionskontext Kantianischer und Kantischer Rechtsbegründungen zusätzliches Profil. Ich werde mich im folgenden hauptsächlich auf den dritten Einleitungsteil konzentrieren und den von Fichte angesprochenen Diskussionshintergrund historisch und systematisch erhellen, die rechtsphilosophischen Begründungsgewohnheiten der Kantianer darstellen, den Unterschied zwischen dem moralderivativen Recht der Kantianer und dem autonomen Recht Fichtes deutlich machen und in einem abschließenden Vergleich der Fichteschen Rechtsphilosophie mit der RL Kants von 1797 andeuten, daß Fichtes Vermutung, seine Vorstellungen würden die Kants antizipieren, unzutreffend war. Damit diese Komparatistik aber hinreichend informativ ist, muß zuvor der Fichtesche Rechtsbegriff zumindest so weit dargestellt werden, wie Fichte selbst ihn im zweiten Teil der Einleitung in die *Grundlage* umreißt.

2.1 Das naturrechtliche Begründungsprogramm nach den Prinzipien der Wissenschaftslehre

Fichtes Vorstellung einer philosophischen Begründung ist von dem Kantischen Programm der transzendentalen Deduktion beeinflußt, läßt sich aber durch die systematischen Grenzen der Erkenntniskritik nicht einengen. Während Kants Transzendentalphilosophie durch eine epistemologische Asymmetrie charakterisiert ist, die einer Begründung der freigelegten Erfahrungsbedingungen in einer sich selbst erfassenden transzendentalen Subjektivität den Weg verlegt, wird in der Wissenschaftslehre Fichtes der Aufweis der Bedingungen der Möglichkeit der Erfahrung mit der in cartesischer Evidenz intellektuell angeschauten selbstreflexiven Spontaneität theoretischer und praktischer Vernunfttätigkeit systematisch verknüpft und zusammenhängend dargestellt. Das ganze Unternehmen besitzt den Charakter einer sukzessiven und rekonstruktiven Selbstaufhellung des Selbstbewußtseins, durch die sich das Selbstbewußtsein seiner Struktur und Spontaneität bewußt wird und die über die reflexive Freilegung der transzendentalen Grundhandlungen des Bewußtseins und ihrer Bedingungsfunktion für die Vermögen des theoretischen Notwendigkeitsbewußtseins und des praktischen Freiheitsbewußtseins bis zur Selbsterfassung der unbedingten Spontaneität der Vernunft reicht, um dann im umgekehrten Gang in wissenschaftlich disziplinierter Darstellung aus der selbstreflexiven Vernunftspontaneität und den transzendentalen Grundhandlungen des Bewußtseins die Vermögen des theoretischen und praktischen Bewußtseins zu deduzieren.

Das Recht kann aus der Perspektive des Erkenntnisprogramms der Wissenschaftslehre nur dann ein Gegenstand von philosophischem Interesse sein, wenn es einen erfahrungsunabhängigen Rechtsbegriff gibt, wenn sich der Begriff des Rechts a priori gewinnen läßt. A priori läßt sich der Begriff des Rechts aber nur gewinnen, wenn er ein Begriff der reinen Vernunft ist, wenn sich durch transzendentale Analyse der Vernunfttätigkeit der Begriff des Rechts als notwendiger Bestandteil ergibt. Da der Rechtsbegriff nun nicht in intellektueller Anschauung erfaßt werden kann, muß er durch transzendentale Analyse und diskursive Reflexion als notwendige Bedingung des Selbstbewußtseins aufgewiesen werden.

Dieses kann aber nur dann gelingen, wenn zuvor die Individualität des Selbstbewußtseins als Selbstbewußtseinsbedingung aufgezeigt worden ist, wenn also eine transzendentale Deduktion vernünftiger Individualität mit all den Umständen, in denen sich vernünftige Individuen als frei und vernünftig erfahren können, geleistet worden ist. Denn nur dann läßt sich das Recht sinnvoll mit dem transzendentalen Selbstbewußtsein verbinden, wenn dieses selbst seine Individualität und damit das Leben mit anderen in Raum und Zeit zu den notwendigen Bedingungen seiner selbst zählen muß.

Fichtes Grundidee ist die folgende: Die Erfahrung der eigenen Freiheit, der Spontaneität des eigenen Wollens, die Erfahrung praktischer Selbstmächtigkeit ist nicht introspektiv, sondern nur im sozialen Miteinander zu gewinnen. Ich kann nicht mich selbst als frei verstehen, ohne zugleich anderen meinesgleichen ebenfalls Freiheit zuzusprechen und sie diesem Zugeständnis entsprechend zu behandeln. Ich kann nur dann ein Bewußtsein von meiner Willensspontaneität erlangen, wenn mir in der Außenwelt nicht nur Objekte der bindenden Begierde, sondern auch vernünftige Wesen begegnen, die mich mit Forderungen und Aufforderungen konfrontieren und meinen Willen mit Argumenten zu beeinflussen versuchen. Ich bedarf somit der anderen, um einen sicheren Begriff von mir selbst zu gewinnen. Die theoretische Selbsterfassung und praktische Selbstentwicklung des individuellen Selbstbewußtseins ist an das Verhältnis theoretischer und praktischer Intersubjektivität gebunden. Individualität und Intersubjektivität sind gleichursprünglich, oder wie Fichte lapidar formuliert: „Sollen überhaupt Menschen seyn, so müssen mehrere seyn" (I 3, 347).

Wenn es aber mehrere vernünftige Wesen gibt, dann werden – unter der Voraussetzung eines endlichen gemeinsamen Lebensraumes – ihre Handlungen „aufeinander einfliessen, und sich gegenseitig stören und hindern können" (I 3, 320). Dieser Zustand einer wechselseitigen Freiheitsvereitelung kann nur unter der Bedingung überwunden werden, „dass alle ihre Wirksamkeit in gewisse Grenzen einschlössen, und die Welt, als Sphäre ihrer Freiheit, gleichsam unter sich theilten". Diese Freiheitsordnung muß aber der individuellen Freiheit selbst entstammen. Sie darf nicht äußerlich aufgezwungen werden, sondern muß in einsichtsvoller Selbstbeschränkung gründen: „alle müssten es sich zum Gesetze gemacht haben, die Freiheit derer, mit denen sie in gegenseitiger Wechselwirkung stehen, nicht zu stören".

Damit ist der Gegenstand des Rechtsbegriffs gewonnen: „eine Gemeinschaft zwischen freien Wesen als solchen". Deren Verhältnis untereinander ist dann ein Rechtsverhältnis, wenn sich die Gemeinschaftsmitglieder als freie Wesen wechselseitig anerkennen und sich ein Recht auf gleiche Handlungsfreiheit zugestehen. Entsprechend lautet die Rechtsregel: „Beschränke deine Freiheit durch den Begriff von der Freiheit aller übrigen Personen, mit denen du in Verbindung kommst" (I 3, 320), oder in einer anderen Formulierung: „ich muss das freie Wesen ausser mir in allen Fällen anerkennen als ein solches, d. h. meine Freiheit durch den Begriff der Möglichkeit seiner Freiheit beschränken". Die Rechtsordnung ist also eine egalitaristische Freiheitsordnung, deren interne normative Struktur durch Symmetrie und Reziprozität bestimmt ist.

2.2 Rechtsbegriff und Rechtsverbindlichkeit

Von den traditionellen Naturrechtskonzeptionen unterscheidet sich Fichtes Rechtsbegründung dadurch, daß sie sich von allen anthropologischen Annahmen unabhängig macht. Die Natur des Menschen geht den Naturrechtslehrer nach Prinzipien der Wissenschaftslehre nichts an. Für die Gewinnung und Begründung des Rechtsbegriffs benötigt er nur das Verfahren der transzendentalen Analyse des Begriffs des Selbstbewußtseins vernünftiger Wesen. Fichtes Rechtsbegründung macht sich aber auch von aller Moral unabhängig.

Diese Autonomie des Rechts zeigt sich in zweierlei: zum einen in der moralfreien Begründungsargumentation, die das Recht als Selbstbewußtseinsbedingung entziffert; zum anderen im hypothetischen Charakter seiner Gültigkeit. Diese beiden Bestimmungen hängen eng zusammen. Verbunden sind sie durch das Element der theoretischen Konsequenz. Aus dem Umstand der Individualitäts-, Pluralitäts- und Rechtsabhängigkeit des Selbstbewußtseins, insbesondere aus dem Umstand, daß das individuelle und damit immer auch das höchst eigene Selbstbewußtsein von der wechselseitigen Einräumung von Handlungsfreiheitsräumen abhängt, ergibt sich für Fichte nämlich keinesfalls die Pflicht, sich dem Rechtsgesetz zu unterwerfen und alles zu tun, was zu dessen Realisierung erforderlich ist, sondern nur die bloß denkerische Konsequenz, derartiges zu tun, sofern einem an sich selbst, und der Erhaltung seiner Vernünftigkeit und Freiheit etwas liegt. Das bedeutet aber auch, daß es in rechtlicher Hinsicht einen praktischen Hiatus gibt zwischen der Einsicht in den selbstbewußtseinsermöglichenden Charakter des Rechts und der Bereitschaft, sich dem Rechtsgesetz zu unterwerfen – letztere ist durch die erstere keinesfalls verbindlich gemacht. Und dies besagt, daß die Verbindlichkeit des Rechts auf einem freien Entschluß beruht, es als verbindlich für sich anzuerkennen. Es gibt also – anders als dann bei Kant – keinerlei Pflicht zum Recht und zu allen Bedingungen, die für die Verwirklichung des Rechts unerläßlich sind. Das Recht besitzt nicht den Charakter eines kategorisch gebietenden Imperativs. Der Rechtsbegriff ist für Fichte „bloss technisch-praktisch: d. h. wenn gefragt würde, nach welchen Grundsätzen eine Gemeinschaft zwischen freien Wesen, als solchen, errichtet werden könnte, wenn etwa jemand eine solche errichten wollte, so müsste geantwortet werden: nach dem Rechtsbegriffe. Dass aber eine solche Gemeinschaft errichtet werden solle, wird keineswegs gesagt" (I 3, 320).

Während aus der Perspektive der Rechtslehre die bewußtseinstheoretische Deduktion des Rechts und die Verbindlichkeit des Rechts unverbunden nebeneinander stehen, rücken sie unter der Perspektive des Sittengesetzes hingegen eng zusammen. Denn die Rechtsregel kann auch als „Capitel der Moral" behandelt werden und dann auch moralische Verbindlichkeit, oder wie es in der sanktionistischen Sprache Fichtes heißt: „eine neue Sanction für das Gewissen" bekommen (I 3, 320). Nach dem Sittengesetz handelt der, der in absoluter Übereinstimmung mit sich selbst handelt und daher die eingesehenen notwendigen Bedingungen seiner selbst als für ihn verbindliche Bestimmungen anerkennt. „Ich muss mich nothwendig in Gesellschaft mit den Menschen denken, mit denen die Natur mich vereiniget hat; aber ich kann dies nicht, ohne meine Freiheit durch die ihrige beschränkt zu denken; nach diesem nothwendigen Denken muss ich nun auch handeln, ausserdem (das meint hier: anderenfalls W. K.) steht mein Handeln mit meinem Denken, und ich sonach mit mir selbst im Widerspruche; ich bin im Gewissen, durch mein Wissen, wie es seyn soll, verbunden, meine Freiheit zu beschränken. Von dieser moralischen Verbindlichkeit ist nun in der Rechtslehre nicht die Rede".

2.3 Das Sittengesetz, das Recht und die Erlaubnis

Als Kant im Januar 1797 die RL veröffentlichte, wurden Rechtsbegründungen und Naturrechtsentwürfe nach Prinzipien der kritischen Philosophie bereits ein Jahrzehnt lang erörtert. Die Kantianer sahen mit der in der *Grundlegung* geleisteten „Auffindung der letzten Gründe der Sittlichkeit" einen „sichern Leitfaden" in ihre Hände gelegt, der sie auch zu einer „festeren Begründung" des in seinen Prinzipien noch unsicheren und in seinen Begriffen noch schwankenden Naturrechts führen würde (Feuerbach 1796, 5). Naturrechtsphilosophie war für die Kantianer daher Fundierung der Wissenschaft des Rechts in den Prinzipien der Moral. Als die Freunde der Philosophie Kants jedoch die Rechtslehre des Meisters, der sie „mit der größten Begierde und mit der gespanntesten Erwartung" entgegengesehen hatten, endlich in den Händen hielten, mußten sie feststellen, daß diese „fast allenthalben das Gegentheil von dem enthielt, was man bis jetzt sich unter der Rechtswißenschaft gedacht hatte" (Bergk 1797, VII). In einer Hinsicht besteht die von Fichte vermutete Übereinstimmung der Rechtskonzeption seiner *Grundlage* mit den einschlägigen Vorstellungen Kants wirklich: nicht nur Fichte, auch Kant selbst setzt mit seiner Rechtslehre „die gewöhnliche Weise, das Naturrecht zu behandeln", nicht fort.

2.3.1 „Die gewöhnliche Weise, das Naturrecht zu behandeln"

Diese gewöhnliche Behandlungsweise des Naturrechts ist in folgender Problemstellung begründet: *Wie ist aus dem Sittengesetz ein Rechtsbegriff zu gewinnen?* Weil die Kantianer sich dabei insbesondere der deontischen Unterscheidungsleistung des kategorischen Imperativs für ihre begründungstheoretischen Zwecke bedienen, habe ich diese Rechtsdeduktion aus dem Sittengesetz als deontische Deduktion des Rechts bezeichnet. Das Moralprinzip wird von ihnen dabei in seiner Eigenschaft als Regel des Pflichtwidrigen und Erlaubten in ein Obligativgesetz und ein Permissivgesetz zerlegt und so als identischer Normgrund einer obligativgesetzlichen Pflichtbestimmung und einer permissivgesetzlichen Bestimmung des Erlaubtseins und Dürfens zur Ableitung des Rechts aus der sittlichen Vernunft so wie zur genauen vernunftgesetzlichen Abgrenzung seines besonderen Geltungsbereichs in Anspruch genommen.

Ein eindrucksvolles Beispiel dieser deontischen Deduktion hat Fichte selbst in seinem *Beitrag zur Berichtigung des Urteils des Publikums über die französische Revolution* von 1793 gegeben: „Was uns dieses Gesetz gebietet, heißt im allgemeinen recht, eine Pflicht; was es uns verbietet unrecht, pflichtwidrig ... wo ... dieses Gesetz schweigt, sind wir unter keinem Gesetze: wir dürfen. Alles, was das Gesetz nicht verbietet, dürfen wir tun. Was wir tun dürfen, dazu haben wir, weil dieses Dürfen gesetzlich ist, ein Recht ... Was uns ... das Sittengesetz bloß erlaubt, das zu tun haben wir ein Recht; wir haben aber auch das ihm entgegengesetzte Recht, es nicht zu tun ... – Unsere Pflicht zu tun haben wir auch ein Recht; aber wir haben nicht das ihm entgegengesetzte Recht, sie nicht zu tun ... Die Berechtigung ist also in diesen beiden Fällen sehr verschieden: im erstern ist sie wirklich bejahend, im zweiten bloß verneinend" (Revolution: I 1, 220; vgl. auch Zurückforderung: I 1, 174; VKO: I 1, 149). Der Bereich des Rechts ist mit dem des moralisch Möglichen umfangsgleich, und das Sittengesetz ist als Regel des Erlaubten Deduktionsgrund der verschiedenen Rechte wie der Verschiedenheit des Rechts. Wie eine erlaubte Handlung entweder eine auch gebotene oder eine nur erlaubte Handlung sein kann, so ist auch das Recht ein solches, das entweder eine Pflichthandlung oder eine moralisch indifferente Handlung zum Inhalt haben kann. „Diese Unterscheidung ist um ihrer Folgen willen unendlich wichtig" (Revolution: I 1, 220), denn die Rechte der ersten Art sind mit der sittlichen Bestimmung des Menschen unauflöslich verknüpft und daher unveräußerlich. Die Rechte der zweiten Art sind hingegen veräußerlich. Ihre inhaltliche Ausgestaltung innerhalb der vom Sittengesetz aufgestellten Schranken bleibt ebenso wie ihre Wahrnehmung selbst der individuellen Willkür überlassen.

Als Außenseite der inneren Herrschaft des Sittengesetzes, als Reflex der das Dürfen gesetzlich sanktionierenden moralischen Vernunftgesetzgebung entbehrt das Recht selbst jeder Verbindlichkeit. Die dem Recht hier gegebene Begründung schließt es aus, daß das Recht einer Person das Verhalten anderer bestimmen könnte. Ich habe ein Recht, das ist äquivalent mit: ich soll oder ich darf; das ist aber nicht äquivalent mit: du sollst. Das Recht von A kann also nicht Grund einer Verpflichtung von B sein. Diese Weise der Rechtsbegründung läßt dem Begriff einer äußeren Verbindlichkeit, eines fremdverpflichtenden Rechts keinen Raum.

Hat jedermann das „unveräußerliche" Recht, „Verbindlichkeiten, die er sich selbst auferlegte, sich auch selbst wieder abzunehmen" (Revolution: I 1, 385), dann bleibt anderen mir gegenüber nur so lange ein Recht, wie ich bereit bin, es ihnen einzuräumen, dann herrscht in der Sphäre des veräußerlichten Rechts, im Bereich der sich durch Rechtstausch arrangierenden Willkür Gesetzlosigkeit, die nur durch allseitige sittliche Wahrhaftigkeit kompensiert werden kann. Das Sittengesetz vermag, zum Quell emphatischer, die gesamte menschliche Existenz umfassender Selbstbestimmung verabsolutiert, nicht die Funktion eines verbindlichen Sozialprinzips zu übernehmen, das seine Verwirklichung von der Bedingung eines allseitigen guten Willens unabhängig machen könnte. Der Zugang zum Rechtsverhältnis, mit dessen transzendental genetischer Konstruktion das Fichtesche Naturrecht von 1796 beginnt, ist durch diese deontische Deduktion versperrt (für eine ausführliche Darstellung der Rechtsdeduktion der Kantianer vgl. Kersting 1982 und Kersting 1993, 151–174).

2.3.2 Fichtes Kritik der deontischen Deduktion in der Grundlage

In der *Grundlage des Naturrechts nach Prinzipien der Wissenschaftslehre* hat Fichte die „gewöhnliche Weise, das Naturrecht zu behandeln", verworfen. Alle Versuche einer Ableitung des Rechts aus dem Sittengesetz, so erkennt er jetzt selbstkritisch, sind „gänzlich mislungen", denn „der Begriff der Pflicht, der aus jenem Gesetze hervorgeht, ist dem des Rechtes in den meisten Merkmalen geradezu entgegengesetzt. Das Sittengesetz gebietet kategorisch die Pflicht: das Rechtsgesetz erlaubt nur, aber gebietet nie, daß man sein Recht ausübe" (I 3, 359). Und in der Einleitung heißt es: „Ein Recht ist offenbar etwas, dessen man sich bedienen kann; es erfolgt sonach aus einem bloss erlaubenden Gesetze", aber „es lässt sich schlechterdings nicht einsehen, wie aus dem unbedingt gebietenden, und dadurch über alles sich erstreckenden Sittengesetze ein Erlaubnissgesetz sollte abgeleitet werden können" (I 3, 324).

Wie diese Sätze jedoch zeigen, hat Fichte bei aller Kritik an der „gewöhnlichen" Behandlungsart des Naturrechts an der Verknüpfung von Recht und Erlaubnis einerseits und an der Recht-Pflicht-Opposition andererseits festgehalten – daher findet sich auch die von mir oben an der deontischen Rechtsdeduktion geäußerte Kritik bei Fichte selbst nicht. Fichtes Verwerfung der Kantianischen Rechtsdeduktion stützt sich auf ein einziges Argument, nämlich auf die Nichtableitbarkeit eines Erlaubnisgesetzes aus dem Sittengesetz. Während die Anhänger der deontischen Deduktion das Sittengesetz darum als Rechtsgrund glaubten betrachten zu können, weil dieses zugleich als Prinzip gebotener, verbotener, erlaubter und freigestellter Handlungen dienen kann, engt Fichte jetzt das Sittengesetz deontisch ein und faßt es nur noch als strikt gebietendes Gesetz auf. Damit gibt es keinen logischen Weg mehr vom Sittengesetz zu seinem deontischen Gegenteil, zu einem erlaubenden Gesetz. Da aber das Recht nach wie vor seinen angemessenen gesetzeslogischen Ausdruck in einem Erlaubnisgesetz findet, kann das Recht nicht aus dem Sittengesetz deduziert werden.

Wie wichtig Fichte diese erlaubnisgesetzliche Bestimmung des Rechtsprinzips ist, zeigt die folgende Äußerung. „Ob Kant das Rechtsgesetz nach der gewöhnlichen Weise vom Sittengesetz ableite, oder eine andere Deduction desselben annehme, lässt aus der angeführten Schrift (gemeint ist die Schrift *Zum ewigen Frieden*, W. K.) sich nicht deutlich ersehen. Doch wird durch die Bemerkung über den Begriff eines Erlaubnisgesetzes wenigstens höchst wahrscheinlich, dass seine Deduction mit der hier gegebenen übereinstimme" (I 3, 324).

2.3.3 Kant und Fichte über Recht und Erlaubnisgesetz

Hier irrt Fichte jedoch, denn er hat Kants Bemerkung falsch ausgelegt. Diese lautet: „Ob es außer dem Gebot ... und Verbot ... noch Erlaubnißgesetze ... der reinen Vernunft geben könne, ist bisher nicht ohne Grund bezweifelt worden. Denn Gesetze überhaupt enthalten einen Grund objectiver praktischer Nothwendigkeit, Erlaubniß aber einen der praktischen Zufälligkeit gewisser Handlungen; mithin würde ein Erlaubnißgesetz Nöthigung zu einer Handlung, zu dem, wozu jemand nicht genöthigt werden kann, enthalten, welches, wenn das Object des Gesetzes in beiderlei Beziehung einerlei Bedeutung hätte, ein Widerspruch sein würde" (Kant, Frieden: VIII 347 f.). Nach Kant ist ein erlaubendes Rechtsgesetz nicht nur nicht aus dem Sittengesetz herleitbar, sondern – und genau das bringt diese Stelle zum Ausdruck – als ursprüngliches Produkt der Gesetzgebung der reinen praktischen Vernunft überhaupt unmöglich. Da aber einer Rechtsmetaphysik keine anderen Prinzipien zugrundegelegt werden können als apriorische Gesetze der praktischen Vernunft, muß auch das Rechtsgesetz als ein Pflichtgesetz auftreten, d. h. als ein Gesetz, das die praktische Notwendigkeit bestimmter Handlungen vorstellig macht. Erlaubnisnormen sind notwendigerweise abgeleiteter Natur und können nur in Gestalt von Ausnahmeregeln auftreten, die den Geltungsbereich bestehender Verbotsgesetze einschränken und somit bestimmte vorher verbotene Handlungen unter den in ihnen formulierten Bedingungen jetzt freilassen.

Diese normlogische Sekundarität macht es unmöglich, den Begriff des Erlaubten zum Zentralbegriff einer normativen Rechtsphilosophie zu machen und diese in einer Erlaubnisnorm als oberstem Prinzip zu fundamentieren; aber sie gestattet auch, Ausnahmen vom prohibitivgesetzlichen Rechtsprinzip als Erlaubnisregeln zu fassen; und wenn diese Ausnahmen aufgrund unverrückbarer Endlichkeitsbedingungen menschlicher Existenz gut begründet erscheinen, dann kann die Formulierung derartiger Ausnahmeregeln selbst zum Geschäft einer vollständigen, ihre Verwirklichungsbedingungen mitbedenkenden systematischen Rechtsphilosophie gehören. Und genau in diesem Sinne hat Kant in seiner Rechtsphilosophie dann auch durchgängig von dem Erlaubnisgesetz Gebrauch gemacht (vgl. Vigilantius-Nachschrift zu Kants Vorlesung über die Metaphysik der Sitten im WS 1793/4: XXVII 2,1, 513–515).

Das Erlaubnisgesetz reflektiert bei Kant die unvermeidliche Differenz zwischen den gewaltsamen Entstehungsbedingungen staatlicher Herrschaft und ihren rechtlichen Geltungsbedingungen. Es tritt vermittelnd zwischen Vernunft und Geschichte und legitimiert die Staatsgründungsgewalt, nimmt ihr die Unrechtmäßigkeit und verhindert so, daß dem Geltungsanspruch des konstituierten Rechts durch den Hinweis auf seine Herkunft aus der Gewalt die Grundlage entzogen wird. Es ist offenkundig, daß diese Konzeption des Erlaubnisgesetzes nichts mit der gemein hat, mit der die Kantianer, aber auch der Fichte der *Grundlage* operieren (zum Kantischen Erlaubnisgesetz vgl. Brandt 1982).

Zusammenfassend können wir jetzt also drei rechtsphilosophische Auslegungen des Verhältnisses von Sittengesetz, Rechtsgesetz und Erlaubnisgesetz unterscheiden.

Da ist zuerst die *Kantianische Konstellation*:

a. Das Sittengesetz ist eine Erkenntnisregel des moralisch Verbotenen, des moralisch Gebotenen, des moralisch Erlaubten und des moralisch Freigestellten.

b. Das Recht umfaßt den Bereich des moralischen Dürfens, des von dem Sittengesetz Erlaubten und Freigestellten.

c. Das Rechtsgesetz ist als Gesetz des moralisch Erlaubten und Freigestellten im Sittengesetz begründet.

Da ist sodann die *Fichtesche Konstellation von 1796*:

a. Das Sittengesetz ist ein unbedingt gebietendes Gesetz.

b. Das Rechtsgesetz ist ein „bloss erlaubendes Gesetz".

c. Aus einem unbedingt gebietenden Gesetz läßt sich kein erlaubendes Gesetz ableiten.

d. Also ist das Recht kein Derivat der Sittlichkeit; es ist begründungstheoretisch selbständig und besitzt ein moralunabhängiges Verbindlichkeitsprofil.

Und da ist schließlich die *Kantische Konstellation*:

a. Das Sittengesetz ist ein unbedingt gebietendes Gesetz.

b. Wenn das Recht in dem höchsten verbindlichkeitstheoretischen Punkt des praktischen Vernunftgebrauchs begründet werden soll, dann muß es ebenfalls als unbedingt gebietendes Gesetz entwickelt werden. Die Rechtslehre ist also weder die Lehre von dem sittengesetzlich sanktionierten Dürfen noch die von einem moralunabhängigen, autonomen Dürfen. Sie ist die Lehre von den erzwingbaren Pflichten und in der Gesetzgebung der reinen praktischen Vernunft a priori begründet.

c. Das Rechtsgesetz ist kein Erlaubnisgesetz, aber in der Rechtslehre kann es Erlaubnisgesetze geben; diese tauchen immer an systematisch prominenter Stelle auf und reflektieren die Verwirklichungsschwierigkeiten apriorischer Vernunftprinzipien unter geschichtlichen Bedingungen, koordinieren insbesondere die vernunftgeforderten Etablierungsprozesse rechtlicher Verhältnisse mit den faktischen, gewaltdurchsetzten Entstehungsgeschichten staatlichen Rechts.

2.4 Kant und Fichte über Recht, Moral und Rechtsverbindlichkeit

Die Trennung zwischen Moral und Recht beruht bei Kant weder auf dem Unterschied zwischen dem moralisch Notwendigen und dem moralisch Möglichen noch auf dem zwischen einem verpflichtenden und einem erlaubenden Vernunftgesetz. Der Unterschied zwischen Moral und Recht hat bei Kant seinen Grund allein in einer unterschiedlichen, nur den Befolgungsmodus des Grundgesetzes der reinen praktischen Vernunft betreffenden Gesetzgebungsweise. Die Gründe, die Kant zu diesem für seine Rechtslehre zentralen Lehrstück von der doppelten Vernunftgesetzgebung geführt haben, möchte ich kurz aufzeigen (ausführlicher in Kersting 1993). Die Kernfrage des engeren Naturrechts gilt den Bedingungen, „unter welchen ... ich den Zwang ausüben könne" (Kant, VIII 128). Sofern es moralisch mögliche Zwangshandlungen gibt, müssen sie sich aus dem kategorischen Imperativ als dem Prinzip aller moralisch möglichen Handlungen rechtfertigen lassen. Möglich ist also eine Zwangsausübung, die ich als allgemeines Gesetz wollen kann, und als allgemeines Gesetz wollen kann ich nur den Zwang, der mit der Freiheit aller übereinstimmend ist, also die tätige Unrechtsabwehr.

Damit kann die von einem wissenschaftlichen Naturrecht verlangte genaue „Grenzbestimmung des eigenthümlichen Bodens desselben" durchgeführt werden (Kant, VIII 129). Sie erfolgt mittels einer auf die Begründung von Pflichten, denen Zwangsbefugnisse korrespondieren, spezialisierten Version des kategorischen Imperativs, eben des Rechtsgesetzes. Gibt es moralisch mögliche Zwangshandlungen und damit die legitime Möglichkeit, durch Zwangsandrohung und -ausübung fremde Willkür bestimmen zu können, dann kann, da die Legitimitätsbedingung des Zwanges in dem Pflichtcharakter seines Gegenstandes liegt, eine Unrechtsvermeidung und Rechtspflichterfüllung nicht nur das Ergebnis einer Willensbestimmung durch reine praktische Vernunft sein, sondern muß auch das Resultat gegebenenfalls massiver Fremdbestimmung sein können. Folglich bedarf es neben dem Grundgesetz der reinen praktischen Vernunft eines gesonderten Rechtspflichtprinzips, das eben dieser Möglichkeit Rechnung trägt, das sich darauf beschränkt, die objektive Notwendigkeit der Unrechtsvermeidung vorzustellen, und nicht verlangt, allein um seiner Verbindlichkeit willen befolgt zu werden. Der Zwang, das ist Kants Zwangsbeweis in nuce, läßt sich allein legitimieren als möglicher Ausführungsgrund von Pflichthandlungen, also als äußere Triebfeder des als Handlungsnorm auftretenden Pflichtgesetzes der praktischen Vernunft. Und diese ist nun eben juridisch gesetzgebend, insofern ihr Gesetz den Zwang zu solchen Handlungen für moralisch möglich erklärt und zuläßt, die um ihrer praktischen Notwendigkeit willen auszuführen sie als ethisch gesetzgebende Vernunft verlangt.

Die Rechtslehre kann nicht Erlaubnislehre, sie muß Pflichtlehre sein, weil ihr Anspruch auf unbedingte Gültigkeit nur einlösbar ist, wenn ihr Prinzip den Charakter eines praktischen Vernunftgesetzes besitzt. „Wir kennen unsere eigene Freiheit (von der alle moralischen Gesetze, mithin auch alle Rechte sowohl als Pflichten ausgehen) nur durch den moralischen Imperativ, welcher ein pflichtgebietender Satz ist, aus welchem nachher das Vermögen, andere zu verpflichten, d. i. der Begriff des Rechts, entwickelt werden kann" (Kant, RL: VI 239). Diese Textstelle bringt in äußerst gedrängter Form den geltungstheoretischen Zusammenhang zwischen Moralphilosophie und Rechtslehre bei Kant zum Ausdruck. Als ein unbedingt verbindliches Gesetz muß das Rechtsgesetz die Gestalt eines Pflichtprinzips haben und ist insofern vom kategorischen Imperativ abhängig, als dieser, wie die „Analytik der reinen praktischen Vernunft" zeigt, als indirekter Deduktionsgrund der transzendentalen Freiheit die Geltungsvoraussetzung der unbedingten Verbindlichkeit des Rechtsgesetzes sicherstellt.

Die Kantische Lösung des Problems der Rechtsbegründung ist Fichte aber nicht nur darum versperrt, weil er das Recht als Erlaubnis auslegt; sie ist ihm auch darum unzugänglich, weil er ein begrenztes Verständnis des praktischen Gesetzes und damit der Gesetzgebung reiner praktischer Vernunft hat. Ein praktisches Gesetz ist für ihn ein „Gesetz an die Freiheit ... [und] richtet sich in einem unmittelbaren Bewusstsein an dieselbe, und ist immer ein individuelles Gebot für einzelne. Nun kann kein einzelner das Gesetz [nämlich das Rechtsgesetz W. K.] einführen; denn es ist eins für alle. Alle müssen ihre natürliche Freiheit beschränken, falls keiner die Freiheit des andern stören soll; alle in einem Schlage ... Es läßt sich sonach gar nicht einsehen, wer das Gesetz ausführen solle" (SRL 220 f.). Fichte betrachtet also den Begriff des praktischen Gesetzes als Begriff eines nur auf moralisch-spontane Weise befolgbaren Vernunftgrundsatzes und kann so aus dem Realisationsproblem des Rechts ein Argument gegen den praktisch-verbindlichen Charakter des Rechtsgesetzes gewinnen.

Diese Sätze sind überdies ein instruktiver indirekter Kommentar zur Kantischen Konzeption des Erlaubnisgesetzes. Denn genau auf dieses von Fichte zutreffend dargestellte Verwirklichungsproblem des Rechts antwortet die Konzeption des Erlaubnisgesetzes. Diese Verwirklichungsschwierigkeiten waren für Kant jedoch kein Grund, auf eine Begründung des Rechts als einer formalen egalitaristischen äußeren Freiheitsordnung in der reinen Vernunftgesetzgebung zu verzichten. Die Schwierigkeiten, eine vernunftgemäße Freiheitsordnung zu realisieren, beeinträchtigen weder den praktischen, vernunftgesetzlichen Status des Rechtsgesetzes noch seine kategorische Verbindlichkeit.

So sehr die Rechtsprinzipien Kants und Fichtes auch inhaltlich übereinstimmen – beide thematisieren eine durch Symmetrie und Wechselseitigkeit charakterisierte formale Ordnung äußerer Freiheit – hinsichtlich ihres Verbindlichkeitsstatus unterscheiden sich die beiden Denker doch beträchtlich. Wird das Pflichtgesetz der reinen praktischen Vernunft von vornherein auf ein Grundgesetz moralischer Subjektivität eingeschränkt, dann wird eine eigenständige, vom Deduktionsprogramm der Kantianer abweichende Rechtsbegründung sich auf ein Prinzip stützen müssen, das keinen pflichtgesetzlichen Charakter besitzt und daher der praktischen Vernunftgesetzen eignenden unbedingten Verbindlichkeit entraten muß. Die Gültigkeit des Fichteschen Rechtsgesetzes ist allein konsequenzlogischer Natur und daher wie die eines hypothetischen Imperativs oder eines praktischen Syllogismus allein in der theoretischen Vernunft, im „Denkgesetz" begründet (I 1, 356). „Das vernünftige Wesen ist nicht absolut durch den Charakter der Vernünftigkeit verbunden, die Freiheit aller Vernunftwesen ausser ihm zu wollen ..." (I 3, 386); und „jeder ist nur verbunden durch den willkürlichen Entschluss, mit anderen in Gesellschaft zu leben; und wenn jemand seine Willkür gar nicht beschränken will, so kann man ihm auf dem Gebiet des Naturrechts weiter nichts entgegenstellen, als das, dass er sodann aus aller menschlichen Gesellschaft sich entfernen müsse" (I 3, 322).

Fichtes Rechtsdeduktion legt die notwendigen Einsichten dar, deren konsequente Beachtung das Recht entstehen läßt. Das transzendental-genetisch entwickelte Anerkennungsverhältnis besitzt selbst jedoch keine unbedingte Verbindlichkeit, die seine Verwirklichung zur Pflicht eines jeden machte. Für Fichte hängt die Gültigkeit des Rechtsgesetzes „lediglich davon ab, ob jemand consequent ist, oder nicht. Consequenz aber hängt hier ab von der Freiheit des Willens ... [und] es lässt sich kein absoluter Grund angeben, warum das vernünftige Wesen consequent seyn und zufolge desselben das aufgezeigte Gesetz sich geben sollte" (I 3, 385). Nur ein hypothetischer Grund steht zur Verfügung: wenn jemand eine Gemeinschaft vernünftiger Wesen will, dann muß er auch das Rechtsgesetz wollen. Für diesen Entschluß gibt es sicherlich gute Gründe – sie beizubringen ist Aufgabe der Naturzustandstheorie –, gleichwohl ist er beliebig. „Man kann im Naturrechte jedem nur sagen, das und das werde aus seiner Handlung folgen. Uebernimmt er dies nun, oder hofft er ihm zu entgehen, so kann man weiter kein Argument gegen ihn brauchen" (I 3, 385 f.).

So hoch Fichtes Naturrecht sich begründungstheoretisch auch immer über die empirischen Naturrechtskonzeptionen der Tradition erheben mag, staatsphilosophisch bleibt es auf hobbesianischem Niveau. Wie Hobbes, Locke, Rousseau und die deutschen Kontraktualisten vertritt Fichte einen voluntaristischen Kontraktualismus, der dem Übergang vom Naturzustand in den staatlichen Zustand einen freiwilligen Vergesellschaftungs- resp. Beitrittsentschluß zugrundelegt (vgl. Kersting 1995). Der Gedanke, daß endliche vernünftige Wesen a priori unter der Verpflichtung stehen, ihr Verhältnis zueinander nach Regeln des Rechts zu gestalten und somit das Verlassen des Naturzustands den Charakter einer Rechtspflicht besitzt und keinesfalls eine reine Frage des nutzenmaximierenden Kalküls ist, kommt Fichte genausowenig wie seinen empirischen Vorgängern. Obwohl er das Recht als nicht-empirischen Begriff entwickelt, obwohl er es als notwendige Selbstbewußtseinsbedingung transzendental deduziert, kommt weder dem Recht selbst noch den für seine Verwirklichung nötigen Grundhandlungen der Charakter praktischer Verbindlichkeit zu.

Der Unterschied zu Hobbes zeigt sich bei Fichte erst bei der inneren Begründung der durch den Vergesellschaftungsentschluß freiwillig zugezogenen rechtlichen Verbindlichkeit selbst. Während Hobbes hier auf das Selbsterhaltungsinteresse der Menschen rekurriert, greift Fichte auf die Struktur der Anerkennungswechselseitigkeit zurück, die in der transzendentalen Deduktion des Rechts als einer Selbstbewußtseinsbedingung freigelegt worden ist. „Das Verhältniss freier Wesen zu einander ist ... das Verhältniss einer Wechselwirkung durch Intelligenz und Freiheit. Keines kann das andere anerkennen, wenn nicht beide sich gegenseitig anerkennen: und keines kann das andere behandeln als ein freies Wesen, wenn nicht beide sich gegenseitig so behandeln" (I 3, 351). Die „theoretische Consequenz" (I 3, 354) stiftet die Verbindung zwischen der Erkenntnis der gleichen Freiheit anderer und dem streng symmetrischen Wechselwirkungsverhältnis zwischen allen vernünftigen Wesen als den Bedingungen von Selbstbewußtsein, Individualität und eigener Freiheit eines jeden und den ihnen entsprechenden, sie realisierenden rechtlichen Handlungen.[1]

---

[1] Diese Ersetzung praktischer Verbindlichkeit durch „theoretische Consequenz" hat Fichte übrigens nicht als erster vorgenommen; sie findet sich zuerst bei J. B. Erhard, der in der Apologie des Teufels (1795, 131) etwa schreibt: „Das Recht entsteht ... aus der Forderung völliger Consequenz, die die Menschen wechselweise aneinander machen".

Der Preis, den Fichte für die Emanzipation des Rechts von der Moral entrichten muß, ist hoch, denn die moralische Unabhängigkeit des Rechts ist nur auf Kosten der Verwandlung eines vernunftpraktischen in einen rationalitätstheoretischen Rechtsbegriff zu erreichen. Obwohl Fichte das Recht nicht selbsterhaltungsteleologisch auslegt, ist die sich in ihm artikulierende Vernunft von der Art eines rationalen, interesseverfolgenden Kalküls. Nur sind bei Fichte diese Interessen nicht in der empirischen, sondern in der vernünftigen Natur des Menschen beheimatet. Es macht aber rationalitätstheoretisch keinen Unterschied, ob die Verbindlichkeit der Rechtsordnung in ihrer Nützlichkeit für das empirische Selbsterhaltungsinteresse oder für das Selbsterhaltungsinteresse des Selbstbewußtseins begründet ist; in beiden Fällen wird die Verbindlichkeit des Rechts nur noch nach dem Alphabet der Klugheit, der rationalen Interessenverfolgung buchstabiert. Analytisch aus dem „Faktum, daß mehrere freie Wesen in einer gemeinschaftlichen, die Wirksamkeit aller fortpflanzenden Sphäre stehen" (SRL 225), ableitbar, verlangt das Recht nicht praktische Vernunft, sondern lediglich „logische Konsequenz und Wahrheit des Denkens" (SRL 226), also die Form von Rationalität, die das Volk verständiger Teufel auszeichnet, von dem Kant sagt, daß es das Problem der Staatserrichtung schon lösen werde. Nur ist die Interessendienlichkeit des Rechts nicht der Grund seiner praktischen Geltung. Daher kann das Recht bei Kant moralunabhängig verwirklicht, aber nicht moralunabhängig begründet werden. Dieses Element der Begründung in praktischer Vernunftgesetzgebung fehlt dem selbstbewußtseinstheoretisch verfaßten Rechtsbegriff der Fichteschen *Grundlage*. Das Recht bedarf zu seiner Erfassung nur des Deduktionsverfahrens der theoretischen Vernunft und zu seiner Realisierung und Verbindlichkeitssicherung allein eines verständigen Egoismus, der seinerseits eine staatliche Macht fordert, die den Willen eines jeden mit „mechanischer Naturnotwendigkeit" (SRL 233) in die Bahnen des Rechts zwingt und so das begrifflich notwendige störungsfreie Miteinander freier Wesen mit der Unwiderstehlichkeit einer Naturmacht in der Sinnenwelt garantiert (I 3, 424; I 3, 427).

Literatur

Bergk, J. A. 1797: Briefe über Immanuel Kants Metaphysische Anfangsgründe der Rechtslehre, Leipzig–Gera

Brandt, R. 1982: Das Erlaubnisgesetz, oder: Vernunft und Geschichte in Kants Rechtslehre, in: ders. (Hrsg.): Rechtsphilosophie der Aufklärung, Berlin

Erhard, J. B. 1976: Apologie des Teufels (1795), in: ders.: Über das Recht des Volks zu einer Revolution und andere Schriften, hrsg. von H. G. Haasis, Frankfurt/M.

Feuerbach, P. J. A. 1795: Versuch über den Begriff des Rechts, Niethammers Philosophisches Journal, 6. Heft, 138–162

Feuerbach, P. J. A. 1796: Kritik des natürlichen Rechts, Altona (Neudruck Hildesheim 1963)
Hoffmann, S. T. (Hrsg.): Das Recht als ‚Form der Gemeinschaft freier Wesen als solcher', Berlin 2014
Kersting, W. 1982: Sittengesetz und Rechtsgesetz. Die Begründung des Rechts bei Kant und den frühen Kantianern, in: R. Brandt (Hrsg.): Rechtsphilosophie der Aufklärung, Berlin
Kersting, W. 1995: Politische Philosophie des Gesellschaftsvertrags, Darmstadt
Kersting, W. 2007: Wohlgeordnete Freiheit. Immanuel Kants Rechts- und Staatsphilosophie, 3. Aufl., Paderborn
Pascale, C. de : „Die Vernunft ist praktisch": Fichtes Ethik und Rechtslehre im System, Berlin 2003.
Zöller, G. (Hrsg.): Der Staat als Mittel zum Zweck: Fichte über Freiheit, Recht und Gesetz, Baden-Baden 2011.

Frederick Neuhouser

3 The Efficacy of the Rational Being (First Proposition: § 1)

3.1 General aims of the *Grundlage des Naturrechts*

The aim of this paper is to reconstruct the argument Fichte presents in § 1 of his *Grundlage des Naturrechts* and to clarify the role it is intended to play in the work's overall philosophical strategy. Since the argument of § 1 represents the first step in Fichte's attempt to ground the basic principles of natural right (or of political philosophy broadly construed), it will be helpful to begin by briefly rehearsing the aims of that larger project. Fichte's view is that the basic task of a philosophical science of natural right is to provide a "deduction" of that science's foundational principle, a principle Fichte refers to as "the concept of right" (*der Rechtsbegriff*). The aim of such a deduction is to determine the content of the concept of right, to demonstrate the rational necessity of that concept, and to show how, as a pure concept of reason, it can be applied within the world of experience (I 3, 319). In other words, a philosophy of natural right has three fundamental goals: to give an account of what justice (or right) consists in; to demonstrate that it is not an arbitrary invention of human beings but a necessary idea that has its source in reason itself; and to provide a sketch of what a human society would look like in which the idea of justice were adequately realized.

The key to articulating Fichte's strategy for achieving these goals lies in his understanding of what "deduction," the proper method of philosophy, consists in. As Fichte makes clear in the introduction to the *Grundlage des Naturrechts*, 'deduction' in the present context refers to a species of transcendental argument. According to his view, philosophy proves the rational necessity of the concept of right by showing it to be a necessary condition of the possibility of self-consciousness (I 3, 319; for a more detailed account of Kant's transcendental method in the *Grundlage des Naturrechts* and of how that method differs from Kant's, see Siep 1992, 41–64). This bare formulation of Fichte's argumentational strategy immediately raises a number of questions: What kind of self-consciousness is it whose conditions are supplied by the concept of right? What is the content of the concept of right, and how does it make self-consciousness in the intended sense possible? Is merely *having* that concept sufficient to secure the conditions of self-consciousness, or must the relations implied by the concept of right also be realized in the world?

Some clarification of these issues is provided by later passages in the Introduction in which Fichte provides a somewhat fuller sketch of how the basic argument of the *Grundlage des Naturrechts* is to proceed: The concept of right, we are told, is nothing more than "the concept of the necessary relation of free beings to one another" (I 3, 319) or, more perspicuously, the principles "in accordance with which a community among free beings as such [could] be established" (I 3, 320). These principles are to be deduced as necessary principles of reason by showing "that the rational being cannot posit itself as a rational being with self-consciousness without positing itself as an *individual*, as one among several rational beings that it assumes to exist outside itself" (I 3, 319). In other words, the fundamental thought of the *Grundlage des Naturrechts* is that (in the case of a finite being) the awareness of oneself as a free, rational subject requires as its condition a consciousness of one's *individuality* (in a sense yet to be determined) and that this consciousness itself depends on taking oneself to stand in certain law-governed relations – relations specified by the concept of right – to other individuals of the same general type. Roughly put, Fichte's argument will be that: i) taking oneself to be bound by the principles of right – principles that impose equal and reciprocal limits on the freedom of all subjects – is a necessary condition of taking oneself to be an individualized locus of free agency; and ii) such awareness of one's individuality is required in order for a finite subject to be conscious of itself as free and rational.

Fichte's strategy for establishing the foundational principles of political philosophy by showing them to be conditions of the possibility of self-consciousness is in part dictated by one of the aims of his larger philosophical project, that of making philosophy into a genuine system by transcendentally deducing the whole of philosophical knowledge from a single starting point, the self-conscious (or "self-positing") subject (one statement of this project is found at I 4, 204–205). This raises important questions about what exactly the starting point of the *Grundlage des Naturrechts* is and how it differs from the starting point of the system as a whole, as articulated in § 1 of the *Grundlage der gesamten Wissenschaftslehre* of 1794. (Siep 1992, 41–46, provides a more extensive discussion of this issue.) Although Fichte does not explicitly address these questions in the *Grundlage des Naturrechts*, an important clue to his view is provided by the fact that the subject with which the *Grundlage des Naturrechts* begins is characterized as "a *finite* rational being" (I 3, 329; emphasis added), in contrast to the absolute, or unconditioned, I that serves as the starting point for the system as a whole. The crucial difference between these two concepts lies in the fact that an absolute I posits itself unconditionally (*schlechthin*), without any relation to (or dependence on) anything other than itself, whereas a finite I is "one that can reflect only upon than something limited" (I 3, 329). Thus, in the case of an absolute I, the subject and object of self-consciousness are immediately identical in the sense that no distinction whatever is made between the actively reflecting subject and a self that is apprehended as the object of such reflection; there is, in other words, no content of self-consciousness other than an immediate apprehension of the mere activity of the I, and because of this the absolute I is wholly self-related – that is, related to (or dependent on) nothing other than itself (its own activity). The self-consciousness of a finite I, in contrast, involves the subject's reflective awareness of itself as a determinate object of consciousness with properties (and relations to things other than itself) that it takes to be due to more than the purely spontaneous reflexive activity that is definitive of subjectivity. The reflective activity of such a subject – an activity that "reverts into itself" (*in sich selbst zurückgeht*) – is, in Fichte's terms, "limited" (*begrenzt*), and therefore not absolute, because in its self-apprehension it encounters elements of itself that are not directly the properties or products of its own activity. The self that is apprehended is an "object" both because its properties depend on its having certain passive relations to the empirical world and because it is taken to have an enduring, object-like existence that is independent of its being consciously present to the reflecting subject.

The *Grundlage des Naturrechts*, then, inquires into the conditions under which a finite, rational subject can achieve consciousness of itself as such, and its aim is to show that the concept of right constitutes one of those conditions. Before proceeding to the details of Fichte's argument for this claim, it will be helpful to spell out how this very formulation of the *Grundlage des Naturrechts*'s task poses the problem that the deduction of the concept of right will attempt to solve. The problem lies in the very concept of a subject (or rational being) that is at the same time finite. Invoking the fundamental claim of the *Wissenschaftslehre*, Fichte locates the defining characteristic of "I-hood" (*Ichheit*) – or, equivalently, subjectivity or rationality (*Subjektivität/Vernünftigkeit*; I 3, 313/329) – in self-positing activity (for a more complete account of the concept of self-positing see Neuhouser 1990, chap. 3–4). At other points in the text 'self-positing activity' is referred to as "activity that reverts into itself" (*in sich selbst zurückgehende Tätigkeit*), "self-determining activity" (*sich selbst bestimmende Tätigkeit*), and "reflection upon oneself" (*Reflexion über sich selbst*; I 3, 329). Given this connection between self-positing and self-determination, it comes as no surprise that Fichte also explicitly equates 'rational' with 'free' (I 3, 319). Thus, self-determination (or freedom) of some type is an essential attribute of anything that is to qualify as a subject. The kind of self-determination at issue here is best captured by the idea of *self-constituting activity* (activity through which the subject constitutes itself as what it is). This idea is articulated by Fichte in the claim that "there is nothing in [the I] except the result of its acting upon itself; ... the I itself is nothing other than an acting upon itself" (I 3, 313). In other words, what does not constitute itself through its own conscious activity is, by definition, not a subject.

This understanding of what it is to be a subject raises the question of whether – and, if so, how – it is possible for something to be both a subject and finite in the sense articulated above. If what is attributed to the I is something other than its own activity, doesn't it precisely for that reason cease to be what it essentially is, namely, self-positing? It is possible to understand the argument of the *Grundlage des Naturrechts* as set into motion by a kind of dialectical challenge: to find a way of conceiving of the finite subject's relation to the world such that its finitude can be reconciled with its essential character as self-positing.

This characterization of Fichte's argument raises an important question not explicitly addressed in the *Grundlage des Naturrechts* itself: If the essential feature of subjectivity resides in the I's absolute, self-positing activity, why is it necessary to investigate the conditions under which *finite* subjectivity is possible? Why is finding oneself as a kind of object within the world essential to being an I? The unspoken thought behind Fichte's view (a thought that Hegel will take up and make much of) is that although it is the subject's essential nature to posit itself as absolute, this self-positing cannot take place in a pure, unmediated act of self-apprehension. (It will be recalled that this basic principle finds expression already in the second principle of the *Wissenschaftslehre*, where the positing of a not-I is asserted to be necessary to the I's positing of itself.) This means that there can be no self-consciousness that is completely independent of the spatiotemporal conditions of the empirical world and that avoids all involvement with the objects of experience. Thus, if self-consciousness is to be real, the subject must apprehend itself as existing within the empirical world, and if it is to be at the same time absolute, there must be something in the content of the self thus apprehended that allows us to see it as self-determined, or constituted only by its own activity. Expressed in other terms, Fichte's view is that self-consciousness requires more than an immediate mental act on the part of the subject. Achieving true consciousness of oneself as self-determining requires being able "to find oneself" (I 3, 319) as such within the empirical world; one's freedom must acquire some objectified presence within the world that reflects back to the subject, and thereby confirms, what one takes oneself to be.

3.2 Analysis of the argument of § 1

The first step of Fichte's deduction of the concept of right is set out in § 1 of the *Grundlage des Naturrechts* as the claim that "a finite rational being cannot posit itself [as such] without ascribing a free efficacy (*Wirksamkeit*) to itself" (I 3, 329). The same thought is formulated as the claim that "if a rational being is to posit itself as such, then it must ascribe to itself an activity whose ultimate ground lies [only] in itself" (I 3, 329). The point Fichte intends to establish here is that, for a finite subject, the possibility of self-consciousness can be explained only by ascribing to it a capacity for a certain kind of practical activity. This claim represents a distinctively Fichtean version of the general philosophical thesis that practical reason has primacy over theoretical reason[1]. Fichte explicitly formulates his claim in these terms in the Corollary to § 1: "My claim is that the practical I is the I of original self-consciousness, that a rational being perceives itself immediately only in willing and would not perceive itself, and thus would also not perceive the world, if it were not a practical being. Willing is the genuine essential character of reason" (I 3, 332). The question here is why Fichte thinks he is entitled to claim that taking oneself to be a practical subject is among the conditions without which self-consciousness in general would not be possible. Why is the consciousness of one's own efficacy a necessary condition of subjectivity? Fichte's answer, as I have indicated above, is that it is only in practical self-consciousness that the I can be immediately conscious of itself as both self-determining and finite. But how does this argument work?

The basic structure of Fichte's argument in § 1 can be articulated as a series of four moves: 1) The task of reconciling the subject's finitude with its nature as self-positing (constituted only by its own activity) provides a set of criteria for what will count as a successful deduction, namely: a form of subjectivity must be found in which the I's consciousness of itself unites an awareness of its limited (*begrenzt*), other-related character (as finite) with an awareness of itself as self-constituting. 2) The self-consciousness involved in a subject's theoretical stance to the world does not satisfy these criteria. 3) Practical self-consciousness (ascribing free efficacy to oneself) does meet the stated criteria. 4) Therefore, practical self-consciousness is a necessary condition of self-consciousness for a finite subject.

Ad 1): As we have seen, the problem to be solved here is how the subject can be aware of itself as both finite (constituted by its relation to something other) and self-determining (constituted by nothing other than its own activity). In the latter half of § 1 Fichte formulates his task in terms of the question: How is it possible for the reflecting I to have itself as the object of its reflection (I 3, 333 n.)? This question can be regarded as merely a reformulation of the problem explicated above if we take it to be asking how something could be at once both object (in the sense of having properties that depend on its passive relations to other objects of the empir-

---

[1] 'Primacy' may be a misleading term here, since Fichte also holds that there can be no practical consciousness without theoretical. Since the subject must be able to represent a state of affairs in order to will it, "willing is conditioned by all representing" (I 3, 333).

ical world) and subject (wholly self-positing). The answer Fichte gives in § 1 takes the following form: If the I is to have itself as the object of its consciousness – we are concerned here after all with a species of self-consciousness – then what the I is conscious of must have the quality any subject must have in order to count as one: it must consist in self-determining activity, activity that returns into itself. But since the I at issue here is also finite, this self-determining activity must at the same time be limited by something that is distinct from itself and that opposes the I's activity.

Ad 2): A subject that had a merely theoretical relation to the world could not have itself (its own self-positing character) as the object of consciousness. This is because in its theoretical stance the subject is not directly aware of its intuiting and cognizing activities as being self-determined. On the contrary, it takes its theoretical activity to be "constrained and bound" (*gezwungen und gebunden*; I 3, 330) by something other than itself, namely, the objects it attempts to know. Although the theoretical subject takes its activity to be self-determined in the limited sense that it is up to the subject whether or not to engage in the enterprise of knowing the world, it does not appear to be self-determined in a more substantive sense, since the subject takes the content of its knowledge to be determined by the character of its objects: In the theoretical attitude "we must represent the objects as we take them to be apart from any contribution from us; our representing must conform to their being" (I 3, 330).

It might seem that Fichte's claim here contradicts the fundamental tenet of the *Wissenschaftslehre*, namely, that the I is self-determining in all of its manifestations and not merely in its role as practical subject. Understanding why the present claim is not in conflict with the position of the *Wissenschaftslehre* helps to clarify the precise nature of the argument being made in the *Grundlage des Naturrechts*. Fichte notes in the present context that the theoretical subject is in fact self-determining in the substantive sense just referred to. Echoing the position he argued for in the *Wissenschaftslehre*, Fichte acknowledges here that even theoretical intuition "is nothing more than an I that reverts into itself and that the world is nothing more than the I intuited in its original limits" (I 3, 330). The crucial point is that the theoretical subject can be recognized as fully self-determining (constituting both itself and the objects it knows) only from the perspective of transcendental philosophy; in practical self-consciousness, in contrast, the I is directly present to itself as self-determining independently of philosophical reflection. What is at issue for Fichte in this part of the *Grundlage des Naturrechts*, then, are the genetic conditions under which a real subject with a spatio-temporal existence first comes to an awareness of itself as a self-positing subject – "how the I can originally exist for itself" – and this, Fichte claims to have shown, "cannot be explained out of the intuiting of the world" (I 3, 330).

Ad 3): What is it about practical self-consciousness that enables it to reconcile the I's finitude with its self-positing character? First, it is important to make clear precisely what kind of practical self-consciousness is at issue here (and throughout the entire *Grundlage des Naturrechts*). As indicated above, this practical self-consciousness consists in the subject's ascribing free efficacy to itself or, equivalently, in its ascribing to itself an activity whose ultimate ground lies only in itself. The activity the practical subject is said to ascribe to itself is later characterized more precisely as "the *act of forming* the concept of an intended efficacy outside us, or the concept of an *end* (*Zweck*)" (I 3, 331). Thus, the free activity of which the subject takes itself to be the ultimate ground is originally (i. e. here in § 1) conceived of as an activity that is merely internal to consciousness, namely, the setting of an end. At the same time, however, this activity makes reference to a world that is taken to exist outside of consciousness, since setting an end includes a determination to act in a certain way: Positing an end is at the same time willing to act (*Zwecksetzen ist zugleich Wirkenwollen*; this formulation comes from Siep 1992, 31).

The way in which Fichte characterizes the I's free activity here is significant both for reconstructing the argument of the *Grundlage des Naturrechts* and for understanding the kind of freedom with which the realm of right will be concerned. In taking freedom to be "the capacity to construct, through absolute spontaneity, concepts of our possible efficacy" (I 3, 319), Fichte focuses on the same capacity of the subject that Kant regarded as the defining feature of moral personhood: the ability to set practical ends for oneself (Kant, *Metaphysik der Sitten*: VI 387/392). One important difference, however, is that, in direct contrast to Kant, Fichte does not take this capacity to depend on the subject's status as a moral being. Whereas Kant insisted that the ability to set ends for oneself was possible only for a being that was also morally autonomous (in the sense of being bound by laws that arise from one's own pure practical reason) (Kant, VI 223), Fichte takes the same capacity – what he elsewhere calls "formal freedom" (I 3, 351/404) – to be distinct from and independent of the more substantive type of self-determination involved in moral autonomy (determining one's capacity for choice, or *Willkür*, in accord with laws that come from one's own rational nature). This departure from Kant is significant because it is essential to Fichte's larger project of separating the science of right from morality: it is this innovation that enables Fichte to claim that these two realms of philosophy are grounded in distinct conceptions of self-determination and that the principles of right can be derived independently of the categorical imperative (I 3, 320–321/359)[2].

---

[2] Fichte distinguishes "formal" from "material" self-determination in the *Sittenlehre*, I 5, 129–146. For an account of this distinction and its relation to the separation of the philosophies of right and morality see Neuhouser 1994, 163–167, and 1990, 121–130.

Fichte's principal claim in § 1, then, is that the spontaneous setting of an end for action is a necessary condition of self-consciousness because it is only in such activity that the subject is immediately present to itself as both finite and self-determining. A subject of this kind is aware of itself as finite because the empirical world it resolves to act upon is taken to exist and to have the properties it does independently of the I's activity. Because its ends are posited but not yet accomplished, and because accomplishing them depends on something that lies outside its control (the constitution of the empirical world), the practical subject takes itself to be limited by something other than itself. At the same time, it is conscious of itself as self-determining, because it regards itself as the sole origin – the ultimate ground – of its intended end. Strictly speaking, it is not sufficient for Fichte's purposes merely to have shown that the subject takes itself to be the final ground of any kind of conscious activity whatever. It is crucial to his aim that the conscious activity in question be directed at the very thing the I takes as a limitation to its *Ichheit*, the empirical world. Moreover, the subject's intention to act is by its nature directed at reconstituting that world so as to negate (*aufheben*) its original independence from the subject: "Free activity ... aims at nullifying the objects, insofar as they bind it" (I 3, 331). In setting ends that determine its action within the world the I undertakes to make even the objects of experience determined by its own activity; in doing so it strives, in effect, to install the I where previously only not-I had been and thus to reconcile its object-relatedness with its essential nature as self-constituting.

These points are essential for clarifying how the I's setting of ends for itself satisfies the requirement of being self-positing activity, or activity that returns into itself. Sometimes Fichte appears to imply that the subject's merely being the causal ground of a conscious activity is sufficient to make that activity "reverting into itself" in the relevant sense (various passages on I 3, 330–332, can give this impression, but a careful reading of those passages supports the view I present here). But this cannot be so, since, as we have seen, Fichte grants that even theoretical activity depends on the subject in this respect: "that it even occurs" is determined by the subject, although the content of representation is taken to be furnished from without (I 3, 330–331). Thus, the setting of ends qualifies as activity that returns into itself only because there is a sense in which the subject's object-directed activity is at the same time a positing of itself. The sense in which the subject posits itself in its practical activity is not difficult to grasp: Because the practical subject determines not just *that* it sets an end for itself but also the *content* of that end, it takes itself to be not merely passive with respect to how the empirical world is constituted but (potentially, at least) an active source of the world's determinations. In aiming to act upon the world in accord with its own ends, the practical subject aspires, as it were, to inscribe itself into its objects, thereby making its relating to objects a form of self-assertion.

In this context it is worth noting (with a view towards distinguishing the task of the *Grundlage des Naturrechts* from that of the *System der Sittenlehre*) that the view of self-determination presented here does not rule out thinking of the subject as determining its ends arbitrarily rather than in accord with a rational principle or some conception of its own essential nature. According to this picture of self-determination, the ends the subject sets for itself are its own simply because it chooses them, not because they express something about the kind of being it essentially is. This is distinct, then, from the fuller conception of self-determination at work in Fichte's *System der Sittenlehre*, where the ends the subject sets for itself must be its own in the stronger sense that they are determined in accord with its conception of its own essential nature as a rational agent. Although Fichte will argue there that this more complete form of self-determination is itself a necessary condition of self-consciousness, that conception of self-determination plays no role in the *Grundlage des Naturrechts*'s task of establishing the principles of right (which is merely another way of saying that the philosophy of right constitutes "a seperate science standing on its own": I 3, 321).

Ad 4): The conclusion that for a finite subject practical self-consciousness is a necessary condition of self-consciousness in general is supposed to be the logical consequence of claims (1) through (3). Even if Fichte has shown that practical self-consciousness provides what is required for a subject to be conscious of itself as both finite and self-constituting, his claim that it is *necessary* for such self-consciousness presupposes that the theoretical and practical forms of consciousness considered in (2) and (3) are exhaustive of the options. One question that arises for Fichte's claim, then, is whether other configurations of subjectivity, such as aesthetic consciousness, might not also satisfy the requirements set out in (1).

Another question that could be raised is the following: In summing up what has been accomplished in § 1 Fichte claims to have shown "that a rational being perceives itself immediately only in willing and would not perceive itself, and thus would also not perceive the world, if it were not a practical being" (I 3, 332). It is not difficult to see how the argument reconstructed here supports the claim that a rational being (a subject) can immediately perceive itself (i. e. can first come to apprehend itself as self-constituting) only through practical self-consciousness. But does it follow from this, as Fichte claims, that a being that lacked practical self-consciousness would be incapable of the kind of self-consciousness required for a theoretical apprehension of the world (i. e. the-self-consciousness Kant treats under the name "transcendental apperception")? The argument Fichte gives here for the former claim depends on taking 'self-consciousness' to refer to an awareness of oneself (including one's relations to objects) as constituted by one's own activity and by nothing other than that activity. It is not obvious, however, that the requirements for establishing a theoretical relation to the world include self-consciousness in such a robust sense, since (at least for Kant) the self-consciousness required consists merely in the subject's apprehension of its numerical identity over time and throughout a variety of representational states. This appears to involve considerably less than the thought that the I constitutes itself and all it is related to.

The objection just raised concerns an issue that is of import for Fichte's larger systematic aspirations, namely, whether he has adequately articulated the relation between theoretical and practical reason. As such, it does not, in my opinion, bear directly on the validity of the more limited argument of the *Grundlage des Naturrechts*. (I. e. it is possible to argue that immediate self-consciousness in the robust sense referred to above can be achieved only in practical self-consciousness while bracketing the question of whether theoretical self-consciousness depends on practical self-consciousness as its condition.) A worry that is more directly relevant to the project of the *Grundlage des Naturrechts* itself is whether the conception of freedom invoked in the argument of § 1 is the same conception appealed to later on in the chain of transcendental arguments (especially in § 4) when Fichte deduces the relation of right as a necessary condition of self-consciousness. Is the mere consciousness of oneself as causally efficacious (the conception of freedom invoked in § 1) rich enough to ground the necessity of the relation of right, which includes the recognition by others of the inviolability of another individual's sphere of action? From the vantage point of § 1 it is difficult to see how the concept of right can be deduced as a condition of the awareness of one's freedom in this precise sense, but this question can be settled only by a close analysis of the sections that follow.

Bibliography

Baumanns, P. 1972: Fichtes ursprüngliches System. Sein Standort zwischen Kant und Hegel, Stuttgart
Düsing, E. 1986: Intersubjektivität und Selbstbewußtsein, Köln
Janke, W. 1990: Anerkennung. Fichtes Grundlegung des Rechtsgrundes, in: H. Girndt (ed.), Selbstbehauptung und Anerkennung, Sankt Augustin, 9–117
Neuhouser, F. 1990: Fichte's Theory of Subjectivity, Cambridge
Neuhouser, F. 1994: Fichte and the Relation between Right and Morality, in: D. Breazeale/ T. Rockmore (eds.), Fichte: Historical Context – Contemporary Controversies, Atlantic Highlands, N. J., 158–180
Siep, L. 1992: Praktische Philosophie im Deutschen Idealismus, Frankfurt/M.
Verweyen, H. 1975: Recht und Sittlichkeit in L G. Fichtes Gesellschaftslehre Freiburg/München

Claude Piché
4 Die Bestimmung der Sinnenwelt durch das vernünftige Wesen (Folgesatz: § 2)

4.1 Der Ausnahmecharakter des Folgesatzes

Die erste Schwierigkeit, die bei der Lektüre des § 2 auftritt, betrifft den Status der Deduktionsstufe, welche Fichte als „Folgesatz" bezeichnet. Die Verwendung dieser Bezeichnung ist eigentlich bei Fichte eher ungewöhnlich, und jener Paragraph ist daher auch der einzige der *Grundlage des Naturrechts* mit diesem Status. In der *Wissenschaftslehre* von 1794/95 findet man im übrigen davon noch keine Spur. Fichte verwendet allenfalls den Begriff „Folgerung": Im *System der Sittenlehre* trägt § 9 diesen Titel, aber von einem „Satz" als solchem ist an keiner Stelle die Rede (I 5, 118). Der § 2 des *Naturrechts* hingegen beginnt mit einem Satz, der sich von einem echten Lehrsatz nur dadurch unterscheidet, daß er keines Beweises bedarf. Er stellt im Grunde nur die Folge des vorhergehenden Lehrsatzes dar und übernimmt dessen Demonstration und dadurch auch dessen Evidenz. Dieser Sonder- bzw. Einzelstatus des Folgesatzes innerhalb der Deduktion des Rechtsbegriffes geht bereits eindeutig aus dem Wortlaut des Satzes hervor. Während alle Lehrsätze dieser Deduktion voneinander unabhängig formuliert sind, verweist der Folgesatz gleich zu Beginn auf den ersten Lehrsatz: „Durch *dieses* Setzen seines Vermögens zur freien Wirksamkeit setzt, und bestimmt das Vernunftwesen eine Sinnenwelt außer sich" (Hervorh. v. Verf.). Dadurch, daß der Begriff der „Welt" bereits im ersten Lehrsatz deduziert wurde, wird der autonome Status des Folgesatzes, dem Fichte einen gesonderten Paragraphen widmet, nur noch rätselhafter.

Durch die von Spinoza in Mode gebrachte synthetische Methode verfügt Fichte über bestimmte Hilfsmittel, um einen Lehrsatz zu vervollständigen, ohne dessen Grenzen aufzuheben. Neben den „Anmerkungen" (*scolia*) gibt es die „Zusätze" (*corollaria*), d. h. genauer Sätze, die unmittelbar aus anderen Sätzen allein nach den Gesetzen der Logik abgeleitet sind. Allerdings enthält allein der „erste Lehrsatz" schon drei *corollaria*, so daß durch das Einfügen des Folgesatzes in Form eines vierten *corollarium* mitsamt seinen Unterabschnitten, wie man leicht sieht, der Anfang der Deduktion des Rechtsbegriffs sehr schwerfällig geworden wäre. Aber wir wissen auch, daß sich Fichte in seinen spekulativen Schriften kaum um Fragen der Eleganz kümmert. Nicht um dem Problem der Überfrachtung oder der Unausgewogenheit der Darstellung aus dem Weg zu gehen, hat Fichte wohl den

Folgesatz als eigenständigen Paragraphen ausgearbeitet, innerhalb einer vier Momente umfassenden Deduktion. Vielmehr ist zu vermuten, daß die Deduktion der Sinnenwelt ein wesentliches Moment seiner Argumentation bildet, dem zwar ein eigener Rang zugewiesen wird, dessen Nachweis aber auf ein Minimum beschränkt wird.

Zur Bestimmung der strategischen Stellung des § 2 innerhalb des *Naturrechts* kann die sich darin entfaltende Argumentationsstruktur mit jener des *Systems der Sittenlehre* verglichen werden. Im übrigen verweist Fichte selbst ausdrücklich auf die Möglichkeit dieses Vergleichs, indem er zwischen dem jeweils ersten Lehrsatz beider Deduktionen sowie zwischen der jeweiligen Darstellung des Problems der Interpersonalität in beiden Schriften unleugbare Analogien feststellt (*Sittenlehre*: I 5, 39, 199, 201; vgl. dazu Verweyen 1975, 90). Gleichzeitig legt er aber Wert auf den Zusatz, daß diese Themen „in verschiedenen Verbindungen" auftreten. So tritt der dem § 2 entsprechende Inhalt erst in § 4 der *Sittenlehre* unter der Überschrift „Deduction eines Gegenstandes unserer Thätigkeit überhaupt" in Erscheinung, sodaß dieser Schritt nicht zur „Deduction des Prinzips der Sittlichkeit" als solcher gehört. Gleiches gilt auch für die Deduktion der Interpersonalität, welche erst in § 18 der *Sittenlehre* behandelt wird (I 5, 199). Diese Abweichungen sind offensichtlich durch das jeweils verfolgte Ziel zu erklären. Was Fichte in der *Sittenlehre* in erster Linie interessiert, nämlich das Prinzip der Sittlichkeit, kann gleich zu Anfang deduziert werden, ohne daß ein Rückgriff auf die äußere Welt oder die Interpersonalität notwendig wäre. Dagegen besteht das erste Ziel des *Naturrechts* darin, möglichst effizient zum Rechtsbegriff zu gelangen, auch wenn Fichte dazu den Weg über die Bestimmung der Sinnenwelt (§ 2) und die Deduktion des *alter ego* (§ 3) nehmen muß. Zur Kürze gezwungen, verzichtet er weitgehend auf Fachvokabular und führt in § 1 aus denkökonomischen Gründen alle hinreichenden Beweismomente an, mit denen die freie Wirksamkeit des endlichen Vernunftwesens begründet und das Dasein der Sinnenwelt gesetzt werden kann. Wie wir jedoch sehen werden, bilden die Setzung und die Bestimmung der äußeren Welt einen entscheidenden Abschnitt der Darstellung, sodaß Fichte sie in Form eines selbständigen Paragraphen hervorheben muß.

Um zur Wechselwirkung zwischen endlichen Vernunftwesen und damit zum Gegenstand des zweiten Lehrsatzes zu gelangen, ist Fichte gezwungen, vorher eine Form der Wirksamkeit einzuführen, die selbst nicht in eine Wechselwirkung mündet. Die im zweiten Lehrsatz angestrebte Wechselseitigkeit der Wirkung setzt voraus, daß die Wirksamkeit auf beiden Seiten homogen, d. h. in diesem Fall: „frei", sei. Nun empfindet aber das endliche Vernunftwesen seine freie Wirksamkeit zunächst einseitig, indem es ein Objekt bestimmt. Es bestimmt dieses durch das Setzen einer Sinnenwelt außer sich, welche ihm dadurch als rein bestimmbar erscheint. Dies ist der vorbereitende Schritt, den der uns interessierende § 2 anschließend erläutern soll. Denn die Kausalität ist eine wesentliche Bedingung, um (im Kontrast dazu) die Wechselwirkung begreifbar zu machen, die in der Interpersonalität ihren Sitz hat. Dies wird im folgenden Abschnitt des zweiten Lehrsatzes deutlich: „[Das Vernunftwesen] soll durch die Aufforderung keineswegs bestimmt, necessitiert werden, wie es im Begriffe der Kausalität das Bewirkte durch die Ursache wird, zu handeln; [...]" (I 3, 344).

Kausalität und Wechselwirkung stellen zwei Momente dar, welche auseinandergehalten und in klaren Schritten entwickelt werden müssen, wenn die Deduktion des Rechtsbegriffes gelingen soll. Dies geht jedenfalls aus zwei Briefen Fichtes hervor, die er in der Zeit der Ausarbeitung seiner Rechtsphilosophie geschrieben hat. Die Adressaten dieser Briefe stehen im übrigen, wie wir im folgenden sehen werden, in direktem Bezug zum Abschnitt II des vorliegenden Paragraphen. Im ersten, an Reinhold gerichteten Brief vom 29. August 1795, der das *Naturrecht* in seinen wesentlichen Grundzügen präsentiert, taucht die notwendige Unterscheidung von Kausalität und Wechselwirkung, von Objekt und Anderem, auf. „Diese Fragen werden abermals nur durch folgende Argumentation beantwortet: Ich kann mich nicht als Ich denken, ohne gewisse Dinge (diejenigen, welche nicht *anfangen* können) als mir völlig unterworfen zu denken. Zu ihnen stehe ich im Verhältnis der Ursache; zu andern Erscheinungen im Verhältnis der Wechselwirkung. Die menschl. Gestalt ist für den Menschen Ausdruck der lezten Klasse [...]. Die Anwendung dieser Sätze zur Hervorbringung eines NaturRechts ist leicht" (III 2, 386 f.). Die Kausalität wird hier insofern als eine einseitige Einwirkung vorgestellt, als die Objekte, die ihr unterworfen sind, nicht reagieren, d. h. in gleicher Weise eine freie Wirksamkeit entfalten können. Es handelt sich, wie bereits gesagt, um einen vorbereitenden Schritt, der zum Verständnis der Einzigartigkeit der Interpersonalität unerläßlich ist. In diesem Zwischenmoment aber liegt das Hauptinteresse des vorliegenden Paragraphen; es tritt dort in folgender Form auf: „[das Objekt] ist keiner Veränderung durch sich selbst fähig (es kann keine Wirkung *anfangen*); es kann mithin dieser Einwirkung nicht zuwider *handeln*". Der zweite Brief, den Fichte tags darauf an Jacobi richtet, hebt abermals die Notwendigkeit einer klaren Unterscheidung zweier Momente bei der Deduktion der Individualität hervor: „Aber *das Individuum muß aus dem absoluten Ich deduciert werden*. Dazu wird die Wissenschaftslehre im Naturrecht ungesäumt schreiten. Ein endliches Wesen – läßt durch Deduction sich darthun – kann sich nur als Sinnenwesen in einer Sphäre von Sinnenwesen denken, auf deren einen Theil (die nicht *anfangen* können) es Causalität hat, mit deren anderm Theile (auf den es den Begriff des Subjekts überträgt) es in Wechselwirkung steht; und in so fern heißt es Individuum" (III 2, 392). Hier werden nicht nur die beiden „Teile" des Arguments getrennt behandelt, sondern es wird außerdem die Welt, in der das freie Handeln des Subjekts stattfindet, als eine Sphäre von Sinnenwesen bestimmt.

Es wird zu zeigen sein, was Fichte in Abschnitt II die Behauptung erlaubt, daß die Welt für ein endliches Vernunftwesen als Sinnenwelt entworfen sein müsse. Zuvor ist jedoch innerhalb des Abschnitts I des Folgesatzes zu untersuchen, was dem Menschen die Setzung einer wirklichen Welt außer ihm gestattet.

4.2 Die Überzeugung vom Dasein einer Sinnenwelt außer uns

In Abschnitt I, der ausdrücklich von der „Überzeugung vom Dasein einer Sinnenwelt außer uns" handelt, drängt sich dem Leser unmittelbar der Vergleich mit Kants berühmter „Widerlegung des Idealismus" auf, welche dieser neun Jahre zuvor der zweiten Auflage der *Kritik der reinen Vernunft* hinzugefügt hatte. Kant und Fichte stellen sich hinsichtlich dieses Problems beide auf die Ebene des transzendentalen Idealismus, welcher hier dem gemeinen Menschenverstand gegenübersteht. Es ist erklärtes Ziel Kants, dem „Skandal" Abhilfe zu schaffen, welcher im Zweifel am Dasein der äußeren Welt besteht, und dadurch den wohlbegründeten Glauben des gemeinen Menschenverstandes an das Dasein der Welt zu rechtfertigen. Fichte geht ebenfalls vom gemeinen Menschenverstand aus, wie aus der Formulierung des Problems zu Beginn des Abschnitts I hervorgeht. Er erkennt darin den Standpunkt des endlichen Vernunftwesens, den dieses zu jenem Zeitpunkt seiner Entwicklung einnimmt. Im Gegensatz zu Kant versucht er jedoch weniger, den gemeinen Menschenverstand durch den Glauben abzusichern, als vielmehr die Entstehung dieser Überzeugung deutlich zu machen, ja sogar philosophisch zu „deduzieren". Diese Vorgehensweise läßt eine indirekte Kritik Fichtes am Kantischen Nachweis im Hinblick auf dessen unzulänglichen Ansatz erkennen.

Kant hält sich zur Führung des Nachweises streng an die Möglichkeiten der Transzendentalphilosophie und greift nicht etwa auf das Ding an sich zurück. Seine Lösung von 1787 ist bekanntlich auf den Raum gegründet, als jener Form des äußeren Sinnes, welche allein geeignet ist, ein Bild von der Beharrlichkeit zu geben. Selbst die Seele, jener Gegenstand des inneren Sinnes, kann, um empirisch erkennbar zu werden, nur als ein Objekt im Raume erscheinen, um eine Vorstellung von ihrer eigenen Beharrlichkeit zu geben. Der zu beweisende Lehrsatz lautet daher: „Das bloße, aber empirisch bestimmte, Bewußtsein meines eigenen Daseins beweist das Dasein der Gegenstände im Raum außer mir" (KrV, B 275). Allerdings scheint Kant zum Zeitpunkt der Veröffentlichung der „Widerlegung des Idealismus" noch an der Überzeugungskraft seines Beweises zu zweifeln, wie eine Fußnote (KrV, B 276 f.) und ein Hinweis der Vorrede (KrV,

B XXXIX–XLI) beweisen. Er wird, wie die *Reflexionen* zeigen, in den darauffolgenden Jahren beständig an der Verbesserung seines Beweises arbeiten. Fichte hätte seinerseits hier keine Schwierigkeiten, das Problematische an Kants Versuch zu benennen. Denn dieser schöpft für seinen Beweis lediglich aus den Möglichkeiten der theoretischen Philosophie: Er geht nicht über den von der Vorstellung gesetzten Rahmen hinaus und berücksichtigt nicht die Tatsache, daß das Subjekt nicht nur Vorstellungstätigkeit, sondern darüber hinaus eigentlich „Tätigkeit überhaupt" ist. „Wenn wir blos auf die Thätigkeit des Vorstellens sehen, und nur diese erklären wollen, so wird ein nothwendiger Zweifel über das Vorhandenseyn der Dinge außer uns entstehen" (I 3, 337). Es stellt sich die Frage, ob diese Warnung, die sich zunächst gegen den dogmatischen Idealisten richtet, auch auf Kant abzielt (Dilthey erklärt sich zwar völlig einverstanden mit dem Fichteschen Versuch, die intellektualistisch-enge Perspektive des dogmatischen Idealismus zu überwinden, aber gleichzeitig lehnt er die Transzendentalphilosophie ab, als deren scharfsichtigsten Vertreter er Fichte betrachtet, vgl. Dilthey 1890, 93 f., 112). Jedenfalls aber birgt die Kantische Transzendentalphilosophie *in nucleo* alle gewünschten Möglichkeiten zur Auflösung dieses Problems – immer vorausgesetzt, daß man sie richtig versteht. In diesem Sinne wird in der „Einleitung" bemerkt, daß die Skeptiker (hier wohl Maimon und Schulze) nicht erkennten, daß die kritische Philosophie selbst die Instrumente bereithält, um ihre eigenen Lücken zu schließen (I 3, 317). Fichte interpretiert die *Kritik der reinen Vernunft* ihrem Geiste und nicht ihrem Buchstaben nach, was dazu führt, daß er den Transzendentalismus und dessen genetische Dimension radikaler faßt.

Wenn einerseits das theoretische Vermögen, das nur auf Vorstellungen geht, notwendig einen Zweifel an der Realität der äußeren Welt entstehen läßt und andererseits das praktische Vermögen das Dasein einer wirklichen Welt außer ihm nur behaupten kann, so ist dieses Dilemma dahingehend aufzulösen, daß man die jeweiligen Standpunkte transzendiert und nur das beiden Vermögen Gemeinsame berücksichtigt: die reine Tätigkeit. Fichte kann, indem er die Kantischen Positionen vertieft, im Rahmen des transzendentalen Idealismus die Tätigkeit der Objektkonstitution thematisieren, welche sich als Schlüssel zur Lösung des Problems herausstellt. Der folgende Abschnitt stellt die letzte Stufe der Deduktion der Überzeugung vom Dasein einer Welt außer uns dar: „Der transcendentale Idealist umfaßt die praktische und theoretische Thätigkeit zugleich, als Thätigkeit überhaupt, und kommt nothwendig, weil nun kein Leiden im Ich ist, wie es denn nicht seyn kann, zu dem Resultate, daß das ganze System der Objekte für das Ich durch das Ich selbst hervorgebracht seyn müsse" (I 3, 337). Das Bemerkenswerte an dieser Lösung ist, daß sie im Gegensatz zu Kants Versuch nicht die Begründetheit der natürlichen Einstellung zu zeigen sucht – und wenn doch, so, um die Begrenztheit dieses „niederen Gesichtspunktes" hervorzuheben. Denn der gemeine Menschenverstand gelangt nicht zum Bewußtsein seiner Operationen, die er gleichwohl selbst hervorbringt und deren Ergebnis er in Form von Objekten wahrnimmt. Indessen kann das Setzen der Welt, als erstes Moment des Folgesatzes, nur vom praktischen Standpunkt aus, d. h. von jenem des gemeinen Menschenverstandes, vollzogen werden. Folglich besteht Fichtes Vorgehensweise, wie man jetzt erkennt, nicht nur darin, die notwendige Bedingung immanent zu beschreiben, durch die das endliche Vernunftwesen das Selbstbewußtsein erlangt, sondern außerdem darin, vom spekulativen Standpunkt aus die Grundlage dieser Bedingung deutlich zu machen. Dies bedeutet, daß die beiden Standpunkte in der Darstellung des „Folgesatzes" zwangsläufig miteinander bestehen müssen, wie zum Beispiel gleich zu Beginn des ersten *corollarium* bestimmt wird: „Der transcendentale Philosoph muß annehmen, daß alles, was sey, nur *für* ein Ich, und was für ein Ich seyn soll, nur *durch* das Ich seyn könne. Der gemeine Menschenverstand giebt im Gegentheil beiden eine unabhängige Existenz; [...]" (I 3, 335). Der philosophische Diskurs, welcher solchermaßen das Dasein der äußeren Objekte auf eine unbewußte Hervorbringung des Ichs beschränkt, wirft nun aber beim Leser notwendig einige Fragen auf, von denen wir zwei herausgreifen wollen.

Die erste Frage betrifft die im „Folgesatz" vorgestellte Lösung des Problems des Daseins einer Realität außer uns. Wenn man die vom Standpunkt der Spekulation aus sich aufzwingenden Schlüsse zieht, so ist das Dasein einer vom endlichen Vernunftwesen „unabhängigen" Welt eine Illusion – legitim zwar, ja sogar notwendig, aber eben doch nur eine Illusion. Dies bedeutet, daß es im Grunde nur eine einzige Realität gibt, nämlich jene des Vernunftwesens, das seine eigene Realität aus Versehen auf die äußeren Objekte überträgt, ohne sich darüber im klaren zu sein, daß es die Objekte notwendig angesichts seiner eigenen Begrenzung setzt. Dies ist jedoch noch nicht Fichtes letztes Wort über die Möglichkeit einer Realität außer uns. Deshalb ist es nicht erstaunlich, wenn er am Ende des „zweiten Lehrsatzes" wieder auf die Frage nach der Realität der äußeren Welt zurückkommt und ihre Antwort schließlich am Ende der Deduktion des *alter ego* findet. Im folgenden Abschnitt setzt Fichte anfangs den zweifachen Bezug zwischen Subjekt und Objekt und zwischen Subjekt und anderem Vernunftwesen, aber die vorgeschlagene Lösung scheint, so erstaunlich dies klingen mag, nur für den letzteren zu gelten: „Ist ein Mensch, so ist nothwendig auch eine Welt, und bestimmt solch' eine Welt, wie die unsrige es ist, die vernunftlose Objekte und vernünftige Wesen in sich enthält. [...] Die Frage über den Grund der Realität der Objekte ist sonach beantwortet. Die Realität der Welt [...] ist Bedingung des Selbstbewußtseyns; denn wir können uns selbst nicht setzen ohne etwas außer uns zu setzen, dem wir die *gleiche Realität* zuschreiben müssen, die wir uns selbst beilegen" (I 3, 348; Hervorh. v. Verf.). Sonach ist darunter zu verstehen, daß das Problem der Realität der Welt erst in dem Augenblick gelöst werden kann, in dem ein Gegenüber auftritt, der nicht auf das einseitige Handeln des Vernunftwesens reduziert werden kann, sondern im Gegenteil zu diesem als seinesgleichen durch eine Aufforderung in Beziehung tritt. Dagegen scheint das System der Objekte hier nicht als ein Teil der Lösung, sondern eher als der eigentliche Grund des Problems betrachtet zu werden. Dieses System kann zwar durch die Gemeinschaft der Vernunftwesen mittels „gemeinschaftlicher Begriffe" (I 3, 374) genauer bestimmt werden, aber es besitzt tatsächlich nur die Realität, welche ihm jene Vernunftwesen übertragen (s. dazu die These Alain Renauts, derzufolge das Problem der Vorstellung, welches in der ersten Fassung der *Wissenschaftslehre* noch keine befriedigende Auflösung gefunden hatte, diese in der Deduktion des Rechtsbegriffes erfährt; Renaut 1986, 164 f., 185). Diese Auffassung verträgt sich im übrigen gut mit Fichtes eingestandener Sympathie für die Leibnizsche Monadologie (s. dazu Grondin 1994).

Die zweite Schwierigkeit, die sich uns in Abschnitt I des „Folgesatzes" stellt, berührt die Frage nach der Realität des philosophischen Diskurses. Fichte scheint diese Frage, mit der übrigens die Einleitung zum *Naturrecht* anhebt, sehr am Herzen zu liegen. Er legt Wert darauf zu zeigen, inwiefern sein Vorgehen – im Gegensatz zu jeglicher Formular-Philosophie – Anspruch auf den Titel einer „reellen Wissenschaft" erheben kann. Diese Betrachtungen, welche in der Diskussion über die Realität der äußeren Welt wieder eine Rolle spielen, machen gleichwohl die Darstellung etwas komplizierter, vor allem weil Fichte nicht immer die erforderliche Sorgfalt walten läßt. So vergleicht er die Realität der philosophischen Spekulation mit jener der Lebenswelt, als ob diese beiden Ebenen der Realität auf ein und derselben Basis gründen könnten. Dies ist überraschend, weil gemäß dem folgenden Zitat aus dem ersten *corollarium* die Realität der Lebenswelt nur für den Standpunkt des gemeinen Menschenverstandes gelten soll (dasselbe gilt auch für das zweite *corollarium*): „Jene ursprüngliche Thathandlungen haben die gleiche Realität, welche die Kausalität der Dinge in der Sinnenwelt auf einander, und ihre durchgängige Wechselwirkung hat" (I 3, 336). Auf der Grundlage des Gesagten wird man schwerlich einräumen können, daß es sich um die „gleiche Realität" handle, denn falls die Realität der Sinnenwelt nur dadurch besteht, daß das Vernunftwesen die Operationen vergißt, durch die es das Objekt als seiend gesetzt hat, so ist die Realität dieser ursprünglichen Ich-Akte von ganz anderer Art. Fichte kann mit diesem Vergleich nur das folgende meinen wollen: Für den Philosophen besitzen die ursprünglichen Operationen, deren Verknüpfung er beschreibt, genausoviel Realität, wie die Sinnenwelt für den gemeinen Menschenverstand Realität aufweist. In beiden Fällen tritt eine Notwendigkeit auf den Plan, welche jedoch auf grundlegend unterschiedliche Art wahrgenommen wird. In dieser Hinsicht kann uns Punkt 5 des ersten Abschnittes der „Einleitung" hilfreich sein, welcher zusammen mit Punkt 6 die Ausführungen des „Folgesatzes" ankündigt. Dort wird die „Realität" als ein Produkt der Notwendigkeit beschrieben: „Dieses in einem *nothwendigen* Handeln Entstehende, wobei aber das Ich seines Handelns sich aus dem angezeigten Grunde nicht bewußt wird, erscheint selbst als nothwendig, d. i. das Ich fühlt in der Darstellung desselben sich gezwungen. Dann sagt man, das Objekt habe *Realität*. Das Kriterium aller Realität ist das Gefühl [...]" (I 3, 314 f.; s. auch WL 1794: I 2, 429, 443). Wie man sieht, kann die Realität für den gemeinen Menschenverstand nur eine gefühlte sein, insofern die Notwendigkeit der Objektsetzung ihm sich erst im Endergebnis zeigt. Dagegen stellt die von der philosophischen Spekulation nachgezeichnete Notwendigkeit der Operationen keine bloß gefühlte Notwendigkeit dar, sondern wird darüber hinaus als unabwendbar verstanden bzw. eingesehen. Es besteht somit ein qualitativer Unterschied zwischen der Realität der „reellen Philosophie" (I 3, 317) und der Realität der Lebenswelt, den Fichtes ein wenig flüchtiger Vergleich zu verschleiern neigt.

4.3 Form und Stoff

Sinn und Absicht des „Folgesatzes" ist es, einige Punkte auszuführen, welche bereits im „ersten Lehrsatz" genannt wurden. So haben wir gesehen, daß das Sich-Setzen des endlichen Vernunftwesens als freie Wirksamkeit mit dem Setzen der Welt in eins geht. In Abschnitt II des vorliegenden Paragraphen setzt Fichte die Darstellung der Konsequenzen der Ichsetzung auf folgende Weise fort: „Durch jenes Setzen einer freien Thätigkeit wird die Sinnenwelt zugleich *bestimmt*, d. i. sie wird mit gewissen unveränderlichen und allgemeinen Merkmalen gesetzt" (I 3, 338). Er strebt damit offensichtlich das Ziel an, dem Objekt die allgemeinen Wesenszüge des Stoffes und der Form zuzuweisen. Zunächst jedoch stellt sich uns die folgende Frage: Warum spricht Fichte in der Formulierung des „Folgesatzes" plötzlich von der *Sinnen*welt? Wir wissen, daß es sich um eine von einem *endlichen* Wesen gesetzte Welt handelt, aber man muß sich fragen, was uns berechtigt, diese Welt als *Sinnen*welt zu bezeichnen. Es ist einzuräumen, daß der „Sinn" erst im „fünften Lehrsatz" im Rahmen der Bestimmung der Eigenschaften des Leibes wirklich deduziert wird (I 3, 368). Das heißt, daß der Ausdruck „Sinnenwelt" im „Folgesatz" weniger die Eigenschaften des beweglichen menschlichen Leibes betrifft als das, was Kant deren Bedingungen der Möglichkeit nennt; das heißt, die Formen *a priori* der Sinnlichkeit: Raum und Zeit. In Abschnitt II geht es nun aber nur um die Zeit und nicht um den Raum. Fichte ist sich der Tatsache bewußt, daß die Zeit hier ein wenig verfrüht auftaucht, da Zeit und Raum – gemäß den Ausführungen der *Wissenschaftslehre* – selbst wiederum die Deduktion der „reinen Ausdehnung" voraussetzen, welche erst im „vierten Lehrsatz" vorgenommen werden kann. Wenn Fichte also in § 2 die Zeit einführt, so deshalb, weil sie für sein Vorhaben erforderlich ist, Stoff und Form als Grundmerkmale eines jeden Objekts zu deduzieren. Aufgrund der Zeitverhältnisse verfügt man über ein Prinzip zur Unterscheidung von Stoff und Form – jedenfalls nach der Fichteschen Auffassung: Der Stoff bleibt gleich, während die Form sich unaufhörlich verändert. In diesem Sinne sind die drei Argumentationsstufen zu verstehen: 1) Das Objekt wird zunächst als reines unabänderliches „Seyn" in bezug auf das Handeln des Vernunftwesens angesehen; 2) dieses Wesen, welches gemäß einem Begriff des Objekts handelt, um es umzuformen, stößt in jenem Objekt auf keinen „Widerstand" von der Art einer freien Wirksamkeit; 3) das Objekt behält dank des Stoffes seine Beständigkeit, indem es zum „Substrat" der „Accidenzen" wird, welche seinen Veränderungen in der Zeit Ausdruck verleihen.

Wenn das dritte Moment ausführlicher erläutert wird, so deshalb, weil Fichte hier abermals Überlegungen einfließen läßt, die sich auf die Unterscheidung zwischen der Transzendentalphilosophie und dem „Gesichtspunkt des gemeinen Bewußtseyns" beziehen. Jenes ist nicht in der Lage, bei der Genese des Objekts die Arbeit der Einbildungskraft erkennen zu lassen, weshalb Fichte zwei Fußnoten – die eine zu Jacobi, die andere zu Reinhold – einfügt, in welchen er die herausragende Rolle der Einbildungskraft innerhalb der Transzendentalphilosophie genauer zu bestimmen sucht.

Der Verweis auf Jacobi ist insofern positiv, als Fichte in dessen *David Hume* ein äußerst wichtiges spekulatives Element entdeckt. Im übrigen wird er nicht bis zum Atheismusstreit warten, um sich über Jacobi lobend zu äußern. Bereits in der „Zweiten Einleitung in die Wissenschaftslehre" bezeichnet er ihn als „Mann von überwiegender Geisteskraft" oder gar als „hellsten Denker unseres Zeitalters" (I 4, 236 Anm., 238). In dem uns beschäftigenden Fall erkennt Fichte Jacobi das Verdienst zu, einsichtig gemacht zu haben, daß der Widerstreit zwischen einem „die Wirksamkeit zerstörenden" Objekt und einer Wirksamkeit, die „doch neben dem Objekte bestehen soll", zur Entstehung der Zeit führt. Mit den Worten von Jacobis *David Hume* lautet die Frage, wie die Vernunftbegriffe von Ursache und Wirkung als „*principium fiendi, generationis*" interpretiert werden konnten, während sie selbst doch ursprünglich keine Konnotation aufweisen, die sie mit einem Hervorbringen oder Entstehen in Verbindung brächte (vgl. Jacobi 1787, 195 f.; zum Verhältnis zwischen Fichte und Jacobi s. Lauth 1971). Jacobi gibt eine einfache Antwort: Das Problem ist unlösbar, solange man innerhalb der Sphäre der Vorstellung („Anschauen" und „Urteilen") verbleibt und nicht erkennt, daß wir auch handelnde Wesen sind. Der Begriff der Kausalität erhält nur dann eine zeitliche und prozeßhafte Dimension, wenn der Handelnde seine eigene Erfahrung darauf überträgt (Jacobi 1787, 201; es ist hervorzuheben, daß der Hinweis auf die „Urvölker", weiter oben im „Folgesatz", ebenfalls diesem Text entnommen wurde).

So wird vom Standpunkt der *Wissenschaftslehre nova methodo* aus das Handeln, welches zur Entstehung der Zeit führt, auf ein Schweben der Einbildungskraft zurückgeführt. Sobald die Ursache im Sinne der Zweckhaftigkeit neu interpretiert wird, kann der Ursprung der Zeit als in der Arbeit der Einbildungskraft liegend begriffen werden. Damit kann, ausgehend vom Zweckbegriff, die Hervorbringung eines beliebigen Objekts nur graduell vonstatten gehen. Dauer kommt dadurch zustande, daß das Handeln des Ichs nur nach und nach den Widerstand des Objekts zu überwinden vermag. Was wiederum besagt, daß Fichte die Kantische Auffassung von der Zeit als *a priori* gegeben ablehnt (WL 1798: IV 2, 188 f., 220 f.; vgl. WL 1794: I 2, 360 f.; s. dazu Janke 1993, 293–336, und Inciarte 1970, 78–103).

Die zweite Fußnote ist zwar nicht ausdrücklich an Reinhold gerichtet, aber der Leser kann im Ausdruck „Thatsachen des Bewußtseyns" ohne Mühe einen Hinweis auf Reinholds „Satz des Bewußtseyns" erkennen, den Fichte zwei Jahre vorher in seiner „Recension des Aenesidemus" kritisiert hatte (I 2, 46). Unser Paragraph enthält außerdem, wie oben gezeigt, den Ausdruck „ursprüngliche Thathandlungen", den Fichte jener berühmten „Thatsache" entgegengestellt hatte, als dem Ausgangspunkt von Reinholds „Elementar-Philosophie". Fichtes Kritik in der Fußnote bezieht sich darauf, daß der Stoff des Objekts vom Standpunkt des gemeinen Bewußtseins – dem Reinhold hier unterliegt – als das erscheint, was nur „gegeben" sein kann. Diese Bemerkung Fichtes ist nicht neu, denn man findet sie bereits in der „Recension", in welcher er sich Schulzes skeptischer Kritik an dieser Auffassung anschließt (I 2, 58 f.). In Reinholds *Beyträgen* wird die fragliche These wie folgt formuliert: „In der bloßen Vorstellung ist der *Stoff* dem Subjekte *gegeben*, und die *Form* von demselben *hervorgebracht*" (Reinhold 1790, 189). Fichte hat nun aber gerade den Gegensatz von „gegeben" und „hervorgebracht" sowohl in der „Recension" als auch in unserem Abschnitt hervorgehoben. Dieser deckt sich mit dem Gegensatz von gemeinem Bewußtsein und Transzendentalphilosophie und bildet das Leitmotiv des gesamten Paragraphen über die Deduktion des Systems der Objekte. Wenn vom Standpunkt des gemeinen Bewußtseins der Stoff uns als gegeben erscheint, so ist es Aufgabe der Transzendentalphilosophie, über diese Gegebenheit hinauszugehen und zu zeigen, daß das „Substrat", welches als „Unterlage der unaufhörlich sich ausschließenden Accidenzen" (I 3, 339) dient, im Grunde von der Einbildungskraft „hervorgebracht" wird. Hier wird noch einmal deutlich, daß sich die Einbildungskraft durch ihre erstrangige Stellung innerhalb der Transzendentalphilosophie auszeichnet. Reinhold hingegen wußte den Prozeß der Hervorbringung der Vorstellung nicht in ebenso tiefgreifender Weise aufzuzeigen, sodaß für ihn eine „Thatsache" zum ersten Prinzip der Philosophie wurde. Fichtes versteckte Stellungnahme hat gleichwohl nichts Kleinliches. Im Gegenteil erkennt er an, daß Reinhold auf der Grundlage seiner Prämissen „völlig consequent" vorgehe. Ebenso enthalten die Ausführungen des Abschnitts I über die erforderliche Vereinigung der „Verrichtungen des menschlichen Geistes systematisch in einem lezten Grunde" (I 3, 336), welche auf die bereits von Kant geleisteten Klärungsbemühungen aufbauen, einen versteckten und von Anerkennung geprägten Hinweis auf Reinhold (*Über den Begriff*: I 2, 110 f.; zu Fichtes Verhältnis zu Reinhold vgl. Schrader 1979).

Aus dem Französischen übersetzt von Michael Walz

Literatur

Dilthey, W. 1890: Beiträge zur Lösung der Frage vom Ursprung unseres Glaubens an die Realität der Außenwelt und seinem Recht. Gesammelte Schriften, Bd. V.1, Stuttgart (⁶1957)

Grondin, J. 1994: Leibniz and Fichte, in: D. Breazeale/T. Rockmore (Hrsg.): Fichte. Historical Contexts – Contemporary Controversies, Atlantic Highlands, N. J., 181–190

Inciarte, Fernando 1970: Transzendentale Einbildungskraft. Zu Fichtes Frühphilosophie im Zusammenhang des Transzendentalen Idealismus, Bonn

Jacobi, F. H. 1787: David Hume über den Glauben, oder Idealismus und Realismus. Ein Gespräch, in: Werke, Bd. II, Leipzig 1815

Janke, W. 1993: Vom Bilde des Absoluten. Grundzüge der Phänomenologie Fichtes, Berlin

Lauth, R. 1971: Fichtes Verhältnis zu Jacobi unter besonderer Berücksichtigung der Rolle Friedrich Schlegels in dieser Sache, in: K. Hammacher (Hrsg.): Friedrich Heinrich Jacobi. Philosoph und Literat der Goethezeit, Frankfurt/M., 165–197

Reinhold, K. L. 1790: Neue Darstellung der Hauptmomente der Elementarphilosophie, § XV, in: ders.: Beyträge zur Berichtigung bisheriger Mißverständnisse der Philosophen, Bd. I, Jena

Renaut, A. 1986: Le système du droit. Philosophie et droit dans la pensée de Fichte, Paris

Schrader, W. H. 1979: Philosophie als System – Reinhold und Fichte, in: K. Hammacher/A. Mues (Hrsg.): Erneuerung der Transzendentalphilosophie im Anschluß an Kant und Fichte, Stuttgart – Bad Cannstatt, 331–344

Verweyen, H. 1975: Recht und Sittlichkeit in J. G. Fichtes Gesellschaftslehre, Freiburg/München

Axel Honneth
5 Die transzendentale Notwendigkeit von Intersubjektivität (Zweiter Lehrsatz: § 3)

> „In Fichte's Philosophie schleicht sich denn doch etwas ein, was nicht Ich ist, noch aus dem Ich kommt, und doch auch nicht bloss Nicht Ich ist."
> Friedrich Schlegel

Schon seit geraumer Zeit stößt der Zweite Lehrsatz jener Schrift, in der Fichte im Jahr 1796 die *Grundlage des Naturrechts nach Principien der Wissenschaftslehre* zu begründen versucht hat, auf ein wachsendes Interesse unter philosophischen Fachgelehrten, die sich mit dem Verhältnis von Subjektivität und Intersubjektivität beschäftigen; denn in dem entsprechenden Kapitel seiner Abhandlung, dem Paragraphen § 3, scheint Fichte mit dem Ziel einer Deduktion des Rechtsbegriffs zum ersten Mal den monologischen Rahmen seiner früheren Wissenschaftslehre gesprengt zu haben, indem er die transzendentale Möglichkeit von Selbstbewußtsein an die intersubjektive Voraussetzung der „Aufforderung" durch ein anderes Subjekt bindet. Zwar war schon im zweiten Teil der 1794 gehaltenen Vorlesungen über die „Bestimmung des Gelehrten" von der Notwendigkeit die Rede gewesen, mit der der Mensch sich zu der Annahme genötigt sieht, „dass vernünftige Wesen seines Gleichen ausser ihm gegeben seyen" (I 3, 36); aber was hier das einzelne Subjekt zu dieser Unterstellung zwingen sollte, war nicht etwa ein Erfordernis der Erfahrung des Selbstbewußtseins, sondern der sittliche Trieb, in der äußeren Wirklichkeit auch ein „Gegenbild" der eigenen Vernünftigkeit anzunehmen (vgl. Baumanns 1972, 175 ff.; Weischedel 1973, 14 ff.). Ein solches Argument war, auch wenn es Zugang zu einem Begriff der menschlichen Gemeinschaft bahnen sollte, ohne weiteres mit den Prämissen der Wissenschaftslehre vereinbar, da die Existenz anderer Vernunftwesen doch nur als notwendige Projektion eines nach Vervollkommnung strebenden Selbstbewußtseins aufgefaßt wurde. Demgegenüber stellt der 3. Paragraph der Naturrechtsschrift, in dem Fichte seinen Zweiten Lehrsatz begründet und erläutert, ein ganz anderes, ja ungleich radikaleres Argument in Aussicht; jetzt soll nämlich offenbar gezeigt werden, daß ein endliches Subjekt nur dann ein Bewußtsein seiner selbst als freies Vernunftwesen zu erlangen vermag, wenn es „von außen" durch ein ebensolches Vernunftwesen zur Freiheit „aufgefordert" wird. Hier, in dieser Lehre von der „Aufforderung", so scheint es, behandelt Fichte die Intersubjektivität nicht länger als notwendige Projektion, sondern umgekehrt als transzendentale Bedingung der dialektischen Konstitution von Selbstbewußtsein; und in dieser intersubjektivitätstheoretischen Fassung hat der Zweite Grundsatz der Schrift Fichtes bis heute als ein Sprengsatz innerhalb seiner Philosophie fortgewirkt, ist das eine Mal als wegbereitendes Element für die Anerkennungstheorie Hegels gedeutet worden (Siep 1979, 26–36; Wildt 1982, Teil II, 197–286), hat das andere Mal Vergleiche mit der Dialogphilosophie unseres Jahrhunderts wachgerufen (Weischedel 1973) und wird heute gar in Nachbarschaft zur Ethik von Emmanuel Lévinas gerückt (Williams 1992, 67, Fn. 43).

Bevor allerdings der weiterreichenden Frage nachgegangen werden kann, welche spezifische Gestalt von Intersubjektivität Fichte im entscheidenden Kapitel seiner Naturrechtsabhandlung vor Augen gestanden haben mag, müssen zuvor Aufgabe und Gang seiner Argumentation im einzelnen geprüft werden; denn es ist bei genauerer Betrachtung gar nicht klar, ob Fichte mit der Lehre von der „Aufforderung" tatsächlich schon eine intersubjektivitätstheoretische Wende vollzogen hat, in deren Konsequenz dann die monologischen Prämissen seiner frühen Wissenschaftslehre zumindest in Zweifel gezogen wären. So legt nämlich der Wortlaut des Zweiten Lehrsatzes selber, wie er sich in der Überschrift des 3. Paragraphen findet, eher die entgegengesetzte Vermutung nahe, daß auch hier wieder die vernünftige Tätigkeit anderer Wesen als etwas gedacht wird, dessen Existenz das endliche Subjekt im Prozeß der Konstitution seines Selbstbewußtseins voraussetzen, also gewissermaßen projektiv erzeugen muß: „Das endliche Vernunftwesen kann eine freie Wirksamkeit in der Sinnenwelt sich selber nicht zuschreiben", so heißt es da, „ohne sie auch anderen zuzuschreiben". Die argumentative Ausarbeitung dieser These auf den folgenden Seiten enthält dann freilich eine Vielzahl von Stellen, die die „Aufforderung" unzweideutig als einen intersubjektiven Akt darstellen, der prinzipiell der Verfügung des sich spontan erzeugenden Subjekts entzogen ist und mithin eine externe Bedingung seines Selbstbewußtseins ausmacht. Um zwischen den damit umrissenen Deutungsalternativen entscheiden zu können, die der Text gleichermaßen anzubieten scheint und zwischen denen die Fichte-Forschung bis heute schwankt, ist es sinnvoll, sich zunächst der Aufgabe zu erinnern, die der 3. Paragraph im argumentativen Aufbau der Naturrechtsabhandlung zu erfüllen hat; von hier aus wird sich dann nämlich erweisen, daß nur die zweite, also intersubjektivitätstheoretische Deutungsalternative die Gewähr bietet, aus Fichtes Überlegungen einen konsistenten Gedankengang zu rekonstruieren. Ist das gezeigt, so läßt sich in einem zweiten Schritt dann prüfen, wie stichhaltig Fichtes Einführung von Intersubjektivität im einzelnen ist.

5.1

Nicht zufällig hat Fichte dem Titel seiner Schrift, der eine Untersuchung über die „Grundlage des Naturrechts" ankündigt, den Zusatz: „nach Principien der Wissenschaftslehre" hinzugefügt; seine Absicht war es nämlich, das zuvor entwickelte Verfahren einer transzendentalen Deduktion von notwendigen Bedingungen des Selbstbewußtseins bis zu dem Punkt hin zur Anwendung zu bringen, an dem sich als eine solche Bedingung das individuelle Rechtsbewußtsein abzeichnet (Siep 1992; Kersting i. d. Bd.). Auf die bahnbrechenden Neuerungen, die Fichte mit diesem Ansatz in rechtsphilosophischer Hinsicht zustandebrachte, kann hier nicht näher eingegangen werden (für einen guten Überblick vgl. aber die Beiträge zu Kahlo/Wolff/Zaczyk 1992); festzuhalten bleibt zunächst nur, daß seiner Schrift methodisch die Absicht zugrunde liegt, das individuelle Bewußtsein von Rechten als eine der Bedingungen zu erweisen, unter denen allein ein Subjekt zu einem Bewußtsein seiner eigenen Subjektivität gelangen kann. Im Unterschied zur Wissenschaftslehre freilich, so betont Fichte sogleich in seiner Einleitung (I 3, 319), darf eine solche Rechtslehre sich nicht einfach an den transzendentalen Voraussetzungen interessiert zeigen, unter denen ein als absolut gedachtes, allgemeines Ich sich seiner subjektiven Vernünftigkeit bewußt zu werden vermag; vielmehr bedarf es hier, auf einem Gebiet also, in dem es um das menschliche Zusammenleben geht, einer Veränderung der Blickrichtung insofern, als nun das „Individuum, als Eins unter mehreren vernünftigen Wesen" (I 3, 319), ins Zentrum rückt. Mithin ist das Subjekt, dessen Selbstbewußtsein in der „Grundlage des Naturrechts" mit Hilfe einer transzendentalen Deduktion erklärt werden soll, von Anfang an ein individualisiertes Wesen, zu dessen Vernünftigkeit auch ein Bewußtsein der eigenen Begrenztheit oder Endlichkeit gehört; nicht all das am Nicht-Ich oder Anderen, was sich das Ich der „Wissenschaftslehre" nach Vollzug entsprechender Denk- und Willenshandlungen noch als Produkt der eigenen Spontaneität zurechnen durfte, darf auch dieses vernünftige Subjekt als selbstgesetzte Objektivationen begreifen können, weil ansonsten die Bedingungen seiner Individualität, die Koexistenz neben anderen, unabhängigen Wesen, zerstört wären. So zeichnet sich als Programm der Naturrechtsschrift schon in der Einleitung eine Aufgabe ab, die nach der treffenden Charakterisierung von Frederick Neuhouser zunächst paradox anmutende Züge trägt: mit Hilfe des Rechtsbegriffs nämlich zu erklären, wie die Beziehung eines endlichen Subjekts zur unabhängigen Welt so beschaffen sein kann, daß dabei dessen Endlichkeit mit seiner zentralen Eigenschaft einer Freiheit durch Selbstsetzung vereinbar wird (Neuhouser, i. d. Bd.).

Natürlich kann für Fichte, nachdem er gegenüber der Wissenschaftslehre bereits den Objektbereich seiner transzendentalen Erklärung verändert hat, auch die Methode in seiner Rechtslehre nicht ganz dieselbe bleiben. Während es zuvor die Aufgabe war, aus der Sicht des allgemein gedachten Ich die spontanen Denk- und Willenshandlungen nachzuvollziehen, unter deren Bedingung es selbst zu einem Bewußtsein der eigenen Subjektivität gelangen kann, tut sich nun zwischen dem zu analysierenden Bewußtsein und dem philosophischen Blickwinkel eine gewisse Kluft auf: weil es sich im Kontext der Rechtslehre nämlich um endliche, individualisierte Subjekte handeln soll, die Thema der transzendentalen Deduktion sind, muß der spekulative Philosoph hier gleichsam von oben aufzeigen, durch welche „Handlungsweisen" jene Wesen ein Bewußtsein ihrer eigenen Subjektivität erlangen (Siep 1992, 42 f.). Durch diesen methodischen Perspektivenwechsel entstehen selbstverständlich eine Reihe von Fragen, die das Verhältnis der Rechtslehre Fichtes zu seiner frühen Wissenschaftslehre im ganzen betreffen; und ein nicht geringer Teil der Probleme, die mit der Stellung von Intersubjektivität im Ansatz seiner umfassenden Konzeption von Selbstbewußtsein zusammenhängen, ergeben sich aus der schwer zu klärenden Beziehung, in der die beiden Entwürfe einer transzendentalen Deduktion zueinander stehen. Aber die Unterscheidung von philosophischem Wissen und zu thematisierendem Bewußtsein erlaubt nun immerhin, in wenigen Worten wiederzugeben, wie Fichte sich die Konstitution des Selbstbewußtseins endlicher Subjekte bis zum Einsatzpunkt der „Aufforderung" denkt.

Die erste Forderung, die aus der Sicht des wissenden Philosophen an das endliche Subjekt ergehen muß, damit es zu Selbstbewußtsein gelangen kann, formuliert Fichte im Ersten Lehrsatz seiner Schrift. Im wesentlichen findet sich darin ein Gedankengang wiedergegeben, der bereits aus der frühen Wissenschaftslehre vertraut ist, auch wenn ein markanter Unterschied hier doch in der einschränkenden Bedingung besteht, daß nur vom Bewußtsein raumzeitlich existierender, empirischer Personen die Rede ist: damit ein solches Wesen zu einem Bewußtsein der eigenen Subjektivität gelangen kann, muß es sich selbst als ein Subjekt „setzen" können, das zur „freien Wirksamkeit" in einer zugleich begrenzenden Welt in der Lage ist; mit „freier Wirksamkeit" ist dabei die Fähigkeit gemeint, nach selbstgesetzten Zwecken tätig werden zu wollen, während die zusätzliche Bestimmung, daß diese zweckgeleitete Tätigkeit zugleich unter Voraussetzung einer begrenzenden Welt stattzufinden hat, aus der Eigenschaft des thematisierten Subjekts als einem endlichen Wesen resultiert. Fichte zeigt im ersten Schritt seiner Argumentation nun auf, daß zu einer derartigen Selbstzuschreibung ein menschliches Individuum dann nicht in der Lage ist, wenn es sich primär als ein epistemisches Subjekt begreift; denn in der Vorstellung, sich bloß kognitiv oder theoretisch auf die Welt zu beziehen, begibt sich jenes Individuum so stark in Abhängigkeit von einer als objektiv gedachten Wirklichkeit, daß es zur Tätigkeit nach selbstgesetzten Zwecken nicht fähig ist (I 3, 330). Fichte beeilt sich natürlich hervorzuheben, daß nur aus der Sicht des endlichen Subjekts die äußere Wirklichkeit den Charakter einer unabhängigen Welt besitzt, während der zuschauende Philosoph von ihr doch weiß, daß sie ebenfalls letztlich die Hervorbringung eines spontan tätigen Ichs ist (I 3, 330); auch hier wird mithin wieder deutlich, wie entscheidend für die gesamte Argumentation in der Naturrechtsschrift die Unterscheidung der beiden Perspektiven ist.

Aus dem zentralen Defizit der bloß theoretischen Haltung oder der „Weltanschauung" (I 3, 330) ergibt sich nun bereits indirekt, wie das Ergebnis des nächsten Schritts in der Argumentation Fichtes beschaffen sein muß. Wenn das menschliche Individuum zu einem Bewußtsein der eigenen Subjektivität nicht in der Lage ist, solange es sich allein als ein kognitives Wesen gegenüber der Welt begreift, kann nur eine entschiedene Wendung in ein praktisches Selbstverhältnis zu dem geforderten Resultat führen; dementsprechend formuliert Fichte, daß nur „eine freie Selbstbestimmung zur Wirksamkeit" (I 3, 331) genau die Eigenschaften aufweist, die die Beziehung des endlichen Subjekts zur Wirklichkeit erfüllen können muß, um es zum Bewußtsein der eigenen Subjektivität gelangen zu lassen. Klarer wird die damit umrissene These, wenn genauer gefragt wird, welche Bewußtseinsakte für Fichte mit der „freien Selbstbestimmung zur Wirksamkeit" intern verknüpft sind. Zunächst enthält ein solcher Akt der „freien Selbstbestimmung" eine praktisch gerichtete Zwecksetzung in dem Sinn, daß das Subjekt einen allgemeinen Begriff seiner potentiellen Wirksamkeit in der Wirklichkeit bilden können muß; denn, so setzt Fichte voraus, um praktisch tätig zu werden zu wollen, muß ich Ziele vorausentworfen haben, die mögliche Punkte meines Eingriffs in die Welt markieren. Es ist nach Fichte erst dieser Akt einer Zwecksetzung als „Wirkenwollen", durch den ein Subjekt seiner selbstautorisierten Freiheit bewußt werden kann; „nur im Wollen", so heißt es dementsprechend in den „Corollaria" zu demselben Paragraphen, nimmt ein vernünftiges Wesen sich „unmittelbar" wahr (I 3, 332). Auf der anderen Seite aber muß in jeder individuellen Zwecksetzung, da sie doch auf praktische Veränderungen in der Welt zielt, auch ein „vorstellendes" Bewußtsein von der Beschaffenheit der Wirklichkeit hineinspielen; es ist geradezu so, wie Fichte sagt, daß unter der Direktive des selbstbestimmten Wirkenwollens an der Welt „Objekte" hervortreten, die zunächst als unabhängige Hindernisse der individuellen Absichten gelten müssen, bevor sie durch Tätigkeit aufgehoben werden können (I 3, 331). Insofern geht mit der „freien Selbstbestimmung zur Wirksamkeit" die doppelte Erfahrung zugleich der gründenden Freiheit des Ich als auch seiner endlichen Abhängigkeit von der Welt einher: in der praktischen Zwecksetzung, im „Wirkenwollen", bringt das endliche Individuum sich als ein Subjekt zu Bewußtsein, das zur Selbstbestimmung deswegen in der Lage ist, weil es die unabhängig vorgestellte Wirklichkeit den selbstgesetzten Zielen tätig zu unterwerfen weiß.

Nun läßt der Text bis an diese Stelle keinerlei Zweifel daran, daß die soeben umrissene Bewußtseinshaltung bislang nur als Forderung an das endliche Subjekt ergeht; nichts anderes will Fichte sagen, als daß ein Individuum nur dann zu einem Bewußtsein seiner eigenen, endlichen Subjektivität gelangen kann, wenn es sich im Augenblick einer praktischen Zwecksetzung als zugleich absolutes und beschränktes Ich wahrzunehmen vermag. Dementsprechend ist im Rahmen der transzendentalen Deduktion noch ungeklärt, wie ein individuelles Subjekt auch tatsächlich zu jener Art von praktischer Selbstbeziehung gelangen kann, in der es sich in seiner spontanen Aktivität zugleich als Initiator einer Zwecksetzung zu begreifen vermag. Eine besondere Schwierigkeit bei der Beantwortung dieser Frage hängt für Fichte mit den Problemen zusammen, die sich aus der bislang nicht weiter thematisierten Unterstellung ergeben, daß ein Individuum sich im Augenblick des Entschlusses zum Wirkenwollen zeitgleich überhaupt erst als freies Subjekt soll wahrnehmen und damit zu Selbstbewußtsein gelangen können: denn wie soll es möglich sein, daß ein Individuum sich spontan zur Setzung eines praktisch folgenreichen Zweckes entschließt, wenn es andererseits seines eigenen Charakters als eines selbstbestimmenden, freien Wesens noch gar nicht bewußt sein kann; und wie soll vorgestellt werden können, daß ein Individuum sich im Vollzug einer Zwecksetzung auf diese eigene Aktivität selbst zurückwendet, ohne dabei deren spontanen Vollzugscharakter zu zerstören und sich so als Quelle von zweckbildender Spontaneität aus den Augen zu verlieren. Es sind Paradoxien solcher Art, die Fichte im Fortgang seiner transzendentalen Deduktion zur Behauptung jener überraschenden These bewegen, die den Kern seines Zweiten Lehrsatzes ausmacht: danach sollen sich die Zirkel, in die der Philosoph sich verstricken würde, wenn er die Bedingungen des Selbstbewußtseins endlicher Subjekte allein aus der bislang umrissenen Bewußtseinshaltung deduzieren wollte, mit Hilfe der Annahme einer intersubjektiven „Aufforderung" vermeiden lassen.

5.2

Zu den theoretischen Überraschungen, die Fichtes Darlegung und Begründung des Zweiten Lehrsatzes in Fülle bereithält, gehören vor allem zwei Einsichten, die mit den philosophischen Prämissen seiner frühen Wissenschaftslehre nicht ohne weiteres vereinbar sind. Stärker als an irgendeiner anderen Stelle seines Werkes macht Fichte hier zum einen mit aller wünschenswerten Klarheit deutlich, daß eine transzendentale Deduktion des individuellen Selbstbewußtseins dann in Paradoxien geraten muß, wenn sie an das Verhältnis der einsamen Reflexion gebunden bleibt; und im Rahmen seines Vorschlags einer Auflösung der dargestellten Paradoxien führt Fichte zweitens mit der „Aufforderung" ein Faktum ein, das den Charakter eines raumzeitlichen Ereignisses besitzt und insofern das Verfahren der transzendentalen Deduktion auf irritierende Weise mit etwas „Empirischem" auflädt (Siep 1992, 45 f.). Allerdings läßt sich die Frage, ob es sich bei der „Aufforderung" tatsächlich um eine Art von empirischer Transzendentalie handeln soll, erst dann angemessen entscheiden, wenn zuvor der von Fichte vermutete Zirkel näher untersucht wird.

Fichte stellt den Zirkel, aus dem der Zweite Lehrsatz herausführen soll, in denselben Kategorien einer zeitlichen Nachträglichkeit dar, in denen im Anschluß an die Frühromantik auch später immer wieder über Paradoxien einer transzendentalphilosophischen Konzeption des Selbstbewußtseins nachgedacht worden ist (Frank 1991, 413–599). Nur dann, so hat Fichte die Ergebnisse seiner bisherigen Überlegungen zusammenfassen können, vermag ein endliches Subjekt zu Selbstbewußtsein zu gelangen, wenn es sich in einem ursprünglichen Akt der Zwecksetzung zugleich als wirksam auf ein Objekt und als durch dasselbe bestimmt erfahren kann; nun hatte sich in demselben Kontext aber auch gezeigt, daß ein solcher erster Entschluß zur praktischen Wirksamkeit überhaupt nur getroffen werden kann, sobald eine Vorstellung von einer entgegenstehenden Sphäre des Objektiven schon gegeben ist; denn bereits die bloße Idee eines eigenen Wirkenwollens verlangt, etwas in Form eines Objekts voraussetzen, auf das als Hindernis mit dem Zweck der Überwindung einzuwirken ist; also läßt sich kein erster, ursprünglicher Augenblick annehmen, in dem das Subjekt kraft einer praktischen Zwecksetzung sich zugleich als frei und endlich erfährt, weil stets vorweg ein Objekt bereits konstituiert sein muß, das wiederum auf einen vorgängigen Akt der Setzung verweist. Die hypostasierte Simultaneität entpuppt sich daher, wie Fichte gleich zu Beginn des 3. Paragraphen demonstriert, als ein Augenblick sich iterativ nach hinten wiederholender Nachträglichkeit: „Demnach muß der Moment Z [der Augenblick hypostasierter Gleichzeitigkeit; A. H.] erklärt werden aus einem anderen Moment; in welchem das Objekt A gesetzt und begriffen worden sey. Aber A kann auch nur unter der Bedingung begriffen werden, unter welcher B begriffen werden konnte; nemlich der Moment, in welchem es begriffen wird, ist auch nur möglich unter Bedingung eines vorhergehenden Moments, und so ins Unendliche. Wir finden keinen möglichen Punkt, in welchem wir den Faden des Selbstbewußtseyns, durch den alles Bewußtseyn erst möglich wird, anknüpfen könnten, und unsere Aufgabe ist sonach nicht gelöst." (I 3, 341)

Was Fichte hier in Form eines unendlichen Regresses wiedergibt, läßt sich in Loslösung von seinen eigenen Worten auch in Gestalt einer Aporie darlegen, in die eine jede Erklärung von Selbstbewußtsein geraten muß, die sich des Modells der selbstbezüglichen Reflexion bedient: wenn jener Akt, durch den das endliche Subjekt zu Selbstbewußtsein gelangen soll, als zeitgleiche Reflexion der eigenen, spontanen Selbsttätigkeit vorgestellt wird, dann verliert im Vollzug einer solchen bewußten Vergewisserung die Subjektivität ihren Freiheitscharakter und wird in einen Gegenstand verwandelt, so daß die zu reflektierende Selbsttätigkeit erneut vorausgesetzt werden muß (Henrich 1967). In dieser zweiten Formulierung wird mithin mit Blick auf die subjektive Komponente im Prinzip dasselbe wiedergegeben, was Fichte in seinem Text mit Blick auf die Objektseite dargelegt hatte: stets vermag das Subjekt im Vollzug der Selbstreflexion sich nicht „als bestimmend zur Selbsttätigkeit" zu „finden" (I 3, 343), weil es entweder im mitzudenkenden Objekt oder in den nachzuvollziehenden Eigenleistungen jene freie Selbstsetzung wieder nur voraussetzen kann, derer es sich doch reflexiv zu vergewissern versucht.

An diesem heiklen Punkt seiner Argumentation hätte Fichte nun im Grunde genommen, wenn wir im Abstand einer zweihundertjährigen Denkgeschichte auf seinen Text zurückblicken, zwischen drei Alternativen die Wahl gehabt: erstens wäre es ihm möglich gewesen, aus dem dargelegten Sachverhalt der permanenten Nachträglichkeit der reflexiven Vergewisserung den prinzipiellen Schluß zu ziehen, daß sich die freie Selbstsetzung des Subjekts stets vorgängig im Modus einer unverfügbaren, gleichsam anonymen Spontaneität vollzieht; auf dem derart angedeuteten Weg werden die Lösungsversuche liegen, die einige Jahre später Friedrich Schlegel im Kreis der Frühromantiker unternimmt, wenn er die Leistungen ästhetischer Reflexivität vom Subjekt auf das Kunstwerk selbst überträgt und damit den subjektphilosophischen Rahmen der idealistischen Tradition als ganzen sprengt (Menke 1998). Eine zweite Möglichkeit der Reaktion hätte für Fichte darin bestehen können, die individuelle Selbstvergewisserung nicht länger nach dem Muster der (epistemischen) Reflexivität zu bestimmen, sondern nach dem Modell von präreflexiven Gefühlszuständen, um so den Zirkel steter Nachträglichkeit aufzubrechen; auf dem damit markierten Weg werden die Lösungsversuche liegen, die heute im Anschluß an die bahnbrechenden Arbeiten von Dieter Henrich eine Reihe von philosophischen Autoren unternehmen, wenn sie die Frage nach den Bedingungen des Selbstbewußtseins mit dem Verweis auf ein vorgängiges Mit-sich-Vertrautsein zu beantworten versuchen (Henrich 1970; Frank 1991; Pothast 1987). Und schließlich stand Fichte als eine dritte Alternative die Idee zu Gebote, die Vergewisserung der eigenen Subjektivität dem Individuum nicht selber zuzumuten, sondern als Reaktion auf eine intersubjektiv vermittelte Erwartung zu begreifen, so daß die paradoxe Aufgabe einer instantanen Selbstreflexion als solche entfällt; es ist dies der Weg, den später jene Philosophen von Hegel über Feuerbach bis zu G. H. Mead und Habermas einschlagen werden, die Subjektivität in prinzipieller Abhängigkeit von einer vorgängigen Intersubjektivität zu konzeptualisieren versuchen (Mead 1968; Habermas 1988).

Daß Fichte nun im folgenden wie selbstverständlich diese dritte Lösungsalternative vorwegnimmt, hängt zunächst und vor allem mit der Absicht seiner Untersuchung zusammen, als eine konstitutive Bedingung des Selbstbewußtseins das individuelle Rechtsbewußtsein zu erweisen; denn um dazu in der Lage zu sein, muß er ja in irgendeiner Weise zeigen können, daß eine reflexive Vergewisserung der eigenen Subjektivität nicht ohne die bewußte Berücksichtigung von normativ geregelten Ansprüchen anderer Personen möglich ist. Legt es die zentrale Aufgabe der Naturrechtsschrift also nahe, den beschriebenen Zirkel auf intersubjektivitätstheoretische Weise aufzulösen, so hat Fichte freilich auch davon unabhängige Gründe, den von ihm eingeschlagenen Weg zu rechtfertigen. An der Stelle, an der er mit seiner sich zuspitzenden Darstellung des infiniten Regresses an ein Ende gelangt ist, präsentiert er den Ansatz einer Lösung zunächst nach dem methodischen Vorbild der Wissenschaftslehre im Sinn einer Synthesebildung: „Dieser Grund", so heißt es von der unendlichen Vorgängigkeit der Selbstsetzung, „muß gehoben werden. Er ist aber nur so zu heben, dass angenommen werde, die Wirksamkeit des Subjects sey mit dem Objecte in einem und demselben Momente synthetisch vereint; die Wirksamkeit des Subjects sey selbst das wahrgenommene und begriffene Object, das Object sey kein anderes, als diese Wirksamkeit des Subjects, und so seyen beide dasselbe. Nur von einer solchen Synthesis würden wir nicht weiter zu einer vorhergehenden getrieben; sie allein enthielte alles, was das Selbstbewußtseyn bedingt, in sich, und gäbe einen Punct, an welchem der Faden desselben sich anknüpfen liesse." (I 3, 342) Die Lösung, die Fichte hier anvisiert, sieht zunächst nur die reine Denkmöglichkeit vor, den Akt der Selbstreflexion so zu fassen, daß dabei dem notwendig entgegenzusetzenden Objekt selber alle Eigenschaften von Subjektivität anhaften; in einem solchen Fall nämlich wäre der Gegenstand, den das Individuum in der Vergewisserung seines eigenen Wirkenwollens stets mit zu vergegenwärtigen hat, seinerseits eine Quelle des Wirkenwollens, so daß der Zwang des Rückgriffs auf eine vorgängige Setzung entfiele. Aber der Gedanke, den Fichte in den zitierten Sätzen entwickelt, geht noch ein Stück darüber hinaus, weil mit dem veränderten Charakter des Objekts auch die zu reflektierende Wirksamkeit des Subjekts eine andere Gestalt annimmt: wenn dessen praktische Zwecksetzung auf einen Gegenstand trifft, der seinerseits Wirksamkeit bezweckt, dann muß diese eher im Sinne einer Reaktion, nämlich einer Vergegenwärtigung jener auf es selber abzielenden Zwecke verstanden werden – nichts anderes kann es heißen, wenn Fichte sagt, daß die „Wirksamkeit des Subjects" hier „selbst das wahrgenommene und begriffene Object" sei. So ergibt sich für Fichte aus dem zunächst nur methodisch begründeten Schritt der Synthesebildung der Hinweis, die bislang nach dem Schema von Subjekt und Objekt gedachte Entgegensetzung in ein Verhältnis der Intersubjektivität umzudeuten: aus dem Subjekt wird dementsprechend ein Adressat, an den von einem zum Kosubjekt gewordenen Objekt eine Bestimmung, eine Zwecksetzung ergeht.

Bevor diese neue, intersubjektive Konstruktion allerdings die ihr beigemessene Aufgabe erfüllen kann, den besagten Zirkel des Selbstbewußtseins aufzulösen, bedarf es noch der Hinzufügung einer weiteren Voraussetzung, die Fichte in seinem Text zunächst nur am Rande erwähnt. Wenn wir uns den Akt der Selbstbestimmung, in dessen Nachvollzug ein Individuum sich seiner eigenen Subjektivität vergewissern soll, nicht länger als eine Entgegensetzung zu einem Objekt, sondern als Reaktion auf ein anderes Subjekt vorstellen, dann kann die geforderte Bewußtwerdung nur unter der besonderen Annahme gelingen, daß von jenem zweiten Subjekt eine Bestimmung zur Freiheit ausgeht: Zwischen den beiden aufeinandertreffenden Subjekten muß eine Wechselwirkung bestehen, die von der Art ist, daß das erste sich vom zweiten dazu angehalten sieht, von seiner eigenen Freiheit der Selbstsetzung Gebrauch zu machen. Es ist eine solche Form von Intersubjektivität, die Fichte vor Augen hat, wenn er nun in seinem Text zum ersten Mal, und eher beiläufig, den Begriff der „Aufforderung" verwendet: „Beide [Charaktere, nämlich Subjektivität und Objektivität, A. H.] sind vollkommen vereinigt, wenn wir uns denken ein Bestimmtseyn des Subjects zur Selbstbestimmung, eine Aufforderung an dasselbe, sich zu einer Wirksamkeit zu entschließen." (I 3, 342). Und nur wenige Sätze später gibt Fichte dann den Grund an, der ihn der Überzeugung sein läßt, daß die Annahme einer derartigen „Aufforderung" den Zwang des unendlichen Rückgriffs auf die Vergangenheit überflüssig machen würde: „Es [das Subject, A. H.] bekommt den Begriff seiner freien Wirksamkeit, nicht als etwas, das im gegenwärtigen Moment *ist*, denn das wäre ein wahrer Widerspruch; sondern als etwas, das im künftigen seyn *soll*" (I 3, 342 f.).

Es ist offenbar dieser letzte Halbsatz, der den Schlüssel für die Lösung enthalten soll, von der Fichte sich eine Überwindung des dargestellten Zirkels verspricht; aber um verstehen zu können, inwiefern der Verweis auf den Zukunftsbezug der Aufforderung dazu in der Lage sein kann, ist es zunächst sinnvoll, sich der Argumentation noch einmal kurz im ganzen zu vergewissern. Der Philosoph, so hatten wir gesehen, gerät bei seiner Deduktion des Selbstbewußtseins endlicher Individuen in einen Zirkel, solange er sich dabei auf deren bloß eigene Bewußtseinsleistungen beschränkt; denn zu unterstellen, daß ein Individuum sich seiner freien Zwecksetzungen im selben Augenblick auch reflexiv zu vergewissern vermag und damit zum Bewußtsein der eigenen Subjektivität gelangt, führt zwangsläufig in den Regreß eines immer wieder neu vorauszusetzenden Punktes der ersten Selbstsetzung; daher bedarf es, wie Fichte richtig sieht, der Voraussetzung eines „äußeren Anstoßes" (I 3, 343), durch den das Individuum in den Stand versetzt wird, einen ersten Begriff der eigenen Selbsttätigkeit im Moment der Bezugnahme auf ein einschränkendes Objekt zu gewinnen; ein solches Objekt aber, das den unendlichen Regreß überflüssig macht, weil es von sich aus dem Subjekt zum ersten Mal eine Vorstellung von dessen eigener Freiheit aufzwingt, kann seinerseits wiederum nur ein anderes Subjekt sein, das mit dem ersten in eine bestimmte Art von Kommunikation tritt. Die besondere Form dieser „freien Wechselwirksamkeit" (I 3, 344), die damit an die Stelle der Subjekt-Objekt-Entgegensetzung des ersten Deduktionsversuchs getreten ist, umreißt Fichte hier vorläufig mit dem Begriff der „Aufforderung": das erste Subjekt erfährt sich durch sein Gegenüber zur Selbsttätigkeit aufgefordert, so daß es seinerseits nur reagieren kann, indem es sich bei der Abwägung der eigenen Antworthaltung gleichzeitig der eigenen Freiheit vergewissert.

Aber auch mit dieser Rekonstruktion bleibt noch ungeklärt, inwiefern sich Fichte eine Auflösung des Zirkels erst eigentlich davon erwartet, daß das Subjekt in der Rolle des Adressaten den „Begriff seiner freien Wirksamkeit" als etwas künftig Seinsollendes in Erfahrung bringt. Hier hilft es weiter, noch ein wenig genauer zu betrachten, wie der kommunikative Akt der „Aufforderung" von Fichte im einzelnen bestimmt wird. Seine Analyse gilt im wesentlichen (I 3, 345) den Bedingungen, unter denen es dem angesprochenen Subjekt gelingen kann, die Aufforderung als eine „Aufforderung" zu verstehen; vorausgesetzt wird also zunächst das Faktum einer solchen Äußerung, während jene Verstehensleistungen als fraglich angesehen werden, die zur Vervollständigung der Kommunikation von seiten des Angesprochenen beitragen. Als eine erste Bedingung dieser Art sieht Fichte nun den Umstand an, daß der Adressat vom Zwang durch Naturkausalität diejenige Form einer Motivierung unterscheiden können muß, die durch eine auffordernde Äußerung an ihn ergeht: eine derartige Kausalität, die nicht nach dem Mechanismus von Ursache und Wirkung, sondern mittels des Appells an den „Verstand" funktioniert, setzt als ihre Quelle „ein der Begriffe fähiges Wesen" (I 3, 345) voraus; also muß im Verstehen einer Aufforderung bereits ein Wissen um die Existenz eines anderen vernünftigen Subjekts impliziert sein. Aber das angesprochene Subjekt hätte noch nicht hinreichend verstanden, was eine Aufforderung zu einer Aufforderung macht, wenn es sich bloß über die Vernünftigkeit des Urhebers jener Äußerung im klaren wäre; es muß gleichzeitig auch vergegenwärtigen können, daß sein Interaktionspartner mit seinem Sprechakt die Unterstellung verknüpft, im Adressaten seinerseits ein vernünftiges Wesen vor sich zu finden, das zur Einsicht in Gründe fähig ist und mithin aus Freiheit zu handeln vermag.

Eine Aufforderung läßt sich nur als eine solche verstehen, wenn als ihr Adressat eine Person unterstellt wird, die mit Ja oder Nein „selbsttätig" auf sie reagieren kann; denn ohne eine derartige Präsupposition wäre nicht einzusehen, welcher besondere Sinn einer Aufforderung im Unterschied etwa zu bloß physischem Zwang zukommen soll. Als eine zweite Bedingung des Verstehens einer Aufforderung sieht Fichte also den Umstand an, daß sie als eine Äußerung begriffen wird, die vom Adressaten eine Reaktion aus Freiheit, eine vernünftige Stellungnahme, erwartet.

Mit Hilfe dieser zusätzlichen Klärung, die sich im wesentlichen auf die Interpretation nur eines einzigen Absatzes stützt (I 3, 345), ist nun die von Fichte anvisierte Auflösung des Zirkels leichter zu verstehen. Seine Überlegung zielt darauf ab, die Bedingungen des Selbstbewußtseins von individuellen Subjekten mit den Voraussetzungen des Verstehens einer „Aufforderung" gleichzusetzen: Ein Individuum vermag eine beliebige Aufforderung nur zu verstehen, wenn es sich dabei aus der Sicht des für vernünftig gehaltenen Sprechers als eine Person wahrnimmt, die zu freier Selbsttätigkeit, nämlich einer vernünftigen Reaktion, angehalten ist. Die Tatsache, daß mit einer auffordernden Äußerung von seiten des Sprechers die Erwartung einer ungezwungenen, freien Erwiderung einhergeht, erklärt den futurischen Bezug, den für Fichte hier der Augenblick des Sich-Selbst-Bewußtwerdens enthält: das Individuum vergewissert sich seiner eigenen Subjektivität in dem Moment, in dem es sich als Adressaten einer Äußerung begreift, die von ihm anschließend, also zukünftig, eine Beantwortung in Selbsttätigkeit verlangt. Wenn bei dieser Deutung nun zusätzlich noch Berücksichtigung findet, daß Fichte hier den Begriff der „Aufforderung" wohl nicht im starken Sinn eines Imperativs, sondern im schwächeren Sinn der bloßen Anrede verstanden wissen möchte, dann treten die Konturen der von ihm vertretenen These zum ersten Mal klar zu Tage: der Philosoph, so ist er überzeugt, kann die Bedingungen der Möglichkeit des Selbstbewußtseins endlicher Individuen nur dann widerspruchsfrei erklären, wenn er dabei statt von den Reflexionsleistungen eines einzigen Subjektes von einer Kommunikation zwischen mindestens zwei Subjekten ausgeht; denn es macht den eigentümlichen Zwang einer Situation der Anrede aus, daß ein Individuum sich hier seiner eigenen Selbsttätigkeit aus der Perspektive seines Gegenübers vergewissern können muß, nur um den Sinn von dessen Äußerung zu verstehen. Insofern fallen für Fichte, wie sich zugespitzt sagen läßt, die Bedingungen der Möglichkeit von Selbstbewußtsein mit den impliziten Voraussetzungen des Verstehens einer Anrede zusammen. Ist dieses Zwischenergebnis in der Rekonstruktion der Argumentation Fichtes erreicht, so können wir nun auf die Fragen zurückkommen, die zu Beginn als zentrale Probleme einer Deutung seiner Aufforderungslehre genannt worden waren.

5.3

Bis an den zuvor umrissenen Punkt unserer Interpretation scheint außer Frage zu stehen, daß Fichte sich mit seiner Annahme einer „Aufforderung" tatsächlich auf einen kommunikativen Akt bezieht, der seinerseits nicht noch einmal als das Produkt von subjektiven Konstitutionsleistungen betrachtet werden darf; der transzendentalphilosophische Rahmen der Wissenschaftslehre wäre somit hier, in einer Schrift also, die von den Interaktionszwängen empirischer Subjekte handelt, gesprengt, weil die Möglichkeit des Selbstbewußtseins als abhängig von einem individuell unverfügbaren Kommunikationsgeschehen gesehen würde. Für diese intersubjektivitätstheoretische Deutung spricht Fichtes Rede vom „äußeren Anstoß" (I 3, 343) nicht weniger als seine Charakterisierung der „Aufforderung" als eines bloßen „Faktums" (I 3, 344; vgl. Siep 1992, 45 f.); hier wie dort wird der kommunikative Akt als etwas empirisch Vorgängiges bestimmt, dem sich die Selbstvergewisserung des Individuums über die eigene Subjektivität überhaupt erst verdankt. In dieselbe Richtung weisen darüber hinaus Fichtes Vorschlag, die beiden sich begegnenden Individuen als „partes integrantes einer ganzen Begebenheit" (I 3, 344) zu betrachten, wie auch seine Illustrierung der „Aufforderung" am sozialen Vorgang der Erziehung: in jedem Erziehungsprozeß wiederhole sich jene intersubjektive „Aufforderung zur freien Selbsttätigkeit" (I 3, 347), weil, so ließe sich ergänzen, alles sozialisatorische Handeln gar nicht anders kann, als dem Kleinkind bereits die Fähigkeit zur Setzung eigener Zwecke zuzumuten. Werden alle diese Belege zusammengenommen und auf einen gemeinsamen Nenner gebracht, so scheint Fichte also mit der sozialen Tatsache einer bestimmten Form von Intersubjektivität zu rechnen, die als empirische Voraussetzung eine zentrale Bedingung der Möglichkeit des individuellen Selbstbewußtseins ausmacht; und bevor die damit angedeutete Schlußfolgerung noch einmal in Zweifel gezogen werden soll, läßt sich zunächst kurz untersuchen, welche besondere Art von Intersubjektivität Fichte bei seiner Konstruktion eigentlich vor Augen gestanden haben mag.

Es hatte sich im Zuge der Auseinandersetzung bereits abgezeichnet, daß Fichte mit seinem Begriff der „Aufforderung" nicht im strikten Sinn einen Imperativ gemeint haben kann, weil damit dem Adressaten doch in gewisser Weise die eigentlich intendierte Freiheit der Stellungnahme genommen wäre; vielmehr muß er diesen spezifischen Begriff gewählt haben, um den Umstand hervorzuheben, daß in jeder Anrede eines anderen Menschen insofern eine Zumutung enthalten ist, als von ihm die Reaktion eines vernunftfähigen Wesens erwartet wird. Für Fichte stellen dementsprechend alle kommunikativen Sprechakte „Aufforderungen" dar, weil durch sie eine zweite Person motiviert werden soll, von ihrer „freien Wirksamkeit" Gebrauch zu machen. In einem solchen, schwachen Sinn enthält das Modell von Intersubjektivität, mit dessen Hilfe Fichte hier den Zirkel des Selbstbewußtseins durchbrechen will, tatsächlich normative Implikationen: jeder Mensch, der sein Gegenüber in kommunikativer Weise anspricht, verpflichtet sich im Vollzug des Redeaktes dazu, ihm zumindest die Möglichkeit einer ungezwungenen Erwiderung einzuräumen; und umgekehrt kann von demjenigen, der durch die Anrede zum Adressaten geworden ist, mit guten Gründen eine Reaktion erwartet werden, die im Gebrauch der eigenen Vernunftfähigkeit besteht. Aber über diese normativen Implikationen hinaus führt Fichte im 3. Paragraphen seinen Begriff der „Aufforderung" nicht aus; noch hat er ja nicht, wie es für seine Deduktion des Rechtsbewußtseins dann von zentraler Bedeutung sein wird, das einseitige Modell der Anrede zum zweiseitigen Modell der wechselseitigen Anerkennung hin erweitert. Insofern wäre es aber auch irreführend, den von Fichte beschriebenen Sprechakt der „Aufforderung" mit moralischen Inhalten aufzufüllen, die weit über das von ihm Gemeinte hinausgehen; der Adressat ist hier durch die bloße Anrede nicht, wie es die phänomenologisch begründete Ethik von Lévinas wahrhaben möchte, zu moralischen Akten der einseitigen Fürsorge verpflichtet (Lévinas 1987, bes. Kap. III, 267–365), sondern vorläufig eben nur zur Reaktion in Vernunft und Freiheit. Natürlich wird Fichte schon im nächsten Paragraphen zeigen, daß zur vernunftgeleiteten Erwiderung einer „Anrede" auch die Einsicht in die Verpflichtung gehört, dem Gegenüber seinerseits die Freiheitssphäre einzuräumen, die er einem selbst durch den Vollzug seines Redeaktes zugebilligt hatte; diese Schlußfolgerung freilich macht definitiv noch nicht einen Bestandteil des Begriffs der „Aufforderung" aus, dem in der Argumentation vor allem eben doch die Funktion zukommt, die intersubjektive Möglichkeit einer Überwindung des Zirkels des Selbstbewußtseins zu umreißen.

Es bleibt am Ende die Frage, ob Fichte die von ihm selbst offengelegten Paradoxien tatsächlich durch die Idee hat auflösen können, die transzendentalen Bedingungen des Selbstbewußtseins mit den Voraussetzungen des Verstehens einer Aufforderung gleichzusetzen; dabei darf nicht aus den Augen verloren werden, daß hier weiterhin nur von jenem Akt der Selbstreflexion die Rede ist, den aus der Sicht des informierten Philosophen das endliche Subjekt vollziehen können muß, um zu einem ursprünglichen Bewußtsein der eigenen Selbsttätigkeit zu gelangen. Eine zentrale Schwierigkeit, die der Lösungsvorschlag Fichtes aufwirft, ergibt sich gewiß aus seiner Vernachlässigung der Tatsache, daß auch das Verstehen einer beliebigen Anrede bereits ein elementares Ichbewußtsein voraussetzt: Um als Hörer in der Lage zu sein, die sprachliche Äußerung meines Gegenüber auf mich als Adressaten zu beziehen, muß ich vorweg schon ein wie auch immer geartetes Bewußtsein meines von der Welt unterschiedenen Selbst besitzen, damit ich in der zweiten Person der Anrede mich selber als gemeintes Subjekt zu erkennen vermag; daher kann Selbstbewußtsein als ein ursprüngliches Phänomen nicht allein aus der Übernahme der sprachlich artikulierten Perspektiven eines *alter ego* erklärt werden, sondern muß seinerseits als abhängig betrachtet werden von einer vorgängigen, selbst nicht reflexiv verfaßten Selbstempfindung. Interessanterweise berührt dieser Einwand Fragen, wie sie heute unter genetischen Gesichtspunkten am Kreuzungspunkt von Psychoanalyse und experimenteller Säuglingsforschung diskutiert werden; auch hier wird inzwischen von einer Reihe empirisch verfahrender Wissenschaftler vorgeschlagen, noch vor aller Interaktion zwischen Bezugsperson und Kind eine Art von elementarem Selbstgefühl anzunehmen, das als solches überhaupt erst die leibzentrierte Wahrnehmung von kommunikativen Akten der Umwelt zu erklären erlaubt (Stern 1992, bes. Teil 2, 61–258). Nun scheinen derartige Bedenken so sehr auf der Hand zu liegen, daß die Unterstellung sicherlich fahrlässig wäre, Fichte habe vollständig von ihnen absehen können. Vielmehr ist es mit Blick auf seinen Text sinnvoll, zwei Aspekte des Selbstbewußtseins voneinander abzuheben, die für eine Erklärung der Bedingungen des individuellen Bewußtseins von Rechten von unterschiedlicher Relevanz sind: während auch Fichte wohl kaum bestreiten dürfte, daß jeder Form der sprachlichen Kommunikation bereits ein präreflexives Bewußtsein des eigenen Selbst vorausgehen muß, kann er erst eigentlich an jener Art von reflektierter Selbstbeziehung interessiert sein, die im Bewußtsein der Fähigkeit zum autonomen Handeln besteht. Es ist dieser Aspekt des Selbstbewußtseins, das Bewußtsein der eigenen Selbsttätigkeit, das Fichte mit Hilfe seiner Lehre von der „Aufforderung" zu erklären versucht hat; und mit seiner Einsicht, daß sich ein derartiges Selbstbewußtsein den elementaren Bedingungen des Verstehens einer Anrede verdankt, hat er einer philosophischen Tradition den Weg bereiten können, die von Hegel über G. H. Mead bis Habermas reicht.

Aber auch nach dieser klärenden Unterscheidung von elementarer Selbstempfindung und eigentlichem Selbstbewußtsein, die nicht mit derjenigen zwischen epistemischem und praktischem Selbstbewußtsein verwechselt werden darf, bleiben noch zwei Fragen offen, die weniger den Zweiten Lehrsatz selber als den Fortgang des Textes von Fichte betreffen. Zum einen ist noch nicht wirklich abzusehen, wie Fichte aus den bislang umrissenen Präsuppositionen des Verstehens einer Anrede zur Behauptung eines normativ so anspruchsvollen Wissens gelangen möchte, wie es im Bewußtsein individueller Rechte vorausgesetzt ist; denn bislang ist ja nicht mehr gezeigt, als daß ein Hörer sich im Verstehensvollzug zugleich der eigenen Vernünftigkeit als auch der seines Interaktionspartners zu vergewissern vermag, während im individuellen Rechtsbewußtsein darüber hinaus zumindest noch ein praktisches Wissen darüber enthalten sein muß, daß *alle* Mitglieder einer Rechtsgemeinschaft aus den *gleichen normativen Gründen* ihre ursprüngliche Freiheit *wechselseitig* eingeschränkt haben. Dementsprechend sind schon jetzt gewisse Zweifel angebracht, ob Fichte seine Analyse der praktischen Präsuppositionen des Verstehens tatsächlich breit genug angelegt hat, um am Ende zu dem gewünschten Ergebnis gelangen zu können; auf jeden Fall ist im individuellen Rechtsbewußtsein mehr an Wissen angelegt, als sich bislang als das Ergebnis jenes Aktes der Selbstvergewisserung hat erweisen lassen, der im Verstehen einer intersubjektiven Anrede stets mitvollzogen wird.

Die zweite, bislang ungeklärte Frage berührt ein Problem, das sich wie ein roter Faden durch unsere gesamte Darlegung gezogen hat, ohne als solches jemals direkt thematisiert zu werden. Aus dem Umstand, daß Fichte seine transzendentale Analyse des Rechtsbewußtseins hier unter der methodischen Prämisse durchführt, nur vom Bewußtsein empirischer, endlicher Individuen zu handeln, ergibt sich nämlich eine Unklarheit im Hinblick auf den Status der zugrunde gelegten Strukturen von Intersubjektivität: denn es könnte ja sein, daß sich für Fichte jener intersubjektive Akt der Aufforderung nur aus der Sicht der endlichen Subjekte als etwas darstellt, was einen äußeren, transsubjektiven Charakter besitzt, während der informierte Philosoph auch um die transzendentale Konstituiertheit dieser eben nur scheinbar „äußeren" Tatsache weiß. An der Auflösung der darin angelegten Ambivalenz entscheidet sich die Frage, ob Fichte in seiner *Grundlage des Naturrechts* weiterhin dem monologischen Rahmen seiner *Wissenschaftslehre* verhaftet geblieben ist oder aber bereits den Boden einer intersubjektivistischen Konzeption betreten hat: Ist der intersubjektive Akt der Aufforderung, der hier als notwendige Bedingung des Rechtsbewußtseins verstanden wird, auch aus der Sicht des analysierenden Philosophen eine vorgängige oder äußere, seinerseits also nicht subjektiv konstituierte Tatsache, so wäre tatsächlich der Weg zu einer Theorie der Intersubjektivität eröffnet; entpuppt sich hingegen dieser Akt unter dem informierten Blick des Philosophen als nur etwas scheinbar Äußerliches, das in Wahrheit auch nur von der Produktivität des transzendental wirksamen Subjekts hervorgebracht worden ist, so blieben in der Entwicklung des Fichteschen Werkes die monologischen Prämissen bewahrt und die Intersubjektivitätslehre wäre Teil des transzendentalphilosophischen Programms.

An den wenigen Seiten, auf denen Fichte den Zweiten Lehrsatz seiner Naturrechtsschrift darlegt und begründet, ist diese Frage nicht eindeutig zu beantworten. Aber eine Reihe späterer Passagen, die den Übergang von der transzendentalen Analyse zur eigentlichen Rechtslehre enthalten, legen eher die zweite, subjektphilosophische Lesart nahe; denn hier scheint es so, als würde die Vielzahl sich wechselseitig konstituierender Subjekte wieder in die Einzahl eines allgemeinen, welterzeugenden Subjekts zurückgenommen (Habermas 1988, 199). Die damit umrissene Spannung macht nicht nur den Reiz der in Fichtes Schrift entwickelten Intersubjektivitätslehre aus; sie macht auch deutlich, warum Fichte bis heute nicht ungebrochen als Stammvater der intersubjektivistischen Tradition betrachtet werden kann.

Literatur

Baumanns, P. 1972: Fichtes ursprüngliches System. Sein Standort zwischen Kant und Hegel, Stuttgart
Frank, M. 1991: Fragmente einer Geschichte der Selbstbewußtseins-Theorien von Kant bis Sartre, Nachwort zu: ders. (Hrsg.): Selbstbewußtseins-Theorien von Fichte bis Sartre, Frankfurt/M., 413–599
Habermas, J. 1988: Individuierung durch Vergesellschaftung. Zu G. H. Meads Theorie der Subjektivität, in: ders.: Nachmetaphysisches Denken, Frankfurt/M., 187–241
Henrich, D. 1967: Fichtes ursprüngliche Einsicht, Frankfurt/M.
Henrich, D. 1970: Selbstbewußtsein. Kritische Einleitung in eine Theorie, in: R. Bubner, K. Cramer, R. Wiehl (Hrsg.), Hermeneutik und Dialektik, Bd. I, Tübingen, 257–284
Kahlo, M./Wolff, E. A./Zaczyk, R. (Hrsg.) 1992: Fichtes Lehre vom Rechtsverhältnis. Die Deduktion der §§ 1–4 der Grundlage des Naturrechts und ihre Stellung in der Rechtsphilosophie, Frankfurt/M.
Lévinas, E. 1987: Totalität und Unendlichkeit. Versuch über die Exteriorität, München
Mead, G. H. 1968: Geist, Identität und Gesellschaft, Frankfurt/M.
Menke, Ch. 1998: Ästhetische Reflexivität, Ms.
Pothast, U. 1987: Etwas über ‚Bewußtsein', in: K. Cramer u. a. (Hrsg.), Theorie der Subjektivität, Frankfurt/M., S. 15–43
Siep, L. 1992: Einheit und Methode von Fichtes Grundlage des Naturrechts, in: ders.: Praktische Philosophie im Deutschen Idealismus, Frankfurt/M., 41–64
Siep, L. 1979: Anerkennung als Prinzip der praktischen Philosophie, Freiburg/München
Stern, D. N. 1992: Die Lebenserfahrung des Säuglings, Stuttgart
Weischedel, W. 1973: Der frühe Fichte, Stuttgart
Wildt, A. 1982: Autonomie und Anerkennung, Hegels Moralitätskritik im Lichte seiner Fichte-Rezeption, Stuttgart
Williams, R. R. 1992: Recognition. Fichte and Hegel on the Other, Albany, New York

Alain Renaut
6 Deduktion des Rechts (Dritter Lehrsatz: § 4)

Der dritte Lehrsatz des ersten Hauptstücks (§ 4) hat in Fichtes Argumentation eine genaue und streng begrenzte Funktion: Er soll die Bedeutung des bereits durch den zweiten Lehrsatz deduzierten intersubjektiven Verhältnisses erklären und deutlich machen, daß dieses Verhältnis wirklich dem Rechtsverhältnis entspricht, also der Tatsache, daß zwei Wesen sich wechselseitig als Subjekte von Rechten anerkennen, die sie einander symmetrisch zuschreiben.

Diese Erklärung der Intersubjektivität als Rechtsverhältnis kann gleichwohl nicht von der Gesamtbewegung des ersten Hauptstücks getrennt werden, die der dritte Lehrsatz sozusagen zu einem krönenden Abschluß bringt: Indem sie die Deduktion des Rechtsverhältnisses als der letzten Bedingung der Möglichkeit von Subjektivität durchführen, zeigt dieser Abschnitt nicht nur mit größter Deutlichkeit, welche Aufgabe das erste Hauptstück in der inneren Gestaltung der *Grundlage des Naturrechts* erfüllt (nämlich zu zeigen, daß der Begriff des Rechts einer notwendigen Handlung des Ich entspricht, ohne welche das Ich nicht das Ich, das heißt: ein Selbstbewußtsein, wäre), sondern er bringt zudem und insbesondere die wichtige Rolle zur Geltung, die dieser Deduktion im Rahmen der viel weiter gefaßten Frage nach der Subjektivität zugeschrieben werden kann.

Die Tragweite des hier von Fichte Entwickelten ist in der Tat erheblich, wenn man sie von diesem letzten Gesichtspunkt aus betrachtet: Er stellt fest, daß der Mensch, sofern er Subjekt ist, sich nicht auf nur unwesentliche oder äußerliche Weise auch als *Rechts*subjekt denken muß, sondern daß das Individuum sich vielmehr dadurch als Subjektivität konstituiert oder konstituiert findet, daß es Mitglied einer in der wechselseitigen Beschränkung der Freiheiten gründenden Rechtsgemeinschaft ist. Nicht erst, wenn er als Subjektivität und damit als freie Spontaneität konstituiert ist, kommt der Mensch dazu, sich im Rahmen der Wechselbeziehung zu anderen Subjektivitäten zu denken, als Mitglied einer Rechts- und Staatsgemeinschaft; der Mensch setzt sich vielmehr gewissermaßen wesentlich (das heißt als Subjekt), indem er vom Rechtsverhältnis der Anerkennung und der wechselseitigen Beschränkung der Freiheiten ausgeht. Kurz, das Recht und das Rechtsverhältnis erscheinen hier als die Bedingungen der Möglichkeit und sogar der Denkbarkeit von Subjektivität als solcher.

Diese Argumentation verdient, wie daher mühelos verständlich ist, mit großer Sorgfalt rekonstruiert zu werden, da es in ihr um nichts Geringeres geht als um die Frage, welches genaue Verhältnis nach Fichte zwischen dem Paradigma der Subjektivität und demjenigen der Kommunikation und der Intersubjektivität besteht. Um vorwegzunehmen, was gezeigt werden soll: Statt daß Fichte Grund hätte, von den beiden Paradigmen zu zeigen, daß die Förderung des einen (dessen der Kommunikation) dazu führt, daß das andere (das der Subjektivität) sich als überholt erweist, macht die juristische Wende in seiner Bewußtseinsphilosophie deutlich, daß die Paradigmen der Kommunikation und des Bewußtseins nicht voneinander getrennt werden können. Wenn es auch sicher wahr ist, daß es (wie Fichte im dritten Lehrsatz zeigt) keine Subjektivität gibt, die unabhängig von einem bestimmten rechtlichen Wechselverhältnis konzipiert werden kann, so ist es nicht minder gewiß, daß (wie es das dazugehörige Corrolarium nahelegt) das Rechtsverhältnis nur für diejenigen Wesen Sinn bekommt, die sich als Subjekte denken können. Eine Ethik des argumentativen Diskurses (von der das Rechtsverhältnis eine evidente sinnliche Darstellung bildet), könnte sich daher nicht an die Stelle einer Bewußtseinsethik setzen, eine Überzeugung, von der man leicht sieht, welche Tragweite sie, wenn sie sich auf Fichtes Schrift stützen kann, für eine zeitgenössische Philosophie hat, die es danach verlangt, sowohl der Bewußtseinsmetaphysik als auch den überzogenen Dekonstruktionen der Subjektivität zu entkommen.

6.1 Recht und endliches Vernunftwesen

Die Analyse dieses Abschnitts soll, wie gesagt, in den Gesamtzusammenhang des Unternehmens einer Deduktion des Rechtsbegriffs eingeordnet werden. Dazu ist zunächst darauf hinzuweisen, daß Fichte im Verlauf dieser Deduktion und ebenfalls im Wortlaut des dritten Lehrsatzes zur Bezeichnung des Menschen als des Rechtssubjekts den Ausdruck „endliches Vernunftwesen" verwendet, der bekanntlich für einen Kantianer, der der Autor der *Grundlage des Naturrechts* zu Recht oder Unrecht noch glaubt zu sein, nur eine präzise philosophische Bedeutung haben kann, welche der gesamten Operation den Rahmen gibt.

Vielleicht sollte kurz daran erinnert werden, daß der Begriff des „endlichen Vernunftwesens" von Kant übernommen ist, der ihn selbst lediglich in der *Kritik der reinen Vernunft* in § 1 der *Transzendentalen Ästhetik* (B 33) einführt (zu diesem Vorschlag vgl. Renaut 1997, 246 ff.). Im Gegensatz zu der berühmten und gern wiederholten Geschichte, die sich Schopenhauer hat einfallen lassen (und nach der Kant auf diese Weise den Anwendungsbereich seiner Überlegungen zu den Grenzen der Vernunft über die Menschheit hinaus erweitern wollte, indem er die „lieben kleinen Engel" einbezog, die sicherlich endliche Wesen sind, deren Endlichkeit sich aber nicht über die Strukturen ihrer Sinnlichkeit zeigt), ging es Kant, worauf Cassirer hinweist, in Wirklichkeit darum, die *Kritik* dem von manchen ihrer ersten Rezensenten erhobenen Einwand zu entziehen, die transzendentale Fragestellung werde von der psychologischen nicht sauber getrennt. Kurz, um genauer zwischen der erkenntnistheoretischen *quaestio iuris* und der *quaestio facti* (die ihrerseits auf die Frage nach der Entstehung unserer Vorstellungen hinausläuft) zu unterscheiden, setzte die zweite Auflage, etwa in der Transzendentalen Deduktion, das ‚endliche Vernunftwesen' an die Stelle des ‚Menschen' und machte auf diese Weise deutlich, daß der Gehalt der *Kritik* auch dann wahr bleibt, wenn man von der empirischen Natur des Menschen absieht, und daß die Endlichkeit, um die es sich in der Transzendentalphilosophie handelt, sich *a priori* auf strukturelle Weise definiert und nicht auf anthropologischen Beobachtungen beruht. Daß Fichte diesen Kantischen *terminus technicus* in seiner eigenen Deduktion des Rechtsbegriffs ostentativ wiederaufnimmt, kann kaum ohne Bedeutung sein, vielmehr ist es erlaubt, diese Anknüpfung an die Kantische Ausdrucksweise mit manchen der maßgeblichen philosophischen Absichten in Verbindung zu bringen, die an dieser Stelle seine Argumentation bestimmen werden.

Zwei Ziele sind es, die sich in dieser Entscheidung verbinden, die Deduktion des Rechtsbegriffs in den Rahmen einer Untersuchung des „endlichen Vernunftwesens" einzubetten:

– Zum einen soll auf diese Weise deutlich akzentuiert werden, von welcher Subjektivität hier die Rede ist, kurz, die wesentliche Endlichkeit der praktischen Subjektivität soll zur Geltung gebracht werden. *Per definitionem* ist es im Rahmen der Rechtsphilosophie ausschließlich eine solche Subjektivität, um die es sich handeln muß, da das Vernunftwesen, das sich ein Sollen vorstellt, *per definitionem* ein Wesen ist, für welches das Wirkliche und das Mögliche (oder das Ideal) nicht notwendigerweise bzw. nicht absolut in eins fallen, also: ein endliches Wesen.

– Zum anderen legt die Einbettung der Argumentation in den Zusammenhang einer Reflexion über das „endliche Vernunftwesen" es nahe, daß das Recht (dessen Notwendigkeit sich am Ende der Deduktion begründet findet) nicht das Ergebnis von empirischen oder anthropologischen Faktoren ist, sondern von der eigenen Struktur der endlichen *Vernunft* hervorgebracht wird. Auf diese Weise wird von Anfang an auf die Stellung hingewiesen, die Fichte der Rechtsphilosophie innerhalb der Wissenschaftslehre gibt: Weit davon entfernt, sich in das System der Philosophie wie ein untergeordneter Teil einzufügen, der es damit zu tun hat, den Ertrag der Bewußtseinsphilosophie auf die empirischen und historischen Bedingungen der Koexistenz von Individuen anzuwenden, tritt die Rechtsphilosophie als Untersuchung der transzendentalen Bedingungen der Möglichkeit von Bewußtsein an die Stelle der reinen Philosophie des Subjekts. Aus diesem Grund kann und muß ihr Ausgangspunkt genau das „endliche Vernunftwesen" sein und nicht der anthropologisch betrachtete Mensch.

Abgesehen von dieser Option, die die gesamte Deduktion durchzieht, und die bereits selbst zu deren Konsequenzen zählt, sollte die Aufgabe des dritten Lehrsatzes nicht losgelöst von dessen Zusammenhang mit den beiden vorhergehenden Lehrsätzen betrachtet werden; daher empfiehlt es sich, noch einmal kurz auf sie zurückzukommen, dabei diesmal aber nicht sie selbst zu betrachten, sondern die Art und Weise, mit der sie zu dem Schluß hinführen, daß das Rechtsverhältnis die Bedingung des Bewußtseins ist.

6.2 Freiheit, Intersubjektivität und Rechtsverhältnis

Der erste Lehrsatz etabliert die Setzung der Subjektivität als Freiheit: „Ein endliches vernünftiges Wesen kann sich selbst nicht setzen, ohne sich eine freie Wirksamkeit zuzuschreiben." Wie es bereits der Wortlaut dieses Lehrsatzes selbst nahelegt, so beruht auch sein Beweis, wie auch der der beiden anderen Lehrsätze, darauf, daß zwischen dem Vernunftwesen, sofern es Subjekt ist oder Ich, und den Nicht-Ich, welche die Gegenstände bilden, unterschieden wird – die Fähigkeit, sich selbst zu setzen, d. h. das Selbstbewußtsein (in dem Sinn, daß seiner selbst bewußt zu sein darin besteht, sich als ein Bestimmtes zu setzen).

Wir wollen versuchen, das Argument zu erklären, das in Wirklichkeit die gesamte Deduktion in Gang setzt: Die Selbstsetzung, durch die das Bewußtsein sich von den Gegenständen unterscheidet, benötigt *per definitionem* eine Tätigkeit, die in der Lage ist, zu sich selbst zurückzukehren, also: sich zu reflektieren. Aber in dieser Reflexion auf sich selbst, die konstitutiv für seine Subjektivität ist, sieht das Ich seine Tätigkeit durch nichts anderes beschränkt als durch sich selbst: daher ist die Reflexion eine freie Tätigkeit – im Sinn der Formlierung, die 1794 in der *Grundlage der gesamten Wissenschaftslehre* von deren erster Seite an erscheint und im stärksten Sinn der damit betonten Äquivalenz festsetzt: „Die Reflexion ist frei", anders gesagt: dass die Reflexion Freiheit ist. Folglich kann das endliche Vernunftwesen, das Reflexion ist, sich nicht als solches setzen (sich reflektieren), ohne sich eine solche freie Wirksamkeit, eine Wirksamkeit durch Freiheit, zuzuschreiben.

Auf dieser Grundlage entspricht der zweite Lehrsatz, der lautet: „Das endliche Vernunftwesen kann eine freie Wirksamkeit in der Sinnenwelt sich selbst nicht zuschreiben, ohne sie auch andern zuzuschreiben, mithin, auch andere endliche Vernunftwesen außer sich anzunehmen", genau dem, was man als eine ‚Deduktion der Intersubjektivität' zu bezeichnen pflegt. Um die vorhergehenden Überlegungen fortzusetzen, sollte bemerkt werden, daß der Übergang vom ersten zum zweiten Lehrsatz nicht genau zu verstehen ist, wenn man nicht bereits dort darauf achtet, was die Bezeichnung des praktischen Subjekts als „endliches Vernunftwesen" impliziert: qua *Vernunft*wesen (d. h. qua Subjekt und nicht Objekt) kann das endliche Vernunftwesen sich nur als Freiheit setzen (erster Lehrsatz), aber qua *endliches* Vernunftwesen kann es sich nicht setzen, ohne diese Freiheit als eine Tätigkeit zu begreifen, die durch ein Gegenüber beschränkt wird, nämlich durch die Welt, in der Sprache Fichtes, das Nicht-Ich. Kurz, das Subjekt kann sich nicht als solches (als Freiheit) setzen, ohne zugleich ein Nicht-Ich als äußeres Beschränkendes seiner Tätigkeit zu setzen. Daß es also kein Selbstbewußtsein (keine Selbstsetzung) geben kann, ohne daß eben diese Tätigkeit der Selbstsetzung beschränkt wird, läßt schon voraussehen, daß der Rechtsbegriff im dritten Lehrsatz in den Gesichtskreis dieser Reflexion eintreten wird, um jener Freiheit, die sich selbst als beschränkt setzen muß, einen Namen zu geben.

Der Kern des Beweises des zweiten Lehrsatzes und das, wodurch er den dritten Lehrsatz vorbereitet, besteht nun darin, daß er zur Erscheinung bringt, daß, wenn das Ich, obwohl endlich, ein Ich, also ein Subjekt, bleiben soll, eine Beschränkung seiner freien Wirksamkeit keine Unterdrückung mit sich bringen darf, mit anderen Worten: die freie Tätigkeit des Subjekts muß so beschaffen sein, daß sie zugleich (durch die Anerkennung eines Nicht-Ich) beschränkt ist und gleichwohl eine freie Tätigkeit bleibt. Es zeichnet sich bereits ab und der dritte Lehrsatz wird dazu beitragen, es zu erklären, daß dieses Problem nur dadurch gelöst werden kann, daß man die Idee einer Freiheit, die sich selbst die Grenze zieht, in Anspruch nimmt: Es ist offenkundig diese Vorstellung von *Selbstbeschränkung*, die zum Begriff des Rechts führen wird, genauer gesagt, zum Wortlaut des dritten Lehrsatzes. Kurz, und darin besteht die gesamte Bewegung der Deduktion: Weil das Bewußtsein, das sich selbst nur als Freiheit denken kann, der Setzung anderer Bewußtseine, mithin der Intersubjektivität bedarf, um sich selbst zu erscheinen, und weil die Intersubjektivität sich nur als wechselseitige Beschränkung der Freiheitssphären denken kann, kann das Subjekt nur als Rechtssubjekt gedacht werden. Anders gesagt: Die *Conditio iuris* ist die *Conditio humana* selbst.

6.3 Die Argumentation des dritten Lehrsatzes

Wir wollen nun zum Wortlaut des Lehrsatzes zurückkehren, um die Argumentation zu erläutern, durch die er gestützt wird: „Das endliche Vernunftwesen kann nicht noch andere endliche Vernunftwesen außer sich annehmen, ohne sich zu setzen, als stehend mit denselben in einem bestimmten Verhältnisse, welches man Rechtsverhältnis nennt." Fichte selbst erläutert den Sinn seiner Formulierung in dem an sie anschließenden Beweis: „Ich setze mich als Individuum im Gegensatze mit einem andern bestimmten Individuum, indem *ich mir* eine Sphäre für meine Freiheit zuschreibe, von welcher ich mich ausschließe – es versteht sich lediglich im Denken eines Faktum, und zufolge dieses Faktums." (I 3, 357) In seiner Einfachheit braucht das Argument fast nicht erklärt zu werden, abgesehen vom letzten Satzglied, dem zweifellos rätselhaftesten des ganzen Abschnitts: „lediglich im Denken eines Faktum, und zufolge dieses Faktums". Es ist keineswegs unklar, welches „Faktum" hier gemeint ist: Offenkundig handelt es sich um das Selbstbewußtsein, von dem Fichte etwas weiter oben in Erinnerung ruft (I 3, 353), daß alles, was im Zuge der Deduktion als notwendig erwiesen wurde, dies aufgrund seiner „Bedingungen der Möglichkeit" sei. Aufgrund einer solchen „Bedingung der Möglichkeit" der Subjektivität oder des Bewußtseins, sozusagen aufgrund einer Art von Voraussetzung des Bewußtseins, formuliert Fichte: „Ich habe mich also *frei* gesetzt; neben ihm, und unbeschadet der Möglichkeit seiner Freiheit. Durch dieses Setzen meiner Freiheit habe ich mich *bestimmt*" (I 3, 357). Diese Stelle ist sicherlich so zu verstehen: Ich habe mich bestimmt, das heißt: als so und so Beschaffener definiert, in diesem Fall als frei; in diesem Sinn und durch diese Handlung macht „das Freisein [...] meinen wesentlichen Charakter aus" (Z. 20) – eine Feststellung, von der aus das Ende des Beweises nun ohne wirkliche Schwierigkeiten vor sich gehen kann:

1. Die Freiheit besteht darin, im Wirklichen die „gefaßten Begriffe seiner Handlungen" (Z. 21) zu verkörpern – wobei die Verkörperung oder Einbeziehung in das Wirkliche nur dem Begriff selbst folgen kann.

2. In diesem Sinn wird die Freiheit, die sich, wenn überhaupt, nur in diesem Vorgang des Einbeziehens oder, anders gesagt, in dieser Verwirklichung des praktischen Begriffs, d. h. des Zweckes, erproben kann, dessen Setzung meine Handlung leitet, „daher immer in die Zukunft gesetzt" ist (Z. 24 f.). Genauer und durch Extrapolation: Um ein Wesen zu denken, dessen Charakter die Freiheit als solche ist, muss man dessen gesamte Zukunft mit einer derartigen Wirksamkeit seiner praktischen Begriffe identifizieren können, also „*alle* Zukunft des Individuums" (Z. 26) in den Begriffen einer so verstandenen Freiheit denken. In diesem Sinn ist die Freiheit zugleich mit der Bestimmtheit des individuellen Wesens auch seine Bestimmung; mehr noch, es ist nur dann wahr, sie seine Bestimmtheit zu nennen, sofern sie seine Bestimmung ist.

3. „Nun ist aber meine Freiheit nur dadurch möglich," fügt Fichte hinzu, „daß der andere innerhalb seiner Sphäre bleibe; ich fordere sonach, so wie ich die erstere auf alle Zukunft fordere, auch seine Beschränkung, und da er frei sein soll, seine Beschränkung durch sich selbst, auf alle Zukunft: und dies alles unmittelbar, so wie ich mich als Individuum setze." (Z. 28 ff.) Folglich ist die an den andern gerichtete Forderung, seine Freiheit zu beschränken, analytisch

in der Handlung enthalten, durch welche ich mich selbst als ein individuelles Bewußtsein setze. Anders gesagt: Wenn, ebenso wie ich mich als Individuum nur setzen kann, indem ich vom andern fordere, mich anzuerkennen, der andere sich nur als Individuum bestätigen kann, indem er mich auffordert, ihn anzuerkennen, dann ist die wechselseitige Anerkennung, also das intersubjektive Verhältnis selbst, die Bedingung von Individualität. Während der argumentative Verlauf der Deduktion als solcher keine wirklichen Schwierigkeiten bereitet, scheint mir Fichtes Beweisführung mit Blick auf die Tragweite des auf diese Weise Deduzierten nach einer ausführlicheren Kommentierung und Reflexion zu verlangen.

6.4 Recht und Individualität

Der umfassende und zugleich grundlegendste Gehalt der Deduktion ist nicht zweifelhaft und befindet sich philosophisch in Übereinstimmung mit den Erträgen der *Wissenschaftslehre* von 1794, die den Hintergrund der gesamten *Grundlage des Naturrechts* bilden: Mit Hilfe der Erklärung der Deduktion der Intersubjektivität (zweiter Lehrsatz) durch die Deduktion des Rechts (dritter Lehrsatz) findet sich erneut jede solipsistische Konzeption des Subjekts zurückgewiesen – wie dies bereits 1794 in der *Grundlage der gesamten Wissenschaftslehre* der Fall war, die in der Gestalt einer gigantischen Dekonstruktion der spekulativen Illusionen des Subjekts über sich selbst auftrat und Fichte zu schließen erlaubte: „Kein Du, kein Ich; kein Ich, kein Du." (SW I, 189) Im Jahr 1796 wird Fichte, wenn er selbst hervorhebt, welche Tragweite seine Deduktion des Rechts als Bedingung der Möglichkeit des Bewußtseins selbst hat, indessen auf höchst eindringliche Weise noch einmal die gesamte Bedeutung der so vorgenommenen Erneuerung der Philosophie des Subjekts zur Geltung bringen.

Um dies zu betrachten, folgen wir der Deduktion bis zum Ende. Genau wie ich, so kann sich auch, wie Fichte logischerweise hinzufügt, das andere Subjekt seinerseits nur beschränken, weil es mich als ein freies Wesen begreift. Der andere wird mich einfach nur unter der Bedingung als Subjekt (oder als Vernunftwesen) anerkennen, daß ich ihn als ein solches behandle, indem ich dem Begriff folge, den ich mir von ihm gebildet habe. Die beiden Schritte bedingen sich also wechselseitig – aus diesem Grund besteht das so deduzierte Verhältnis zwischen Vernunftwesen darin, „daß jedes seine Freiheit durch den Begriff der Möglichkeit der Freiheit des andern beschränke, unter der Bedingung, daß das erstere die seinige gleichfalls durch die des andern beschränke" (I 3, 358); das auf Wechselseitigkeit beruhende Verhältnis, das auch aus dem „Begriffe des Individuums deduziert" ist (ebd.), wird nun das „*Rechtsverhältnis*" genannt (ebd.).

Dieser Schluß der Deduktion im engeren Sinn darf jedoch nicht zu der widersinnigen Annahme verleiten, Fichtes Vorgehen, bei dem das Rechtsverhältnis als aus der Individualität „deduziert" vorgestellt wird, sei emblematisch für jene Bewußtseinsphilosophien, deren Weg vom Individuellen zum Sozialen oder „Kommunikativen" führt. Der gesamte Verlauf, innerhalb dessen die grundlegenden Momente zur Geltung gebracht werden, belegt in Wirklichkeit – und das ist die erste Lehre, die man ziehen muß, um die Tragweite herauszuarbeiten –, daß es keineswegs darum geht, das Recht ausgehend von der Individualität auf logische Art abzuleiten, da ja vielmehr im Gegenteil das Recht hier als Bedingung der Möglichkeit der Existenz eines jeden Ich auftritt, das sich als solches setzt: Wenn man also unter einer Deduktion die logische Ableitung von Folgerungen aus einem Prinzip verstehen wollte, dann wäre es eher das Ich selbst, das aus dem Rechtsverhältnis deduziert würde. In Wirklichkeit hat die hier vervollständigte Deduktion den Rechtsbegriff in dem Sinn deduziert, den Kant in der *Kritik der reinen Vernunft* (2. Aufl., § 26) die „metaphysische Deduktion eines Begriffs" nennt, das heißt, indem er mit einer konstitutiven Leistung des menschlichen Geistes in Beziehung gesetzt wird: Während dort die metaphysische Deduktion der Kategorien des reinen Verstandes nach Kant darin besteht, aus ihm eine Tafel abzuleiten, die aus den logischen Funktionen des Verstandes in den Urteilen abgeleitet ist, hat die vorliegende metaphysische Deduktion des Rechtsbegriffs festgesetzt, daß er einer notwendigen Handlung des Subjekts entspricht, ohne welche das Subjekt kein wirkliches Subjekt wäre, das heißt, ein Selbstbewußtsein, und die bekanntlich genau in der Handlung besteht, welche die freie wechselseitige Wirksamkeit der endlichen Vernunftwesen setzt. Es ist folglich wichtig, den Zielpunkt der Fichteschen Deduktion – d. h., daß die wechselseitige Beschränkung aus dem Begriff des Indivivuums deduziert wird – keinesfalls als Indiz dafür zu interpretieren, daß die *Grundlage des Naturrechts* in ihrem ersten Hauptstück von einer individualistischen Begründung des Rechts ausginge, und daß Fichte so, auf seine Weise die traditionelle Unterordnung der juristischen und politischen Fragestellung der Beschränkung von Freiheiten unter die metaphysische und spekulative Frage nach dem Wesen des Menschen als freie Individualität fortsetzte. In Wirklichkeit ist es das genaue Gegenteil, das zu denken Fichte uns auf diese Weise auffordert – und zwar angesichts seiner Begriffstheorie durchaus folgerichtig: Es ist keineswegs zufällig, daß die ersten Seiten der *Grundlage des Naturrechts* (I 3, 313–315) sich darum bemühen, uns kurz, aber technisch darauf hinzuweisen, daß „Begriff" eine Tätigkeit des Bewußtseins bezeichnet, ein „Handeln des Ich" (315, Z. 9). Dies ist übrigens bereits bei Kant der Fall, bei dem der Begriff einem Verfahren der Synthesis, also einer Handlung des Ich, entspricht; nach einer Begriffstheorie, bei der es nicht schwer zu sehen ist, daß sie wesentlich zu der Logik einer Philosophie gehört, die jede Möglichkeit bestreitet, die Grenzen der Subjektivität zu überschreiten: diesem Ausgangspunkt der Kritischen Philosophie (durch den sie zur Philosophie der Endlichkeit wird) ist es sowohl bei Fichte als auch bei Kant ausgeschlossen, eine begriffliche Vorstellung ausgehend von ihrer Beziehung zum als Ding an sich verstandenen Objekt zu erfassen, sondern ein solcher Vorgang kann ausschließlich durchgeführt werden, indem auf eine besondere Handlung des Ich Bezug genommen wird. In genau diesem Sinn führt Fichte, wie wir gesehen haben, den Schritt zur Deduktion des Rechts durch: Somit wird das Recht letztlich aus der konstitutiven Handlung der intersubjektiven Anerkennung deduziert, ohne die das Subjekt sich selbst nicht als Subjekt setzen könnte, gleichwohl setzt eine derartige Deduktion keine wie auch immer geartete individualistische Begründung des Rechts voraus.

Damit sind wir an dem Punkt angekommen, der es insbesondere nachzuvollziehen erlaubt, wie es Fichte verstehen wird, als Folgerung aus seinem Beweis, als Corollarium, die Notwendigkeit herauszustellen, das Recht unabhängig vom moralischen Gesetz und vom guten Willen zu denken, also Recht und Moral zu trennen (I 3, 359): Wie könnte es auch anders sein, da doch hier, wenn man die Unterwerfung unter das Gesetz begrifflich fassen will, das Gewissen schwerlich in Anspruch genommen werden kann? Tatsächlich setzt das Gewissen offenkundig das Bewußtsein voraus, welches seinerseits bereits, wie wir sehen werden, das Bestehen einer Rechtsgemeinschaft zwischen endlichen Vernunftwesen voraussetzt. Von dort geht der tiefgreifende Bruch aus, mit dem Fichte die Tradition des Naturrechts erschüttert, indem er, die Kantischen Positionen in diesen Fragen radikalisierend, das Recht von seiner Beziehung zur Ethik vollständig loslöst[1].

6.5 Von der Rechtsphilosophie zur Transformation der Vernunft

Die Argumentation des ersten Hauptstücks der *Grundlage des Naturrechts* nimmt im ersten Lehrsatz die Charakteristik der Subjektivität selbst zum Ausgangspunkt, nämlich diese Setzung seiner selbst, die man allgemeiner das Selbstbewußtsein nennt – da seiner selbst bewußt zu sein darin besteht, sich als so und

---

[1] Zu diesem Gesichtspunkt ist das zweite Corollarium der Deduktion des Rechtsbegriffs mit dem von Fichte 1796 zu Kants Entwurf *Zum ewigen Frieden* Dargelegten zu vergleichen, wo er mit Blick auf die Unterscheidung zwischen Recht und Moral zugleich die Leistung und die Grenzen des Kantianismus hervorhebt (I 3, 221 ff.). Zu diesem Thema verweise ich ferner auf Renaut 1992.

so beschaffen zu setzen. Der gesamte Argumentationsverlauf, dem wir in seinen entscheidenden Schritten gefolgt sind, besteht in der Tat in einer ausgedehnten regressiven Analyse, die die Bedingungen untersucht, welche diese Selbstsetzung ermöglichen, kurz: die Bedingungen der Subjektivität. Infolgedessen weit davon entfernt, wie die moderne Naturrechtstradition aus der Natur des Menschen als eines Vernunftwesens die Legitimität abzuleiten, die für dieses Wesen der Anspruch besitzt, Rechte zu besitzen (welche dann als Pflichten oder Möglichkeiten des Handelns verstanden werden), entwickelt Fichte eine grundlegend veränderte Fragestellung nach dem, woraus die Existenz eines Wesens sich ableitet, das fähig ist, sich als solches zu setzen, mithin fähig ist, ein Subjekt zu sein: Unter diesen Bedingungen zeigt sich am Ende des Rückgangs das Rechtsverhältnis. So erscheint der Rechtsbegriff, der am Ende der metaphysischen Deduktion zum Vorschein kommt, als auf besondere Weise erneuert: Das Recht ist nicht mehr die Gesamtheit der ‚Rechte', die das Subjekt zusätzlich zu seiner Subjektivität und Kraft dieser noch hat, sondern das Subjekt selbst scheint nicht als solches (d. h., indem es sich als zur Freiheit fähiges Wesen vom Objekt und von der Natur unterscheidet) existieren zu können, ohne in seinem Subjekt-Sein und in seiner Freiheit selbst vom Rechtsverhältnis hervorgebracht zu sein, kurz: vom Recht. Eine beeindruckende These, die daraufhin zu betrachten sein wird, welche Implikation sie nicht nur für die Rechts- und Staatsphilosophie haben kann, sondern für die Struktur der philosophischen Untersuchung selbst.

An diesem Punkt muß die Deduktion des Rechts (oder des Rechtsverhältnisses), die 1796 darin besteht, in ihm die Bedingung der Subjektivität zu sehen, wieder an die 1794 von Fichte erarbeitete Lösung des Problems der Vorstellung herangerückt werden, ein Vergleich, der keineswegs künstlich ist, da ja Fichte selbst am Ausgangspunkt dieser Deduktion des Rechtsbegriffs, deren Zielpunkt wir soeben untersucht haben, in Begriffen, die den von Kant in seinem berühmten Brief an Markus Herz vom Februar 1772 verwendeten ähnlich sind, die Notwendigkeit gezeigt hat, dieses Problem der Vorstellung, dessen kritischen Gehalt er 1794 systematisch erfassen wollte, zu reformulieren: „wie kommt das Vorstellende zu der Überzeugung, daß außer seiner Vorstellung ein Objekt derselben vorhanden sei, und daß dasselbe so beschaffen sei, wie es vorgestellt wird" (I 3, 334). Wenn man als Leser am Ausgangspunkt eines philosophischen Werkes eine solche Reformulierung dessen findet, was Kant zur Leitfrage der theoretischen Philosophie gemacht hat, kommt man nicht umhin, sich verwirrt zu fragen, wodurch deren Gegenwart, die unangemessen zu sein scheint, denn legitimiert wird. Lediglich ein Blick auf den Abschluß dieser Deduktion des Rechtsbegriffs erlaubt es hier zu verstehen, warum dieser Argumentation, die das in der *Grundlage der gesamten Wissenschaftslehre* zu dieser Frage Vorgeschlagene erklärt und radikalisiert, zudem eine in der Rechts- und Staatsphilosophie ungewöhnliche

Aufgabe zukommt: die Aufgabe, das Problem der Vorstellung zu lösen, anders gesagt: des Bewußtseins eines Objekts.

Es wäre in der Tat möglich, sich die gesamte Argumentation Fichtes von diesem Gesichtspunkt aus wieder vorzunehmen, beginnend mit dem zweiten Lehrsatz, von dem wir gesehen haben, wie er das Auftreten des Rechtsverhältnisses im dritten Lehrsatz als letzte Bedingung der Möglichkeit des Bewußtseins vorbereitet. Es sei nur angedeutet: Ich kann mich nur als Subjekt denken, indem ich ein Nicht-Ich (ein Objekt) setze, das ich mir vorstelle und das meinen Willen umformt – kurz: indem ich stets ein Anderes setze, das mein Wille zu beseitigen versucht; die Setzung des Objekts wird jedoch der Freiheit des Vernunftwesens *per definitionem* Fesseln anlegen: da die Freiheit demzufolge nur ausgehend von einer solchen Fessel und ausgehend von ihrer Beseitigung gedacht werden kann, ist es nötig, zwischen diesen beiden Bedingungen eine Synthese zu finden, anders gesagt, ein Objekt, dessen Setzung freilich eine Beschränkung der Freiheit sein wird, aber eine Beschränkung, die das Individuum gleichwohl nicht davon abhält, sich eine freie Wirksamkeit zuzuschreiben – besser gesagt: eine Beschränkung, welche diese Zuschreibung nicht nur *erlaubt*, sondern sie sogar *notwendig* macht.

Man kann nun sehen, wie Fichte im Übergang vom zweiten zum dritten Lehrsatz ausgehend von diesem Erfordernis sozusagen eine Hohlform für das entwirft, was das gesuchte Objekt sein soll, da es ja so beschaffen sein soll, daß die Freiheit des Subjekts, sobald es erfaßt wurde, als beschränkt, aber zugleich in dem Sinn als erforderlich gesetzt werden muß, in dem diese Freiheit die Bestimmung des Subjekts konstituiert. In dem Maße, in dem meine freie Wirksamkeit sich als solche wahrnimmt, muß ihr ein Objekt entgegengesetzt sein, und daher suchen wir notwendigerweise nach einem Objekt der äußeren Empfindung, wenn man will: nach einem Körper im physikalischen Sinn des Wortes; aber da dieser Körper außerdem so beschaffen sein muß, daß ich, indem ich ihn in der Anschauung wahrnehme, den Begriff meiner Bestimmung bilde, muß seine Wahrnehmung, die mich beschränkt, für mich zudem „eine Aufforderung" sein, mich zu meiner „Wirksamkeit zu entschließen" (Zweiter Lehrsatz, I 3, 342). Also muß, damit dies eintritt, das Objekt, das ich mir entgegensetze, offenkundig als etwas gesetzt sein, das ebenfalls über eine freie Wirksamkeit verfügt, die ich als meiner eigenen identisch setze: indem ich dieses Objekt setze, setze ich mir selbst ein anderes Ich entgegen, eine andere Freiheit, und, indem ich mich ihm entgegensetze, bilde ich so den Begriff meiner eigenen Freiheit (da ich ihn als mit mir identisch setze). Da ich diesen Begriff zudem von außen und gleichsam als Zeichen des Anderen erhalten habe, kann ich meine Freiheit zugleich nur begreifen als „etwas, das im künftigen sein *soll*" (I, 3, 343), also, wie wir im dritten Lehrsatz gesehen haben, unzweifelhaft als eine Bestimmung (anders gesagt:

meine Freiheit als etwas Gegebenes zu setzen stünde im Widerspruch zu dieser Erfahrung eines Außen, die zugleich eine Erfahrung der Endlichkeit ist, welche dem „endlichen Vernunftwesen" innewohnt). Es ist nun zwecklos, von neuem auf der Weise zu beharren, auf die sich der Rechtsbegriff unter diesen Bedingungen leicht ‚deduzieren' ließe: Da ich, indem ich mich dem Objekt entgegensetze, zugleich meine Freiheit und ihre Beschränkung setze, setze ich mich in der Tat als ein endliches Subjekt – daraus werden der zweite und der dritte Lehrsatz nämlich bewiesen: Das endliche Vernunftwesen setzt sich als solches, indem es andere endliche Vernunftwesen außerhalb seiner selbst anerkennt, also über den Begriff einer „freien Wechselwirksamkeit" (I, 3, 344), das heißt, einer intersubjektiven Beziehung, deren rechtliche Bedeutung nicht schwer zu erklären ist. Denn wenn es wirklich eine „freie Wechselwirksamkeit" gibt, muß jedes Subjekt dem anderen eine Sphäre der Tätigkeit in der sinnlichen Welt zuerkennen – eine Sphäre, in der jeder seine freie Wirksamkeit ausüben und erproben kann, indem er sie durch seine Arbeit verändert. Diese wechselseitige Anerkennung der Tätigkeitssphären impliziert zudem *per definitionem*, daß jedes Subjekt seine Tätigkeit beschränkt, indem es sich jeden Schritt untersagt, dessen Wirkungen die Sphäre des andern beeinträchtigen könnten: indem es sich also eine *begrenzte* Tätigkeitssphäre zuschreibt, innerhalb derer es ihm gestattet ist, seine Handlungen frei aus denjenigen auszuwählen, die physisch möglich sind, setzt sich das Subjekt als freies Individuum; und, indem es dies tut, setzt es nach dem zweiten Lehrsatz ein anderes Individuum außer sich und erkennt auch ihm eine solche Sphäre zu. In diesem Sinn bedeutet, sich als Subjekt selbst zu setzen, indem man die Subjektivität des andern anerkennt, für jedes Subjekt, zwei Tätigkeitssphären zu setzen (die eigene und die des andern), sowie deren Beschränkung. Diese gemeinsame Operation bringt zutage, daß es zwischen den unterschiedlichen Subjekten zumindest ein *gemeinsames Gesetz* gibt, das in der Lage ist, sie einander gegenseitig zu verpflichten und das die Anerkennung dieser Beschränkung zum minimalen Gehalt hat: mit diesem Gesetz entsteht das Recht, als Beschränkung oder Verteilung der verschiedenen Tätigkeitssphären. Kraft dessen begründen also das Recht und seine Durchsetzung durch eine Gesellschaft, die der Idee des Rechts entpricht, die Gemeinschaft, und damit die freie wechselseitige Handlung, und damit (wir können die Schritte des analytischen Rückgangs in umgekehrter Richtung noch einmal durchgehen) die Intersubjektivität, und damit die Subjektivität selbst als Selbstbewußtsein und als Bewußtsein des Objekts.

Wer die beiden Enden der Deduktion, den Ausgangspunkt und den Zielpunkt des Rückgangs, miteinander verknüpft, muß feststellen, daß Fichte die philosophische Fragestellung auf wenigen Seiten einer außergewöhnlichen Akzentverschiebung unterwirft, indem er dazu auffordert, im Rechtsbegriff das wahrzunehmen, was das Bewußtsein als solches ermöglicht. Mit Blick auf die Corollarien, die

Fichte an das Ende seiner Deduktion stellt, darf man sich nicht wundern, daß das erste im wesentlichen diesen philosophischen Gehalt des ganzen Unternehmens unterstreicht: Wenn der Rechtsbegriff die Bedingung für das Selbstbewußtsein ist, wenn er einer notwendigen Handlung des Ich entspricht (nämlich derjenigen, mit der es seine Freiheit beschränkt, indem es die Möglichkeit der Freiheit des anderen anerkennt), dann ist er nicht lediglich ein *möglicher* (nicht widersprüchlicher) Begriff des Bewußtseins, sondern er konstituiert einen *notwendigen* Begriff – in dem Sinn, daß es kein Subjekt geben kann, in dessen Bewußtsein er nicht vorkommt (vgl. I 3, 358).

Aus der Fichteschen Deduktion des Rechtsbegriffs ergibt sich auf diese Weise offenkundig eine außergewöhnliche philosophische Aufwertung in der Frage nach dem Recht und nach der Gesellschaft, die fähig ist, das Recht (die rechtlich-staatliche Koexistenz der Freiheiten) in der sinnlichen Welt zu verwirklichen. Wenn der Rechtsbegriff die notwendige Bedingung für das Bewußtsein ist, dann ist in der Tat klar, daß die Begründung einer Philosophie der Subjektivität als Freiheit (was Fichte seine „Philosophie der Freiheit" nennt) für eine Philosophie, die sich wie die Kritische, die Fichte beerben will, dazu bekennt, die Objektivität ausgehend von der Subjektivität zu denken und sich vornimmt, ausgehend von verschiedenen Handlungen der Subjektivität verschiedene Klassen von Objekten auszuzeichnen, nunmehr die Rechtstheorie in Anspruch nimmt. Fichte nennt dieses Vorhaben die „Philosophie der Freiheit", für deren ersten Vertreter er sich selbst hält. Um dies weiter zu erläutern: Die Philosophie des Subjekts wird in erster Linie zu einer Untersuchung der Bedingungen der Denkbarkeit und der Realisierbarkeit einer Gesellschaft, welche die rechtsförmige Koexistenz der Freiheiten gewährleistet – anders gesagt ist es die Philosophie selbst, die als Philosophie des Bewußtseins grundsätzlich zu einer Rechts- und Staatsphilosophie wird. In diesem Sinn bildet die *Grundlage des Naturrechts* zweifellos, da das Paradigma des Subjekts sich hier im Paradigma der Intersubjektivität begründet findet, den Ort, an dem sich die philosophische Frage nach dem Bewußtsein (seiner selbst und des Objekts) auf sehr grundlegende Weise transformiert hat – und zwar im Sinn einer praktischen Selbst-Transformation der Vernunft.

Aus dem Französischen übersetzt von Tim Wagner

Literatur

Philonenko, A. 1966: La Liberté Humaine dans la Philosophie de Fichte, Paris
Renaut, A. 1997: Kant aujourd'hui, Paris
Renaut, A. 1992: Fichte: le droit sans la morale? in: Archives de philosophie 55/2, 221–242

Günter Zöller
7 Leib, Materie und gemeinsames Wollen als Anwendungsbedingungen des Rechts (Zweites Hauptstück: §§ 5–7)

7.1 Kontext und Überblick

Thema des Zweiten Hauptstücks von Fichtes *Grundlage des Naturrechts* (§§ 5–7) ist die „Deduction der Anwendbarkeit des Rechtsbegriffs". In den vorangegangenen Paragraphen hatte Fichte in drei Lehrsätzen und einem Folgesatz nachgewiesen, daß das Selbstbewußtsein eines endlichen vernünftigen Wesens dessen Selbstzuschreibung von freier Wirksamkeit (§ 1) und ineins damit die Ansetzung und Bestimmung einer Sinnenwelt (§ 2), sodann die Annahme anderer endlicher Vernunftwesen außer sich (§ 3) und schließlich das *Rechtsverhältnis* seiner selbst zu den anderen endlichen Vernunftwesen zur Voraussetzung hat (§ 4). Letzteres besteht darin, daß das endliche Vernunftwesen die eigenen Freiheitsäußerungen in der Sinnenwelt freiwillig beschränkt durch den Begriff der Möglichkeit der Freiheit der anderen endlichen Vernunftwesen.

Nunmehr stellt sich die Frage nach den grundsätzlichen Voraussetzungen, unter denen es überhaupt zur Realisation des Rechtsverhältnisses kommen kann. In zwei weiteren Lehrsätzen legt Fichte dar, daß das endliche Vernunftwesen sich nicht als wirksam setzen kann, ohne sich einen materiellen Leib zuzuschreiben, den es dann weiter bestimmt (§ 5), und daß die Selbstzuschreibung eines Leibes für das endliche Vernunftwesen nicht möglich ist, ohne die Beeinflußbarkeit des Leibes durch ein anderes endliches Vernunftwesen anzunehmen (§ 6). Auch hier folgen weitere Bestimmungen des Leibes wie der Sinnenwelt aus den anzusetzenden Voraussetzungen. Das Hauptstück schließt mit dem Nachweis, daß nunmehr die wesentlichen Bedingungen für die Anwendung des Rechtsbegriffs erfüllt sind (§ 7).

7.2 Der Leib als exklusive Wirkungssphäre der Person

Der Vierte Lehrsatz lautet: „Das vernünftige Wesen kann sich nicht, als wirksames Individuum, setzen, ohne sich einen materiellen Leib zuzuschreiben, und denselben dadurch zu bestimmen." (I 3, 361) Im Beweis schließt Fichte an den zuvor (I 3, 350) erwiesenen Begriff des vernünftigen Individuums oder der *Person* an. Die Selbstgewahrung der Person als wirksam in der Sinnenwelt, welche ja auch andere frei wirksame Vernunftwesen enthält, kann nur zustandekommen, wenn der Person eine Sphäre der Freiheitsbetätigung in der Sinnenwelt zugehört, über die sie und sie allein frei verfügt. Dieser Freiheitsspielraum macht die Individualität oder den „individuellen Charakter" (I 3, 361) der jeweiligen Person aus.

Fichte sucht nun die weiteren Bestimmungen der von der Person sich selbst zugeschriebenen individuellen Freiheitssphäre auf. Zunächst liegt in der Selbstzuschreibung einer solchen Sphäre der ursprüngliche Übergang vom bestimmenden, und näherhin sich selbst bestimmenden, „absolut formalen Ich" zu dem durch die selbstzuschreibende Entgegensetzung als begrenzt bestimmten „materialen Ich" (I 3, 361). Fichte kontrastiert hier den generischen oder Prinzipiensinn des Ich – der Ichheit – als das „lediglich in sich selbst, und auf sich selbst thätige" (I 3, 361), das sich selbst zu den Grundtätigkeiten des Gegenstandserkennens und des Zweckwollens fortbestimmt, mit dem Individualsinn des Ich als der durch Präsenz und Effizienz in der Sinnenwelt inhaltlich bestimmten Person.

Die vom formalen, reinen Ich dem materialen, empirischen Ich (der Person) entgegengesetzte exklusive Freiheitssphäre erscheint diesem als abgetrennt und außerhalb seiner. Fichte erklärt im Rückgriff auf Ergebnisse seiner *Grundlage der gesammten Wissenschaftslehre* (1794/95) den Mechanismus, durch den die vom Vernunftwesen sich selbst entgegengesetzte Freiheitssphäre diesem als von ihm unterschiedener Teil der Außenwelt gegenübertritt (I 3, 362 f.). Nach Fichtes transzendentaler Gegenstandstheorie ist die Anschauung nicht etwa rezeptiv gegenüber einem vorgegebenen Gegenstand sondern produziert diesen ihren Gegenstand allererst. Anschauen ist so eigentlich *Hin*schauen. Allerdings ist sich das Vernunftwesen im Normalfall der eigenen Gegenstandsproduktion nicht bewußt. Es bedarf des künstlichen Mittels philosophischer Reflexion, um die ichursprüngliche Genese der Welt zu rekonstruieren. Fichte bringt den Unterschied zwischen der „heimlichen" Produktion des Gegenstandes durch das Vernunftwesen und dessen anscheinender Unabhängigkeit von demselben durch den Gegensatz von *Setzen* (seitens des reinen Ich) und *Finden* (seitens des empirischen Ich) zum Ausdruck.

Nun ist, Fichte zufolge, die Grundform („Schema") der hinschauend-anschauenden ursprünglichen Tätigkeit des Vernunftwesens das Linienziehen. Das solcherart rein Hin- und Angeschaute ist die „ursprüngliche Linie" (I 3, 362), die Fichte als die gemeinsame Wurzel von Raum und Zeit identifiziert, aus der diese durch Fortbestimmung entstehen. Die vom Vernunftwesen sich selbst entgegengesetzte Freiheitssphäre erscheint demzufolge als räumlich ausgedehnter Gegenstand („ein ausgedehntes"; I 3, 362).

Die als ausgedehnt gefundene Freiheitssphäre des Vernunftwesens wird nun zwar von der jeweiligen Person als dieser entgegensetzter Gegenstand erfahren, aber doch als ein solcher, der ihr innigst zugehört und ihre Identität ausmacht. Die Person ist die, die sie ist, nur insofern die Freiheitssphäre dieselbe bleibt. Der Fortdauer der Person auf der Subjektsseite entspricht so die Fortdauer von deren Freiheitssphäre auf der Gegenstandsseite. Die solcherart der Person von ihr sich selbst beständig zugeordnete räumlich ausgedehnte Freiheitssphäre ist ihr *materieller Körper* als der „Umfang aller möglichen freien Handlungen der Person" (I 3, 363).

Fichte entwickelt den Begriff des Körpers einer Person strikt im Hinblick auf deren Grundcharakter als tätiges Vernunftwesen. Der Körper ist derjenige Teil der Welt, in dem die Freiheitsbetätigung der Person unmittelbar wirksam wird. Durch die willentliche Zwecksetzung ist die Person *ohne weiteres* Ursache eines dem Zweckbegriff entsprechenden Objekts. Alle andere willensgeleitete kausale Effizienz der Person ist indirekt und über andere ursächliche Zusammenhänge als den mit ihrem eigenen Körper vermittelt. Sobald die Person etwas auch nur eigentlich innerhalb der eigenen Freiheitssphäre will, geschieht es auch.

Fichtes handlungstheoretischer Körperbegriff stellt einen unmittelbaren Zusammenhang her zwischen dem freien Willen einer Person und ihrem Körper. Es gibt kein bestimmtes Wollen innerhalb der exklusiven Freiheitssphäre ohne dessen unmittelbare Wirksamkeit eben darin, und umgekehrt gibt es keine Veränderung in der Freiheitssphäre der Person ohne den entsprechenden Begriff dieser Veränderung im Wollen der Person. Das Betätigungsmonopol der Person in der eigenen Freiheitssphäre spielt im folgenden eine wichtige Rolle bei der Diskussion der möglichen Einflußnahme auf die je eigene Freiheitssphäre durch eine andere Person.

Als exklusive Sphäre der freien Willensäußerung einer Person ist deren Körper nicht etwa die selber unveränderliche Materie als solche, sondern deren beliebig veränderliche *Form* und genauerhin sind es die durch den Willen unmittelbar beweglichen Teile der Materie. Der handlungstheoretische Körperbegriff betrifft lediglich die unabhängig voneinander beweglichen Glieder des Körpers der Person. Von dieser mechanischen Gliederung oder „Artikulation" des Körpers, die dem Willen der Person unterliegt, ist die biologische Konstitution des Körpers oder dessen *Organisation* zu unterscheiden, die nicht unmittelbares Objekt des Willens ist. Den artikulierten Körper als die exklusive Freiheitssphäre der Person nennt Fichte deren *Leib* (I 3, 365).

7.3 Die Fremdeinwirkung auf den Leib

7.3.1 Die doppelte Artikulation des Leibes

Der Fünfte Lehrsatz lautet: „Die Person kann sich keinen Leib zuschreiben, ohne ihn zu setzen, als stehend unter dem Einflusse einer Person ausser ihr, und ohne ihn dadurch weiter zu bestimmen." (I 3, 365)

Im Zweiten Lehrsatz (I 3, 340) hatte Fichte dargelegt, daß die Selbstgewahrung des vernünftigen Individuums nicht zustandekommen kann, ohne daß zugleich eine Einwirkung auf es von außen angenommen wird. Den gerade angestellten Erörterungen zur Leiblichkeit der Person zufolge besteht die für das Zustandekommen des seiner selbst bewußten Individuums erforderliche Bestimmung von außen in der Einwirkung auf dessen Körper. Solche Fremdbestimmung des Leibes bedeutet eine Hemmung des Individuums hinsichtlich seines Vermögen, lediglich durch den eigenen freien Willen Bewegung der eigenen Glieder zu verursachen.

Mit dem bloßen Vorliegen der Hemmung des Leibes ist aber noch nicht sichergestellt, daß die betreffende Person die geschehene Einwirkung auf sie auch *als* Einwirkung auf sich registriert und es also zu der erforderlichen kognitiven Erfassung der Fremdeinwirkung als solcher kommt. Zusätzlich muß die Person die durch die erfolgte Einwirkung einstweilen gehemmte Tätigkeit als eine ihr anderweitig mögliche Tätigkeit ansetzen. Ziel der weiteren Untersuchung ist es nun, zu ermitteln, auf welche Weise eine bestimmte Tätigkeit der Person zugleich aufgehoben (durch äußere Einwirkung verunmöglicht) und nicht aufgehoben (durch das eigene Wollen der Person ermöglicht) sein kann.

Damit das Bewußtsein der (von außen) gehemmten Tätigkeit ineins Bewußtsein der Möglichkeit ebendieser Tätigkeit als ungehemmter sein kann, muß die Person die gehemmte Tätigkeit als eine solche ansehen können, deren Hemmung sie durch den eigenen Willen aufheben könnte. Das geforderte doppelte Bewußtsein hinsichtlich der aktuell gehemmten, aber potentiell wieder enthemmten Tätigkeit führt auf eine „doppelte Artikulation" oder ein „doppeltes Organ" (I 3, 367) des Leibes.

Fichte unterscheidet ein „höheres" und ein „niederes Organ" des Leibes. Das niedere Organ unterliegt der von außen erfolgten Hemmung anderweitig möglicher freier Tätigkeit der Person, während das höhere Organ die im niederen Organ erfolgte Modifikation der Freiheitssphäre innerlich nachahmt. Die Modifikation wird so einerseits (im niederen Organ) von außen hingenommen und andererseits (im höheren Organ) von innen als fremdgewirkte aufgehoben, um als selbstgewirkte gesetzt zu werden.

Was Fichte hier in hochabstrakter Begrifflichkeit entwickelt, ist eine Theorie der Wahrnehmung, die das Faktum der Fremdbestimmung der Person mit der

Konzeption des Vernunftwesens als absolut spontan und selbständig vereinbaren soll. Grundsätzlich gilt, daß das vernünftige Wesen nur wahrzunehmen vermag, was den eigenen Leib, sei es mittelbar oder unmittelbar, modifiziert. Von allem anderen weiß es jedenfalls nicht durch Wahrnehmung. Um die Welt aber auch nur am eigenen Leib erfahren zu können, muß das vernünftige Wesen „Sinn" (I 3, 368) haben. Damit ist mehr gemeint als die passive Hinnahme einer Einwirkung von außen. „Sinn" beinhaltet wesentlich die Gewahrung der äußeren Einwirkung *als solcher*. Das Vernunftwesen muß die Fremdeinwirkung ins Verhältnis setzen zu möglichen eigenen Wirkungen auf seinen Leib und speziell zu derjenigen eigenen Einwirkung, die der jeweiligen Fremdeinwirkung in der Veränderung der Artikulation des Leibes gleichkommt. Das Vernunftwesen erfährt die Fremdeinwirkung auf den eigenen Leib als etwas, das sie selbst hervorzubringen vermag, aber im betreffenden Fall nicht sich selbst sondern einem Wesen außer ihr zuschreiben muß. So gesehen ist der gesamte artikulierte Leib, insofern er Sphäre der Selbst- und Fremdeinwirkung ist, *Sinn* (I 3, 368).

7.3.2 Die doppelte Materie in der Sinnenwelt

Nun soll die erfolgte Fremdeinwirkung vom betroffenen Vernunftwesen nicht einfach einem anderem Wesen, sondern speziell einem anderen Vernunftwesen zugeschrieben werden. Bei der Entwicklung des Rechtsbegriffs geht es Fichte ja gerade um die Möglichkeit und die Bedingungen des Verhältnisses zwischen Vernunftwesen als solchen. In der Fremdeinwirkung eines Vernunftwesens auf ein anderes zieht das einwirkende Vernunftwesen die Freiheit des Vernunftwesens, auf dessen Leib es einwirkt, in Betracht. Das einwirkende Vernunftwesen rechnet auf die vom Vernunftwesen, auf das es einwirkt, vorgenommene freie Beschränkung von dessen Vermögen, die erfolgte Einwirkung aufzuheben, und erwartet stattdessen, daß das Vernunftwesen die Einwirkung innerlich nachahmt, also sie wahrnimmt, und darauf in Freiheit antwortet. Darüber hinaus muß sichergestellt sein, daß das kognitiv vermittelte Kooperationsverhältnis zwischen zwei Vernunftwesen auch aus der Perspektive des die Einwirkung erleidenden Vernunftwesens als ein solches Verhältnis erfaßt wird. Erst dann kommt es bei der Wahrnehmung vernünftiger Fremdeinwirkung zu einer Kooperation zweier Vernunftwesen, deren ersteres sich frei den Zweck setzt, auf das andere Vernunftwesen als ein solches einzuwirken, und deren letzteres sich frei zur Wahrnehmung der fremden Einwirkung bestimmt.

Das wahrnehmende Vernunftwesen soll das einwirkende Wesen also nicht nur als vernunftbegabt erkennen können, sondern überdies auch in der Lage sein zu erfassen, daß in der geschehenen Einwirkung seitens des einwirkenden Vernunftwesens die Vernünftigkeit des die Einwirkung erleidenden Wesens vorausgesetzt ist. Um dies zu gewährleisten, muß es dem die Einwirkung erleidenden Vernunftwesen klar sein, daß das auf es einwirkende Wesen auch ganz anders auf es hätte handeln können und daß die tatsächlich erfolgte Handlung auf die Berücksichtigung des Vernunftcharakters des Wesens, auf das eingewirkt wird, zurückgeht.

Die solcherart mitanzunehmende mögliche alternative Einwirkungsweise des anderen Vernunftwesens würde darin bestehen, daß es dem Vernunftwesen, auf das die Einwirkung geschieht, nicht freisteht, diese aufzuheben, sondern daß sie es als nicht aufhebbar durch das eigene Wollen und dessen leibliche Manifestation ansehen müßte. Um nun die alternative, zwangsmäßige Einwirkung, wie erforderlich, als möglich anzusetzen, muß das Vernunftwesen den eigenen Leib wie folgt fortbestimmen. Er muß außer aus frei beweglicher „feinere[r] und subtilere[r]" Materie (I 3, 371) auch aus „zäher haltbare[r] Materie" (I 3, 370) bestehen, die der freien Bewegung widersteht. Und weiterhin muß auch die Sinnenwelt, von welcher der Leib ein Teil ist, aus solcher Materie bestehen.

Allerdings darf die „zähe Materie" nicht alle Bewegungsfreiheit des Leibes hemmen können. Soll die freie Wirksamkeit des Vernunftwesen erhalten bleiben, dann muß ein Teil des Leibes frei beweglich bleiben. Überdies muß das Vernunftwesen in der Lage sein, auf den „zähen" Teil des Leibes einzuwirken und so diesem Widerstand entgegenzusetzen. Doch geschieht dies nicht, wie bei der Artikulation, unmittelbar durch das Wollen, sondern vermittels der willentlichen Bewegung der freien Teile des Leibes, die dann auf den zähen Teil wirken. Damit ist in dem Vernunftwesen ein Organ der Einwirkung auf zähe haltbare Materie (innerhalb und außerhalb seiner) nachgewiesen, das selbst aus solcher Materie besteht, dabei aber doch, wenigstens indirekt, dem freien Willen des Vernunftwesens unterliegt.

7.3.3 Der Leib als höherer Sinn, als Werkzeug und als niederer Sinn

Im Rahmen seines doppelten Organ- bzw. Materiebegriffs (höheres bzw. niederes Organ und subtilere bzw. zähe Materie) unterscheidet Fichte drei grundsätzliche Funktionen des Leibes: höherer Sinn, Werkzeug und niederer Sinn. Im ersten Fall (Leib als höherer Sinn; I 3, 373 f.) wird auf die Person als auf ein freies Vernunftwesen dadurch eingewirkt, daß die subtilere Materie durch das einwirkende Vernunftwesen eine bestimmte Formung erfährt, die dann den höheren Sinn der wahrnehmenden Person affiziert oder modifiziert. Daraufhin ahmt die wahrnehmende Person im höheren Organ die erfahrene Einwirkung nach, indem sie innerlich, und ohne Auswirkung auf das niedere Organ und dessen Materie, so verfährt, wie sie verfahren würde, um die erfahrene Bewegung selbst hervorzubringen.

Fichtes erstes Beispiel ist das Sehen (Gesichtswahrnehmung). Hier fungiert das Licht als subtilere Materie, deren Gestaltung dadurch wahrgenommen wird, daß der Betrachter im Geiste an der Gestalt entlangfährt und jene Druckausübungen simuliert, die zur Hervorbringung ebensolcher Formen führen würden. Sehen wird so als Tätgkeit des inneren Nachbildens erklärt. Analoges gilt für das zweite Beispiel, die Wahrnehmung des gesprochenen Wortes. Hier bildet die Luft die subtilere Materie, und der Hörende simuliert innerlich die dem Gesprochenen zugrundeliegenden Sprechbewegungen. Nach Fichtes Verständnis erfolgen diese simulativen Wahrnehmungsaktivitäten „blizschnell, und unmerklich dem gemeinen Beobachter" (I 3, 372).

Die zweite Grundfunktion des Leibes als Sinn (Leib als Werkzeug; I 3, 373) liegt vor, wenn im höheren Organ (oder Sinn) durch den Willen der Person selbst, also nicht von außen, eine Modifikation hervorgebracht wird, die, wiederum durch den eigenen Willen der Person, das niedere Organ affiziert und es, sofern keine anderweitige Hemmung von dessen zäher Materie vorliegt, in Bewegung setzt. Fichtes Beispiel hier sind die im Gesichtssinn entworfenen und gedanklich projizierten Gestalten oder Buchstaben, die dann durch die nachfolgende Bewegung der Hand ausgeführt werden.

Bei der dritten Grundfunktion des Leibes (als niederer Sinn; I 3, 373) vermag die im höheren Organ willentlich von der Person selbst vorgenommene Modifikation nicht, das anderweitig gehemmte niedere Organ zu modifzieren. In diesem Fall kommt es zu jenem Gefühl eines Widerstandes, das in Fichtes Theorie der Gegenstandswahrnehumung eine grundlegende Rolle spielt. Fichte konzediert, daß auch die freie Einwirkung eines Vernunftwesen auf ein anderes dessen niederes Organ affiziert. Aber solche Affektion ist dann nicht der Zweck der freien Einwirkung sondern deren Begleiterscheinung.

Die im Begriff der Person liegende Selbstzuschreibung eines Leibes samt dessen Teilung in ein niederes und ein höheres Organ verbunden mit der Annahme einer korrespondierend beschaffenen Sinnenwelt muß das endliche Vernunftwesen auch den anderen Personen zuschreiben, die es aufgrund besonderer Wahrnehmungen anzunehmen genötigt ist. Fichte spricht von dem „Uebertragen meines nothwendigen Denkens, auf eine Person ausser mir" als integralem Bestandteil des Personbegriffs (I 3, 374). Die Begriffe vom Leib, dessen Artikulation und der Sinnewelt sind „gemeinschaftliche Begriffe" (I 3, 374), die jedes Vernunftwesen beim anderen voraussetzen kann und auf die es in seiner Einwirkung auf andere auch rechnet.

7.3.4 Menschengestalt als Vernunftkriterium

Bevor Fichte die Diskussion der Leiblichkeit des Vernunftwesens abschließen und zum eigentlichen Nachweis der Anwendbarkeit des Rechtsbegriffs fortschreiten kann, muß noch ein möglicher Einwurf entkräftet werden. Wenn, wie gezeigt, die Selbstverwirklichung des Vernunftwesens als eines solchen von einer bestimmten Einwirkung auf es durch ein anderes Vernunftwesen abhängt, dann scheint die Realisation der Vernunftfähigkeit des Individuum ganz von der Willkür einer anderen Person und damit vom Zufall abzuhängen. Doch ist dieser akzidentelle Ursprung von Vernünftigkeit im Individuum nicht mit dem Grundcharakter des Vernunftwesens als absolut frei und selbständig zu vereinbaren.

Um den drohenden Widerspruch zu vermeiden, ist deshalb anzunehmen, daß schon die erste Einwirkung auf das noch im Entstehen begriffene Vernunftwesen unter einer Nötigung erfolgt, und zwar einer Nötigung, die an das einwirkende Vernunftwesen seitens des Wesens, auf das es einwirkt, ergeht. Fichte zufolge ist es der Leib der Person, der noch vor der Entwicklung der Vernünftigkeit der betreffenden Person dem anderen Vernunftwesen die Präsenz von Vernunftpotential anzeigt und dessen daraufhin erfolgende Einwirkung bestimmt. Näherhin ist es der Leib als *Gestalt*, noch unabhängig von dessen Bewegung durch den allerest hervorzubringenden vernünftigen Willen, der die andere Person zur Einwirkung mittels subtilerer Materie veranlaßt.

Bei der kommunikativen Wechselwirkung unter Vernunftwesen ist zwischen zwei Eigenschaften der subtileren Materie oder auch zwischen zwei Arten von subtilerer Materie zu unterscheiden. Da ist zunächst jene Materie – Fichte nennt sie vorderhand „A", idenfiziert sie aber wenig später umstandslos als „Luft" (I 3, 377) –, die durch das höhere Organ eines Vernunftwesen mittels einer Affektion von dessen niederem Organ in Bewegung gesetzt wird. Fichte denkt hier an die beim Reden miteinander erzeugten Luftbewegungen, mittels derer ein Vernunftwesen auf das andere auf der Vernunft angemessene Weise einwirkt. Zusätzlich ist nun aber eine Materie „B" anzunehmen – von Fichte als „Licht" (I 3, 377) identifiziert –, die zwar durch die bloße Gestalt des Leibes (oder irgendeines anderen Körpers) modifiziert wird, aber nicht unmittelbar durch die Bewegung des höheren Organs erschüttert werden kann und deshalb als relativ zeitbeständiger Indikator von Vernünftigkeit oder jedenfalls von Vernunftpotential fungiert. Fichte denkt hier an die vergleichsweise beständigen Erscheinungen der räumlichen Gestalt im Medium des Lichtes, die nur mittelbar, nämlich durch eine Modifikation des Leibes – oder, wie zu ergänzen wäre, durch veränderte optische Bedingungen – zu modifizieren sind.

Weiterhin ist zu ermitteln, welche Gestalt denn der Leib haben muß, um in der optischen Wahrnehmung auch dann als Körper eines Vernunftwesens erfahren werden zu können, wenn dieser Leib sich bloß als Gestalt präsentiert und noch keine willentlichen Bewegungen vorweist. Allgemein gilt, daß es hierfür notwendig ist, daß das wahrnehmende Vernunftwesen den Leib des wahrgenommenen Wesens als ein Ganzes denken muß, dem ein Begriff seiner Einheit zugrundezulegen ist, wie ihn das wahrnehmende Wesen nur aus der eigenen Selbsterfahrung als Vernunftwesen kennt. Dann nämlich ist das wahrnehmende Vernunftwesen durch die Gestalt des wahrgenommenen Leibes gezwungen, dem anderen Wesen Vernunftfähigkeit, wie es sie an sich selbst kennt, zuzuschreiben.

Fichte zeigt in groben Zügen, daß die Vernunftfähigkeit indizierende ganzheitliche Verfassung der Teile des Leibes nur in der Menschengestalt vorliegt. Ein artikulierter Organismus deutet nämlich erst dann auf die Vernünftigkeit seines Trägers, wenn die zu beobachtende freie Beweglichkeit der Teile nicht als eine bestimmte, beschränkte Beweglichkeit wahrgenommen wird, sondern als offen für alle möglichen Bestimmungen. Die dann wahrgenomme „Bestimmbarkeit ins unendliche" (I 3, 379) des artikulierten Leibes deutet für das beobachtende Vernunftwesen auf eine im Prinzip unendlich freie Beweglichkeit, wie es sie nur von der Beweglichkeit des eigenen Leibes nach frei gewählten Zwecken her kennt.

Fichte beansprucht also nachgewiesen zu haben, daß Menschengestalt die notwendige wie hinreichende Bedingung für die Induktion des Aufforderungsprozesses ist. Dabei ist zu beachten, daß in der durch die wahrgenommene menschliche Gestalt initiierten *Aufforderung* zu Vernunftentwicklung und -gebrauch bereits ein Moment der „Anerkennung" (I 3, 380) seitens des auffordernden Vernunftwesens liegt. Im auffordernden Vernunftwesen kommt es nicht bloß zur *Erkenntnis* der Vernunft oder Vernunftfähigkeit des anderen Wesens, sondern zu dessen *Anerkenntnis* in Gestalt der freiwilligen Selbstbeschränkung der eigenen freien Tätigkeit um der möglichen freien Tätigkeit des anderen willen. Allerdings erfolgt die Anerkennung hier nur erst einseitig und bedarf noch der Ergänzung zum wechselseitigen Verhältnis.

7.4 Die hypothetische Gültigkeit des Rechtsgesetzes

Fichtes *Grundlage des Naturrechts* stellt die Kardinalfrage einer transzendentalen Wissenschaft vom Recht: wie die absolute Freiheit von Personen mit deren gegenseitigem Einfluß aufeinander zu vereinbaren ist. Gefragt ist nach den Bedingungen der Möglichkeit einer „Gemeinschaft freier Wesen, als solcher" (I 3, 383). Mit dem artikulierten Leib und dessen doppeltem Organ bzw. Sinn sowie den korrelierten Bestimmungen der Sinnenwelt (doppelte Materie) sind die „äußeren", objektiven Bedingungen einer möglichen Rechtsgemeinschaft aufgezeigt. Es bleibt zu ermitteln, welches die „inneren", subjektiven Bedingungen einer solchen Gemeinschaft sind (I 3, 384).

Nun handelt es sich bei der nachgewiesenen ursprünglichen Anerkennung eines Vernunftwesens durch ein anderes in Gestalt der Aufforderung in der Tat um ein Wechselverhältnis freier Wesen, das überdies mit doppelter Notwendigkeit eintritt. Zum einen nötigt die Wahrnehmung der Vernünftigkeit indizierenden menschlichen Gestalt das wahrnehmende Vernunftwesen, den wahrgenommenen anderen als ein freies Wesen zu behandeln. Zum anderen ist es für die Entwicklung des vernunftfähigen Wesens zu einem aktuell-vernünftigen, tätig-freien Wesen notwendig, daß eine Einwirkung auf es in Gestalt der Aufforderung erfolgt. Doch damit ist noch nicht erwiesen, daß die Einwirkung eines Vernunftwesen auf ein anderes auch über die rechtliche Urszene der Aufforderung hinaus in Anerkennung von dessen Freiheit geschieht oder zu geschehen hat.

Fichte betont, daß die *fortgesetzte* Selbstbeschränkung zur vernunftgemäßen Einwirkung auf den anderen eine Frage der freien Entscheidung ist. Zwar ist es eine Sache konsequenten Denkens, daß die einmal, in der Aufforderung vorgenommene Anerkennung des anderen als freiem Wesen auch in Zukunft fortgesetzt wird. Aber konsequent zu denken, steht völlig im Ermessen jedes einzelnen. Es gibt keinen absoluten Grund für das Vernunftwesen, in der Frage der Anerkennung konsequent zu sein. Doch ist die freie Entscheidung für konsequentes Denkens in der vernünftigen Behandlung des anderen deshalb nicht ohne jeden Grund. Nur ist der Grund eben kein absoluter oder unbedingter, der das Vernunftwesen ohne weiteres zur fortgesetzten Anerkennung bestimmte. Vielmehr ist die Entscheidung für die fortgesetzte Behandlung des anderen als freien Wesens durch weitere Umstände bedingt.

Um über den gesuchten „hypothetischen Grund" (I 3, 385) konsequenter Anerkennung des anderen Klarheit zu gewinnen, ist zu vergegenwärtigen, worin denn die zu erwägende Konsequenz besteht – nämlich in nichts weniger als der Selbstbestimmung des eigenen Willens bzw. Handelns nach der „Rechtsformel", derzufolge jeder die eigene Freiheit so beschränkt, daß der andere auch frei sein kann (I 3, 387). Nun gilt aber, daß ohne das in der Rechtsformel angegebene Rechtsverhältnis eine Gemeinschaft freier Wesen als solcher („absolute Gemeinschaft"; I 3, 385) nicht möglich ist. Zwar kann jeder jeden anderen, mit dem er in Wechselwirkung steht, als physisch manipulierbare bloße Materie behandeln. Aber er wirkt dann nicht auf ein freies Wesen als solches sondern nur auf ein Stück Materie ein. Nur wenn und insofern jeder sich freiwillig beschränkt zur Einwirkung auf den höheren Sinn des anderen und dergestalt die freie Kooperation des anderen sucht, stehen freie Wesen *als freie Wesen* in Wechselwirkung.

In der *fortgesetzten* Anerkennung des anderen liegt also die freiwillige Selbstbeschränkung auf das Rechtsverhältnis oder die Befolgung des „Rechtsgesezes" (I 3, 387). Der „hypothetische Grund" des fortgesetzten Anerkennens weist so auf die „hypothetische Gültigkeit" (I 3, 387) des Rechtsgesetzes. Dessen Befolgung steht nämlich unter der Bedingung, daß ein freies Wechselverhältnis zwischen Vernunftwesen beabsichtigt ist. Der Eintritt dieser Bedingung und also das Bestehen des Rechtsverhältnisses bzw. die Geltung des Rechtsgesetzes liegt nun aber nicht in der Macht des einzelnen, der solches will. Vielmehr braucht es „ein gemeinschaftliches Wollen" (I 3, 387), bei dem jeder der Beteiligten dasselbe, nämlich das Rechtsverhältnis will. Die freie Wechselgemeinschaft der Freien kann nur zustandekommen, wenn sich jeder der Beteiligten der Beschränkung seiner Freiheit durch das Rechtsgesetz unterzieht.

Kündigt nun einer der im Rechtsverhältnis zueinander Stehenden einseitig die freie Wechselgemeinschaft auf, indem er einen Rechtsgenossen auf dem Rechtsgesetz widrige Weise behandelt, dann fällt auch für den so Lädierten die Geltung des Rechtsgesetzes gegenüber dem es Übertretenden weg. Das Rechtsgesetz ist ja auf die Bedingung gemeinschaftlichen Wollens beschränkt und gilt deshalb nur für die nach Maßgabe des Rechtsverhältnisses aufeinander Einwirkenden. Wer das Rechtsgesetz durch unfreie Einwirkung auf einen anderen verletzt, verliert auch den Schutz des Rechtsgesetzes vor unfreier Einwirkung durch andere.

Die Gültigkeit des Rechtsgesetzes ist also a priori auf eine bestimmte Sphäre eingeschränkt, nämlich auf die Sphäre der sich fortdauernd und mit Freiheit nach ihm Richtenden. Es gehört zum Wesen des Rechtsgesetzes, die „Quantität der Anwendbarkeit" (I 3, 388) gleich mitanzugeben. Auf das, was außerhalb seiner Anwendungssphäre liegt, findet das Rechtsgesetz keine Anwendung. Insofern die limitierte Anwendung zum Begriff des Rechtsgesetzes gehört, bestimmt das Rechtsgesetz per negationem auch die von ihm ausgeschlossene Sphäre. Das Rechtsgesetz erlaubt für den Fall seiner Nichtanwendung genau jene zwangsmäßigen Einwirkungen, die es vom eigenen Anwendungsbereichs gerade ausschließt. Gegen den, der sich des Schutzes durch das Rechtsgesetz einseitig begeben hat, besteht das „Zwangsrecht" (I 3, 387), ihn nach Belieben zu behandeln. Der Betreffende kann nämlich die zwanghafte, unfreie Behandlung durch durch Apell an das Rechtsgesetz, das für ihn ja nicht mehr gilt, nicht verhindern. Allerdings könnte es wohl sein, daß er über andere Mittel verfügt, um solche Behandlung zu verhindern, etwa über physische Gegenwehr oder die „Berufung auf das Sittengesetz" und dessen Schutz der Person aus anderen als bloß rechtlichen Gründen (I 3, 387).

Fichte konzipiert also das Rechtsgesetz als *Erlaubnisgesetz*: das Rechtsgesetz erlaubt den Verstoß gegen es in all den Fällen, in denen es bereits andererseits durch Nichtbeachtung suspendiert ist. Als Erlaubnisgesetz bestimmt das Rechtsgesetz ebensosehr den Fall seiner Nichtanwendung wie den seiner Anwendung. Die im Rechtsgesetz mitbestimmte mögliche Dispension von demselben ist so wesentlicher Bestandteil des Gesetzes selbst, das „gerade durch sein Nichtgelten gilt" (I 3, 388). Den bedingt-permissiven Charakter des Rechtsgesetzes kontrastiert Fichte mit dem unbedingt-präskriptiven Charakter des Sittengesetzes, das für alles Handeln vernünftiger Wesen gilt. Die Differenz im Geltungsmodus zwischen Rechtsgesetz und Sittengesetz macht es, Fichte zufolge, auch unmöglich, ersteres aus letzterem abzuleiten.

Das durch konsequentes Anerkennen etablierte Rechtsverhältnis ist sonach bedingt durch die *gemeinsame fortgesetzte* Entscheidung für die freie Gemeinschaft. Als Grund für die Erfüllung dieser Bedingung läßt sich nur die freie Entscheidung jedes der Beteiligten ausmachen. Die Frage, inwieweit der Gewinn des Rechtsschutzes durch den Eintritt in das Rechtsverhältnis und dessen Verlust beim Austritt daraus in der Entscheidung eine Rolle spielen mögen, gehört nicht mehr in den Umkreis der Ermittlung der Bedingungen der Anwendbarkeit des Rechtsbegriffs.

7.5 Würdigung

Fichtes Deduktion von Leib, Materie und gemeinsamem Wollen als prinzipieller Bedingungen der Anwendbarkeit des Rechtsbegriffs erhebt den Anspruch, grundsätzliche Strukturen der empirischen Welt wie der diese erfahrenden Subjekte als notwendige Voraussetzungen dafür zu ermitteln, daß ein endliches Vernunftwesen sich überhaupt als solches gewahren kann. Wie schon in den vorangegangenen Paragraphen der *Grundlage des Naturrechts* fungiert dabei die Möglichkeit von Selbstbewußtsein als Prinzip der Deduktion und bildet die Ermöglichung des Selbstbewußtseins die Strategie der Deduktion.

Nun können aber Bedingungen der Möglichkeit von Gegenstands- bzw. Selbstbewußtsein nur dann als notwendig ausgewiesen gelten, wenn die Möglichkeit alternativer Bedingungen derselben Explananda prinzipiell ausgeschlossen werden kann. Anderenfalls handelt es sich um zureichende Bedingungen, die in ihrer Gesamtheit Erfahrung bzw. Selbstbewußtsein prinzipiell ermöglichen, ohne deshalb einzeln oder in ihrer Gesamtheit dafür als notwendig gelten zu können. Der erfolgreiche Nachweis alternativlos-notwendiger Ermöglichungsbedingungen scheint sich aber prinzipiell dem Vermögen transzendentalphilosophischen Begründungsdenkens zu entziehen. Die Möglichkeit alternativer hinreichend-ermöglichender Gründe ist zu keinem Zeitpunkt und auf keinem wie auch immer erweiterten Wissensstand auszuschließen.

Allerdings läßt sich bei Fichte durchaus eine Berücksichtigung des methodischen Einwandes gegen den Erweis notwendiger Möglichkeitsbedingungen aufzeigen. Fichte beansprucht nämlich keine unqualifizierte, unbedingte Notwendigkeit für die deduzierten materiellen und mentalen Bedingungen des Rechtsbegriffs bzw. des Selbstbewußtseins. Vielmehr handelt es sich durchweg um Ansprüche darüber, wie jeder einzelne die eigene Freiheit samt deren Beschränkung durch anderes und andere erfährt. Fichtes durchgängige Rede vom „Setzen" des Leibes, der Materie, von deren doppelter Artikulation etc. zeigt an, daß die Annahme oder das Ansetzen dieser Bedingungen im Horizont der Selbstverständigung des jeweiligen Vernunftwesens erfolgt. Die Notwendigkeit der ermittelten Bedingungen ist eine Denknotwendigkeit, die nicht – jedenfalls nicht primär – das Sein der Welt reflektiert sondern das Menschsein und speziell dessen Denkformen, von denen aus allererst die Welt in den Blick kommt. So gesehen ist die Notwendigkeit von Leib, Materie und Wollenskoordination zutiefst von Kontingenz affiziert, ja deren prinzipieller Ausdruck.

Doch darf nicht der Eindruck entstehen, als konzediere Fichte die empirisch-faktische Variabilität der Realisationsbedingungen von Recht bzw. Selbstbewußtsein. Vielmehr sind für Fichte die Grundsetzungen des Vernunftwesens hinsichtlich von dessen physischer und sozialer Welt strukturell identisch bei allen aktuell vernünftigen Menschen. Ob aber auch die konkreten Formen, in denen solche strukturellen Grundsetzungen resultieren, unveränderlich sind und ein für alle mal spezifisch angegeben werden können, wird man in Anbetracht der von Fichte selbst herausgestellten plastischen Offenheit des Menschen bezweifeln dürfen. Bezeichnenderweise erwähnt Fichte in der *Grundlage des Naturrechts* Luft und Licht als Bedingungen von Aufforderung und Anerkennung eher nur parenthetisch und reduziert die Spezifikation der Leiblichkeit nach den verschiedenen Sinnen bzw. Sinnesorganen auf ein Minimum. Begriffe wie „Leib", „Sinn", „grobe" und „subtilere Materie" sollten denn auch in erster Linie als systematische Platzhalter für prinzipiell erforderliche Realisationsstrukturen endlicher Vernünftigkeit angesehen werden, die dann in einer „offenen" physischen wie kulturellen Anthropologie empirisch und damit revidierbar zu spezifizieren wären. Fichtes transzendentale Theorie der materiellen Anwendungsbedingungen des Rechtsbegriffs präsentiert sich so als Proto- und Formalanthropologie zu den Grundformen der Präsenz und Effizienz von Vernünftigkeit in der Sinnenwelt.

Literatur

Lauth, R. 1984: Die transzendentale Naturlehre Fichtes nach den Prinzipien der Wissenschaftslehre, Hamburg, besonders 140–142.

López-Domínguez, V., 1999: Die Idee des Leibes im Jenaer System, in: Fichte-Studien, Bd. 16, 273–296

Schrader, W. H. 1972: Empirisches und absolutes Ich. Zur Geschichte des Begriffs Leben in der Philosophie J. G. Fichtes, Stuttgart-Bad Cannstatt 1972, 77–83.

Siep, L. 1993: Leiblichkeit bei Fichte, in: K. Held/J. Henningfeld (Hrsg.): Kategorien der Existenz. Festschrift für Wolfgang Janke, Würzburg, 107–120

Zöller, G. 1998: Die Individualität des Ich in Fichtes zweiter Jenaer Darstellung der Wissenschaftslehre (1796–99), in: Revue Internationale de Philosophie 206, 641–663

Rolf-Peter Horstmann
8 Theorie des Urrechts (§§ 8–12)

8.1 Hintergrund und Kontext

Obwohl Fichte – wie schon der Titel seines hier betrachteten Werkes hinreichend deutlich macht – seine Rechtstheorie in den Rahmen der neuzeitlichen Naturrechtstheorie einbettet, ist seine Herleitung des Rechtsbegriffs sowie seine Deduktion der Anwendbarkeit dieses Rechtsbegriffs als ein durchaus origineller Beitrag zur philosophischen Begründung des Naturrechts anzusehen. Gleiches gilt auch für seine Theorie des Urrechts und des Zwangsrechts. Teilt Fichte mit allen Vertretern naturrechtlicher Theorien die Auffassung, daß für eine Naturrechtstheorie der Rekurs auf Vernunft und die durch sie geforderten Verhältnisse konstitutiv ist, so unterscheidet er sich nachhaltig von allen anderen neuzeitlichen Naturrechtstheoretikern darin, daß er die Möglichkeit eines Wissens von sich selbst bzw. die Möglichkeit von Selbstbewußtsein zur Grundlage seiner Rechtsbegründung macht.

Die argumentationsstrategische Prämisse, die Fichte seinen Überlegungen zugrunde legt, ist denkbar leicht zu identifizieren. Sie lautet: Alles das, was man als notwendige Bedingung für die Möglichkeit von Selbstbewußtsein (Ichheit, Subjektivität) ausweisen kann, muß als im und mit dem Begriff des Selbstbewußtseins selbst gegebener Sachverhalt akzeptiert werden. In einer mehr an Fichtes Sprachgebrauch orientierten Terminologie kann man diese Prämisse auch so ausdrücken: Wenn so etwas wie Selbstbewußtsein gesetzt ist, so ist auch alles das gesetzt, ohne das Selbstbewußtsein sich nicht denken läßt. Es ist diese Prämisse, auf die Fichte sich stützt, wenn er im ersten Hauptstück (§§ 1–4) aus dem Begriff des endlichen Vernunftwesens den Rechtsbegriff als den Begriff eines Anerkennungsverhältnisses zwischen freien Wesen deduziert und wenn er im zweiten Hauptstück (§§ 5–7) Bedingungen der Anwendbarkeit eines solchen Rechtsbegriffs darlegt. Zu diesen Bedingungen gehört die Möglichkeit des gegenseitigen Einwirkens freier und vernünftiger Wesen aufeinander und die Möglichkeit, diese Wesen notwendig dem Rechtsbegriff unterworfen zu denken.

Zu Beginn des dritten Hauptstücks, welches die „Systematische Anwendung des Rechtsbegriffs, oder die Rechtslehre" (I 3, 349) enthält, faßt Fichte die Ausgangssituation, von der die gesamte Rechtslehre ausgeht, im Rahmen der „Deduktion der Einteilung einer Rechtslehre" (§ 8, I 3, 389) wie folgt zusammen: „Soll überhaupt die Vernunft in der Sinnenwelt realisiert werden, so muß es möglich sein, daß mehrere vernünftige Wesen, als solche, d. i. als freie Wesen nebeneinander bestehen. Das postulierte Beisammenstehen der Freiheit mehrerer aber ist ... nur dadurch möglich, daß *jedes freie Wesen es sich zum Gesetz mache, seine Freiheit durch den Begriff der Freiheit aller übrigen einzuschränken*" (I 3, 389). Aus dieser Ausgangssituation läßt sich in Fichtes Augen eine Rechtslehre dann entwickeln, wenn man zweierlei klärt: (1) worin denn überhaupt die Bedingungen von Freiheit bestehen bzw. was dazu gehört, „daß jemand überhaupt frei oder Person sei" (I 3, 390), und (2) was denn aus dem Umstand folgt, daß die Einschränkung der eigenen Freiheit durch die Vorstellung der Freiheit anderer Personen ein Gesetz sein soll. Die Klärung der ersten Frage führt auf den Begriff des Urrechts, die der zweiten auf den des Zwangsrechts.

Die Verbindung zwischen dem Begriff der Freiheit und der Vorstellung des Rechts stellt Fichte dadurch her, daß er auf Freiheit nicht unter dem Aspekt der grenzenlosen Selbstbestimmung zu beliebigen Zwecken reflektiert, sondern sie „als Bedingung der Möglichkeit des Beisammenseins freier Wesen" (I 3, 390) betrachtet. Unter dieser Perspektive betrachtet wird Freiheit insofern ein Recht, als die Annahme der Pluralität freier Wesen zusammen mit der von Fichte bereits ausgewiesenen Voraussetzung, daß nicht jedes freie Wesen notwendigerweise die Freiheit aller übrigen freien Wesen respektiert, die Möglichkeit der gegenseitigen Verletzung der jeweiligen Freiheit einer Person impliziert. Da nun Freiheit aber für den Begriff der Persönlichkeit und letztlich für den eines selbstbewußten endlichen Wesens konstitutiv sein soll, ist jede Verletzung der Freiheit einer Person zugleich eine Aufhebung der Möglichkeit des Zusammenseins freier Wesen, was bedeutet, daß *im Verhältnis und in Beziehung auf andere Personen* die Freiheit als ein Recht aufgefaßt werden muß. Konfrontiert mit einer Situation, in der andere freie Wesen eine Rolle spielen, habe ich ein Recht, frei zu sein, und die Bedingungen, die von anderen freien Wesen respektiert werden müssen, damit diese meine Freiheit realisiert sein kann, sind meine ursprünglichen Rechte – dies ist die Grundüberzeugung Fichtes, auf die er seine Konzeption des Urrechts stützt.

8.2 Der Begriff des Urrechts

Fichte sieht sehr wohl, daß im Rahmen seiner Rechtskonzeption der Begriff des Urrechts im Grunde ein problematischer Begriff ist. Dies deshalb, weil der Begriff des Rechts für ihn nur eine Bedeutung unter der Voraussetzung hat, daß ein Verhältnis mehrerer Personen zueinander gegeben ist. Ein Verhältnis freier Personen zueinander ist aber nur dann möglich, wenn man die Rechte als eingeschränkt denkt, die jeder Person aufgrund ihres Status als eines freien Wesens zukommen. Für Fichte ist der Rechtsbegriff der Begriff eines Verhältnisses, und zwar genauer der eines Anerkennungsverhältnisses zwischen freien Personen, wobei der Gegenstand der Anerkennung eben die Freiheit der Person in einer spezifisch eingeschränkten Weise ist (vgl. I 3, 357 ff.). Wenn nun das Urrecht bzw. die Urrechte die Summe der Bedingungen darstellen soll, die zusammen den Begriff der freien Persönlichkeit ausmachen, ist das Urrecht eigentlich nichts anderes als eine Explikation des Begriffs der Person, die vollständig ohne jede Beziehung auf irgendwelche anderen Wesen zustande kommt. Fichte sieht sich insofern einem zunächst terminologisch erscheinenden Problem konfrontiert: Auf der einen Seite setzt die Rede vom Urrecht die Vorstellung voraus, daß es ein Recht gibt, das „ohne Rücksicht auf die durch die Rechte Anderer nötigen Beschränkungen" (I 3, 403) existiert, auf der anderen Seite ist der Begriff des Rechts gerade durch den möglichen Bezug auf andere Personen in der Form eines Anerkennungsverhältnisses definiert.

Fichte versucht dieses Problem dadurch aufzulösen, daß er deutlich zu verstehen gibt, daß die Rede vom Urrecht bzw. Urrechten eigentlich nur einen metaphorischen Wert hat. Ein Urrecht, so Fichte, ist eigentlich nur eine Abstraktion bzw. eine Fiktion (I 3, 403), diese Vorstellung hat „zwar ideale Möglichkeit (für das Denken), aber keine reelle Bedeutung" (ebd.). Dies heißt auch, daß es für Fichte „keinen Stand der Urrechte und keine Urrechte des Menschen" (ebd.) gibt.

Warum dann überhaupt eine Theorie des Urrechts, wenn man es hier mit Sachverhalten zu tun haben soll, die schon aufgrund konzeptueller Festlegungen nicht existieren können? Fichte gibt keine befriedigende Antwort. Er versichert nur, daß eine Untersuchung der Urrechte „der Untersuchung der Rechte in einem gemeinen Wesen vorausgehen, und sie begründen" (I 3, 403) muß bzw. daß die Annahme des Urrechts „zum Behuf der Wissenschaft notwendig gemacht werden" (I 3, 404) muß. Leider fehlt jede explizite Begründung dieser Behauptungen bei Fichte. Eine eher triviale Begründung dieser Fichteschen Behauptungen könnte darin bestehen, daß man darauf verweist, daß die für den Begriff des Rechtsverhältnisses konstitutive Konnotation der Einschränkung der für den Begriff einer Person essentiellen Freiheit auf der Vorstellung einer unbeschränkten Freiheit basiert, die insofern Voraussetzung für Einschränkung ist. Fichtes Überlegung liefe dann darauf hinaus, daß die durch die Freiheitsrechte anderer Personen eingeschränkte Freiheit einer Person, das heißt also: ihr Recht, nur gedacht werden kann vor dem Hintergrund einer nicht verrechtlichten Freiheit, die als solche unbeschränkt ist und das Substrat für Beschränkung darstellt. Verfolgt man solche, zugegebenermaßen kaum sehr überzeugenden Überlegungen, so wäre der sachliche Punkt, auf den Fichte mit seiner Einführung eines abstrakten bzw. fiktionalen Begriffs des Urrechts zielt, die These, daß die Vorstellung der unbeschränkten Freiheit zwar ein notwendiges Ingredienz des Begriffs der Persönlichkeit ist, daß diesem Ingredienz aber nur eine theoretische und nie eine praktische Bedeutung zukommen kann.

Eine weitere wichtige Eigentümlichkeit des Fichteschen Begriffs des Urrechts bleibt zu erwähnen. Von einem Urrecht kann man nur dann sprechen, wenn man die Bedingungen berücksichtigt, die man nach Fichte bei aller Rede von Rechten beachten muß, daß nämlich Rechte nur in dem, was er „Sinnenwelt" nennt, eine Rolle spielen können. Es macht, so Fichte, keinen Sinn, von Rechten dort zu reden, wo sie nicht gestört werden können. Gestört werden können Rechte aber nur durch reale, sinnlich erfahrbare Kräfte. Da der Begriff des Rechts überhaupt nur eine Bedeutung haben soll im Verhältnis mehrerer freier Wesen zueinander, ist die Möglichkeit auch des Urrechts gebunden daran, daß es eine Wirklichkeit gibt, in der so etwas wie physisch reale Kräfte auftreten können.

Fichtes Begriff des Urrechts ist also insgesamt gesehen eine eher merkwürdige Konstruktion, die sich ganz aus den Vorgaben ergibt, denen Fichte gerecht werden muß. Er muß also 1) die Bedingungen der Persönlichkeit enthalten, 2) als ein Rechtsbegriff darstellbar sein und 3) einen für sich selbst nicht realisierbaren, sondern als Recht notwendig fiktionalen Sachverhalt repräsentieren.

Der Sache nach ist das, was Fichte „Urrecht" nennt, leicht zu bestimmen. Es ist natürlich die Freiheit, die ein endliches vernünftiges Wesen als Person definiert. Die Frage, der Fichte in den §§ 10 und 11 der *Grundlage des Naturrechts* nachgeht, ist daher nicht die, was denn als Urrecht anzusehen sei, sondern die, was man denn unter Freiheit, verstanden als das Urrecht, genauer zu verstehen hat. Zur Beantwortung dieser Frage geht Fichte aus von dem durch Kant vorgegebenen Rahmen der kategorialen Analyse eines Sachverhalts: Er betrachtet Freiheit also zunächst unter qualitativen, quantitativen, relationalen und modalen Bestimmungen. Gemäß diesen Bestimmungen ist Freiheit zu verstehen als das „Vermögen, absolut erste Ursache zu sein" (I 3, 404), das an und für sich betrachtet gar keine Grenzen kennt, als Kausalität in der Sinnenwelt realisiert wird sowie notwendigerweise jeder Person zukommt. Fichte greift auf diese Bestimmungen zurück, wenn er seine sogenannte „Definition des Urrechts" vorstellt. Sie lautet: „Das Urrecht ist daher das absolute Recht der Person, in der Sinnenwelt *nur Ursache* zu sein (schlechthin nie Bewirktes)" (ebd.).

8.3 Die Analyse des Urrechts

Was diese Definition nun bedeuten soll, betrachtet der § 11, der eine „Analyse des Urrechts" ankündigt. Unter Analyse scheint Fichte eine Aufklärung darüber zu verstehen, was es für eine Person heißen kann, Ursache zu sein, und welche Bedingungen realisiert sein müssen, damit eine Person überhaupt Ursache sein kann. Interessanterweise beginnt Fichte seine Ausführungen nicht mit einer Erörterung seines Begriffs der Ursache, sondern mit einer Betrachtung über das, was im Begriffe einer Wirkung liegt. Nach Fichte ist der Begriff einer Wirkung durch zweierlei ausgezeichnet: „1. Daß die Qualität und Quantität des Tuns durch die Ursache selbst vollkommen bestimmt sei; 2. daß aus dem Gesetztsein des ersteren die Qualität und Quantität des Leidens im Objekte der Wirkung unmittelbar folge; so daß man von jedem auf jedes andere übergehen, durch eins unmittelbar das andere bestimmen könne, notwendig beide kenne, sobald man eins kennt" (I 3, 405).

Es ist klar, daß diese Charakterisierung, wenn überhaupt, dann nur in sehr spezifischen Kontexten Sinn ergibt. Der Kontext, auf den Fichte sich hier implizit bezieht, scheint folgender zu sein: Eine Person ist eine Ursache dann, wenn sie einen selbstgesetzten Zweck in der Welt realisiert. Diese Realisierung geschieht durch ein Handeln oder ein Tun. Der zu realisierende Zweck wird als ein Zustand in der Welt angesehen. Fichte ist nun der Meinung, daß die Art der Tätigkeit und ihr Ausmaß über den zu realisierenden Zweck definiert ist. Die nicht ausgesprochene Hintergrundüberzeugung scheint die zu sein, daß jedem selbstgesetzten Zweck ein spezifisches Tun korrespondiert. Außerdem ist Fichte davon überzeugt, daß eine einen spezifischen Zweck realisierende Tätigkeit eine Veränderung in dem Gesamtzustand der Welt in der Art bewirkt, daß aus der Art der Veränderung der Wirklichkeit durch die Realisierung eines Zweckes auf die Art und das Maß der Tätigkeit, die diese Veränderung bewirkt hat, geschlossen werden kann. Auch für diese Überzeugung führt Fichte keinen Grund an, ohne sie ergibt aber die Behauptung keinen Sinn, daß man, wenn man Art und Umfang der Tätigkeit kenne, die zur Realisierung eines Zweckes erforderlich ist, auch Art und Umfang der Veränderung der Wirklichkeit bekannt sei, die durch die Realisierung eines Zwecks eintritt.

Diese gleichsam mechanistische Auffassung von dem Verhältnis zwischen dem, was Fichte in dem angeführten Zitat „Tun" und „Leiden" nennt, versetzt Fichte in die Lage, die Möglichkeit des freien Handelns oder des Ursache-Seins in der Sinnenwelt zu erklären. Die leitende Idee scheint hier die zu sein, daß ‚Ursache-Sein' unter Bedingungen physikalischer Wirklichkeit für ein freies Wesen oder eine Person bedeutet, daß sein Leib – als der Repräsentant seiner Persönlichkeit in der Sinnenwelt – alles das, was ihm physisch möglich ist, so realisieren kann, daß ihn nichts an der Realisierung hindert. Ein freies Wesen ist „absolute und letzte Ursache" seiner Tätigkeit bzw. Wirksamkeit, heißt daher: „Alles, was in ihm physisch möglich ist, muß in ihm wirklich gemacht werden dürfen, wenn die Person will, und nur wenn sie will" (I 3, 405).

Fichte entwickelt nun ein interessantes Modell, wie man sich die Realisierung des Urrechts, absolute Ursache in der Sinnenwelt zu sein, vorstellen kann. Dieses Modell gilt immer nur unter der für Fichte kontrafaktischen Bedingung, daß es so etwas wie eine Realisierung des Urrechts überhaupt geben könnte (vgl.

I 3, 412). Dieses Modell ist nun kurz zu umreißen. Fichte geht davon aus, daß alle Handlungen, verstanden als Bewegungen des Leibes, kausal determiniert in dem Sinne sind, daß die durch eine Handlung „*mögliche* Wirkung in der Sinnenwelt unfehlbar erfolgen" (I 3, 405) muß. Die möglichen Wirkungen sind die physikalisch möglichen Wirkungen, nicht die durch die handelnde Person gedachten oder beabsichtigten. Eine Handlung ist also dann frei verursacht, wenn die ihr zugeordnete Körperbewegung – die Bewegung also, durch die der Zweck der Handlung realisiert werden soll – nur den Naturgesetzen unterliegt, nicht aber durch Faktoren behindert wird, die ihren Grund in den Absichten anderer Personen haben. Des weiteren nimmt Fichte die These in Anspruch, daß jede mögliche Körperbewegung, die als Handlung verstanden werden muß, eine Veränderung in einem physikalischen Objekt bewirkt. Da die Gesamtheit der veränderbaren Objekte die physikalisch gegebene Wirklichkeit ist, verändert also jede eine Handlung repräsentierende Körperbewegung den Zustand der gesamten Wirklichkeit.

Nun gilt nach Fichte, daß jede Handlung die Realisierung eines Zweckes verfolgt. Gegeben die erwähnten Vorgaben, so ist die Realisierung eines Zweckes nur dadurch möglich, daß die handelnde Person ihren Leib zweckmäßig bestimmt, das heißt so bestimmt, daß der zu realisierende Zweck durch die ihr zuzuordnende Leibesbewegung realisiert werden kann. Diese zweckmäßige Bestimmung des Leibes setzt aber voraus, daß die handelnde Person eine Kenntnis der physikalischen Eigenschaften der Sache hat, auf die die Leibesbewegung einwirkt. Andernfalls wäre die zweckmäßige Bestimmung des Leibes zum Zwecke der Realisierung einer Absicht nicht möglich. Fichte folgert daraus, daß „die zweckmäßige Bestimmung des Leibes, um auf eine Sache zu wirken, erst auf die Erkenntnis, und aus der Erkenntnis der Sache, auf welche gewirkt werden soll" (I 3, 405) folgt. Insofern ist für Fichte ein Wissen um die Beschaffenheit der physikalischen Realität eine notwendige Bedingung für Handeln.

Die Pointe der Fichteschen Überlegung besteht nun darin, daß die von ihm in Anspruch genommene Rückbindung von Handeln an Erkennen zu einer originellen Voraussetzung für die Möglichkeit führt, eine Person als absolute Ursache zu denken. Fichte muß nämlich behaupten, daß eine notwendige Bedingung für die Möglichkeit freien Handelns eine für das Handlungssubjekt epistemisch stabile Welt ist. Dies deshalb, weil die zweckmäßige Bestimmung des Leibes nur dann erfolgen kann, wenn die Beschaffenheit der Welt genau so bleibt, wie das handelnde Individuum sie kennt. In Fichtes Worten: Zum freien Handeln ist „erfordert, daß *alles so bleibe,* wie es durch das freie Wesen einmal erkannt und in seinem Begriffe gesetzt worden ist" (I 3, 406).

Wenn man Fichte einmal konzidiert, daß dies tatsächlich eine notwendige Bedingung für die Möglichkeit freien Handelns oder dafür ist, daß eine Person als absolute Ursache betrachtet werden kann, dann hat auch die folgende Fichtesche Überlegung eine gewisse Plausibilität: Eine für uns epistemisch stabile Welt ist eine solche, die in ihren mannigfaltigen Erscheinungen durch unveränderliche Naturgesetze determiniert ist. Sie ist insofern für ein erkennendes Subjekt etwas Dauerndes, dessen durch die allgemeinen Naturgesetze repräsentierten Regularitäten dem einen Zweck handelnd realisierenden Subjekt erlauben, eine einigermaßen zweckmäßige Bestimmung seines Körpers zum Zwecke der Realisierung dieses Zweckes durchzuführen. Unter Bedingungen einer gesetzesmäßig geordneten Natur ist also freies Handeln deshalb möglich, weil die epistemische Konstanzvoraussetzung erfüllt ist. Diese Voraussetzung kann durch die Natur bzw. die Sinnenwelt selbst auch nie verletzt werden, weil die Natur bzw. die Sinnenwelt für uns nur dieses gesetzmäßige Ganze ist.

Dennoch vermag es Veränderungen in dieser Welt geben, die mit der für freies Handeln notwendigen Konstanzerwartung nicht vereinbar sind. Solche Veränderungen treten dann auf, wenn ein handelndes Subjekt mit den sinnlichen Repräsentationen der Intentionen anderer handelnder Subjekte konfrontiert wird. Denn die Welt, in der die Intention einer anderen Person sinnlich realisiert ist, ist eine andere Welt als die es ist, in der diese Intention nicht realisiert worden wäre. Diese Veränderung ist aber für das jeweils handelnde Subjekt nicht vorherzusehen und insofern ist seine für freies Handeln notwendige Konstanzerwartung nicht mehr gegeben. Fichte sieht durch diese Überlegung zwei Behauptungen bestätigt. Die erste ist, daß nur „andere freie Wesen ... eine unvorherzusehende und nicht zu verhindernde Veränderung in unserer Welt, d. i. in dem System desjenigen, was wir erkannt und auf unsere Zwecke bezogen haben, hervorbringen" (I 3, 407) können. Die zweite drückt Fichte so aus: „Die Person hat das Recht zu fordern, daß in dem ganzen Bezirk der ihr bekannten Welt alles bleibe, wie sie dasselbe erkannt hat, weil sie sich in ihrer Wirksamkeit nach ihrer Erkenntnis richtet, und sogleich desorientiert und in dem Laufe ihrer Kausalität aufgehalten wird, oder ganz andere Resultate, als die beabsichtigten, erfolgen sieht, sobald eine Veränderung darin vorfällt" (ebd.).

Im Grunde läßt sich Fichtes Analyse des Urrechts, soweit sie bisher vorgestellt worden ist, in wenige Punkte zusammenfassen: (1) Die Definition des Urrechts besagt, daß jede Person das absolute Recht hat, in der Sinnenwelt nur Ursache zu sein. (2) Um in der Sinnenwelt nur Ursache sein zu können, muß es möglich sein, daß die Person ihren Leib zweckmäßig bestimmt. (3) Die Möglichkeit der zweckmäßigen Bestimmung des Leibes setzt zweierlei voraus: (a) daß es eine Welt gibt, die für die Person im Modus epistemischer Konstanz präsent ist und (b) daß es keine anderen Personen gibt, die durch die Realisierung ihrer eigenen Intentionen in der Sinnenwelt die Möglichkeit epistemischer Konstanz zunichte machen. Es sind genau diese drei Punkte, die Fichte in seiner abschließenden Stellungnahme zum Urrecht betont, wenn er schreibt: „Alles jetzt Deduzierte zusammengefaßt, fordert die Person durch ihr Urrecht eine *fortdauernde Wechselwirkung zwischen ihrem Leibe und der Sinnenwelt, bestimmt und bestimmbar, lediglich durch ihren frei entworfenen Begriff derselben.* Der aufgestellte Begriff einer absoluten Kausalität in der Sinnenwelt, und da dieser Begriff dem des Urrechts gleich war, der Begriff des Urrechts selbst, ist vollkommen erschöpft, und es kann in ihn nichts weiter gehören" (I 3, 409).

8.4 Folgerungen und Erweiterungen

Aus dieser Analyse des Urrechts kann Fichte nun die Folgerungen ziehen, die er für seine Theorie des Zwangsrechts braucht. Zunächst ist klar, daß man dann, wenn die Person in der Sinnenwelt mit ihrem Leib identifiziert werden muß, mit dem Urrecht auf freie Wirksamkeit und d. h. dem Recht, nur Ursache zu sein, auch das Recht gefordert werden muß, daß „die Fortdauer der absoluten Freiheit und Unantastbarkeit des Leibes (d. i., daß auf ihn unmittelbar gar nicht eingewirkt würde)" (I 3, 409) gewährleistet sei. Ohne Leib gibt es eben keine Person in der Sinnenwelt, und wenn zur Person Ursache-Sein wesentlich gehört, dann muß dem Leib die Möglichkeit freier Wirksamkeit als Recht zugeschrieben werden, was nur gegeben ist, wenn er als von fremden Einwirkungen unabhängig gedacht werden kann. Sodann folgt für Fichte aus der Analyse des Urrechts „das Recht auf die Fortdauer unseres freien Einflusses in die gesamte Sinnenwelt" (ebd.). Dies ist für Fichte offenbar deshalb wichtig zu betonen, weil seiner Überzeugung gemäß zu einer freien Handlung die sinnliche Wahrnehmung des realisierten Zwecks dieser Handlung gehört. Da der realisierte Zweck zu einem späteren Zeitpunkt präsent ist als die ihn realisierende Handlung, muß auch die Fortdauer des Leibes garantiert sein.

Das zweifellos wichtigste Ergebnis der Fichteschen Analyse des Urrechts besteht darin, daß nun die Vorgaben festgelegt sind, unter denen er seine Theorie des Zwangsrechts entwickeln kann. Wenn man nämlich wie Fichte annimmt, daß der Begriff des Rechts eine reale Bedeutung nur in Kontexten hat, die durch eine Mehrzahl von freien Wesen bestimmt sind, dann ist es naheliegend zu erwarten, daß ein Verhältnis zwischen freien Wesen und d. h. zwischen Wesen, deren jedes über das Urrecht verfügt, nur Ursache zu sein, nur über die Figur der Selbstbeschränkung dieses Urrechts konstruiert werden kann. Selbstbeschränkung setzt aber wiederum Anerkennung anderer freier Wesen voraus. Es ist die Möglichkeit der Verletzung dieser Anerkennungsbedingung, die zu den verschiedenen Szenarien führt, in denen das Zwangsrecht eine Rolle spielen kann.

Obwohl Fichte seine Konzeption der Anerkennung in einen unmittelbaren Zusammenhang mit seiner Theorie des Urrechts stellt, gehört sie nicht eigentlich zu dieser Theorie. Sie ist vielmehr das Ergebnis einer Überlegung, die sich auf den von Fichte entwickelten Begriff des Urrechts stützt, um ihn dann unter gesellschaftlichen Bedingungen, d. h. unter der Annahme der Existenz mehrerer freier Wesen zu interpretieren. Da jedoch Fichte selbst seinen Begriff der Anerkennung im Kontext seiner Analyse des Urrechts vorstellt und da für das Thema ‚Anerkennung' der Begriff des Eigentums von zentraler Bedeutung ist, kann man Fichte wohl die Meinung unterstellen, daß es eine irgendwie ausgezeichnete Beziehung zwischen dem Urrecht der Person und dem Recht auf Eigentum gibt. Die hierher gehörigen Behauptungen Fichtes lassen sich kurz so zusammenfassen (vgl. I 3, 412 ff.): Bedingung und einziger Grund für die selbstauferlegte Beschränkung des Urrechts einer Person, in Hinblick auf alles und jedes nur Ursache zu sein oder sich alles und jedes zum Zweck setzen zu können, ist die zunächst nur hypothetische (in Fichtes Terminologie: problematische) Annahme der Existenz anderer freier Wesen. Daß es tatsächlich andere freie Wesen gibt, ist aber für eine Person erst dann gesichert, wenn es Wesen konfrontiert wird, die sich auf Gegenstände in der Welt in der Weise beziehen, daß sie diese Gegenstände (ihren Zwecken gemäß) modifizieren. Dieser Bezug auf Gegenstände zum Zwecke der zweckmäßigen Modifikation ist nun Fichte zufolge nur zu realisieren, wenn sich keine andere Person auf eben diese Gegenstände modifizierend bezieht. Der exklusive Bezug auf eine Sache heißt aber nach Fichte, diese Sache als sein Eigentum zu betrachten. Eigentum wird auf diese Weise für Fichte zu einer notwendigen Bedingung dafür, mich selbst und andere Wesen als freie Personen zu identifizieren und anzuerkennen. Daher gibt es für Fichte ohne Eigentum keine Anerkennung anderer Wesen als freier Personen. Diesen als solchen eher unzureichend explizierten Grundgedanken entwickelt Fichte zu einer elaborierten Theorie des Eigentumsrechts, die an späterer Stelle in diesem Band (Kap. 11) eingehend analysiert wird.

8.5 Kritische Schlußbemerkung

Wenn auch Fichtes Theorie des Urrechts einen sicher originellen und ambitiösen Beitrag zur Beantwortung der Frage darstellt, wie man denn die Möglichkeit freien Handelns unter Bedingungen einer kausal determinierten Wirklichkeit begründen kann, so ist dennoch nicht zu übersehen, daß er sein Konzept in höchst unüberzeugender Weise ausführt. Die leitende Idee, eine Naturrechtstheorie aus der Betrachtung der Implikate des Begriffs des endlichen vernünftigen Wesens zu gewinnen, verdient zweifelsohne Beachtung, vor allem wenn man sie mit konkurrierenden Ansätzen in der neuzeitlichen Naturrechtstradition vergleicht. Man wird jedoch – wenigstens was die Theorie des Urrechts betrifft – zugleich sagen müssen, daß ihm die argumentative Ausführung dieser Idee gründlich mißlungen ist. So leidet vor allem der handlungstheoretische Teil seiner Ausführungen daran, daß die Mechanismen der Umsetzung von frei gewählten Handlungszwecken in physische Zustände meines Leibes weitgehend dunkel bleiben. Auch der von Fichte in Anschlag gebrachte Naturbegriff ist seltsam unausgearbeitet. Und seine These vom Leib als dem Repräsentanten der Person bleibt problematisch schon deshalb, weil Fichte an keiner Stelle deutlich macht, welche Kriterien ein physikalisches Objekt erfüllen muß, um als Leib angesehen werden zu können. Sein Hinweis, daß alles, was so in der Sinnenwelt auftritt wie ich, als leibliche Personifikation eines vernünftigen Wesens aufzufassen sei, hilft hier auch nicht weiter, sondern gibt nur Anlaß zu allerlei naheliegenden Einwänden.

Es nimmt daher nicht wunder, wenn Fichtes Theorie des Urrechts ein eher vernachlässigtes Teilstück seiner philosophischen Bemühungen um das Naturrecht geblieben ist. Die interpretatorischen Bemühungen um seine Überlegungen zum Urrecht sind eher spärlich. Zwar werden sie bisweilen in der einschlägigen Literatur erwähnt, doch kann man nicht sagen, daß ihnen irgendjemand ein größeres systematisches Interesse für die naturrechtliche Begründung rechtlicher Normen und rechtlicher Verhältnisse beigemessen hat. Auch Fichte selbst hat in seinen späteren gesellschafts- und staatstheoretischen Schriften die Urrechtslehre nicht mehr weiter verfolgt.

Literatur

Siep, L. 1992: Naturrecht und Wissenschaftslehre, in: ders., Praktische Philosophie des deutschen Idealismus, Frankfurt/M., 19–40

Verweyen, H. 1979: Recht und Sittlichkeit in J. G. Fichtes Gesellschaftslehre, München; zum Urrecht: 101–123

Zaczyk, R. 1981: Das Strafrecht in der Rechtslehre J. G. Fichtes, Berlin: zum Urrecht: 40–46

Matthias Kaufmann
9 Zwangsrecht (§§ 13–16)

Das Problem des Zwanges gegen das Individuum stellt – zumindest in der Neuzeit – einen Angelpunkt jeder Rechtsphilosophie dar. Die Reflexionen über den Zwang bilden das Scharnier zwischen den eher abstrakten Erwägungen über den Begriff und die allgemeinsten Prinzipien des Rechts auf der einen, den bereits stärker anwendungs-orientierten Fragen des Staatsrechts und der politischen Theorie auf der anderen Seite. Obgleich ihrerseits zunächst hochabstrakt formuliert, können Reflexionen über das Zwangsrecht durchaus dramatische Auswirkungen auf die politische Wirklichkeit haben, wenn sie als Rechtfertigung despotischer Machtausübung benutzt werden. Deshalb rufen prima facie geringfügig anmutende begriffliche Verschiebungen bei den Untersuchungen über das Verhältnis von Recht und Zwang mitunter heftige Reaktionen hervor. Die einen sehen bei einer zu engen Verknüpfung beider Begriffe die Gefahr, jeglicher obrigkeitlicher Zwang, wie despotisch auch immer, könne flugs für Recht und somit als moralisch bindend erklärt werden. Die anderen sehen bei einer Lockerung der Bindung den rechtlosen, willkürlichen Zwang dominieren.

Zwischen den unterschiedlichen rechtsphilosophischen Entwürfen gibt es entsprechend bereits Dissens darüber, ob der Zwang nun zum Begriff des Rechts gehört oder erst bei dessen Anwendung in Erscheinung tritt. Allein durch den Kontext, in welchen die Untersuchung des Zwangsrechtes gestellt wird, ist also eine nicht unwichtige theoretische Entscheidung gefallen. So wird bekanntlich in der Rechtslehre von Kants *Metaphysik der Sitten* die Verbindung von Recht und wechselseitigem Zwang gleich in der Einleitung hergestellt (RL, § E: VI 232) und jedenfalls in gewissem Sinne als analytisch bezeichnet (§ D: VI 231). Das Besondere an Kants Ansatz ist allerdings nicht so sehr die begriffliche Verknüpfung von Recht und Zwang überhaupt – die findet sich bereits lange vor ihm – wie die strenge Wechselseitigkeit und Allgemeinheit des Zwanges, die despotische Willkür verhindern soll (RL, § E; vgl. Kaufmann 1997). Es soll hier gezeigt werden, daß Fichte in seiner *Grundlage des Naturrechts* mit einer etwas anderen Konstruktion Ähnliches versucht und – bis auf kleinere Schwachstellen – auch erreicht (zur Rechts- und Sozialphilosophie Fichtes vgl. Maesschalck 1996, sowie Verweyen 1975, besonders 92). Auch hier entsteht eine enge Verbindung von Zwang und Recht aufgrund einiger Merkmale des Rechtsbegriffs und einiger elementarer Erwägungen über die Notwendigkeit des Zwanges.

Fichte positioniert das Zwangsrecht in zweifacher Hinsicht in eine Mittelstellung: Einmal stellt das dritte Hauptstück der Naturrechtslehre, „Systematische Anwendung des Rechtsbegriffs oder Die Rechtslehre" die Verbindung zwischen den zuvor durchgeführten begrifflichen Deduktionen und dem später entstandenen zweiten Teil der Schrift mit dem „Angewandten Naturrecht" her. Innerhalb dieses dritten Hauptstückes bildet das zweite Kapitel der Rechtslehre, „Über das Zwangsrecht" wiederum das Mittelstück zwischen der Deduktion des Urrechts und dem „Recht in einem gemeinen Wesen". Um die Architektur der Schrift noch einen Schritt weiter ins Detail zu verfolgen: Der mittlere der drei dem Zwangsrecht gewidmeten Paragraphen handelt von dem Verhältnis des berechtigten Zwanges zur Willensfreiheit, dem zentralen metaphysischen Problem der Rechtsphilosophie. Diesem vorausgeschickt wird ein Paragraph, in welchem die Erforderlichkeit des Zwanges (nochmals) dargelegt wird; es folgt die zum Gemeinwillen hinführende Erwägung, wie der rechtliche Zwang durchzuführen sei.

Es ist nun nicht so, daß das Zwangsrecht bis zu diesem Kapitel in der „Grundlage des Naturrechts" noch nicht thematisiert worden wäre. So wird bereits am Ende der Deduktion der Anwendbarkeit des Rechtsbegriffs festgehalten, es gebe keinen absoluten Grund, sich „die Rechtsformel: beschränke deine Freiheit so, daß der andere neben dir auch frei seyn könne" zum Gesetz zu machen, nur könne eine Gemeinschaft freier Wesen nicht bestehen, ohne daß jeder diesem Gesetz unterworfen sei (I 3, 387). Fichte macht demnach die Aufforderung, sich aus dem Naturzustand heraus in den Staat zu begeben, zum hypothetischen Imperativ (vgl. Kersting 1993, 170). Dies bedeutet allerdings nicht, daß das Individuum eine im vollen Sinne freie Wahl hat, ob es sich an das Recht zu halten beliebt oder nicht: Gegenüber dem, der dem Rechtsgesetz zuwider handelt, ist man seinerseits vom Gesetz losgebunden, man hat ein Zwangsrecht gegen ihn, was bedeutet: „diese Person kann *durch das bloße Rechtsgesetz* ... meinen Zwang nicht verhindern" (I 3, 387; Hervorh. im Original).

Dies wird in dem die Rechtslehre einleitenden § 8 bis hin zu einer Deduktion des Zwangsrechts ausgedehnt, die wesentlich darauf beruht, daß eine Person, die sich dem Gesetz unterwirft, jedoch mit einer Person zu tun bekommt, die dieses Gesetz nicht achtet, in diesem bestimmten Fall nicht mehr unter dem Gesetz steht. Dadurch, daß sie sich ansonsten noch unter dem Gesetz befindet, wird das Zwangsrecht, das sie gegenüber dem Übeltäter anwendet, ein Richten: „Kein Zwangsrecht ohne ein Recht des Gerichts" (I 3, 391). Hier hat es den Anschein, als richtete sich Fichte weitgehend an Lockes Konzept des Naturzustandes aus, in dem jeder das Recht hat, den zu strafen, der das Recht verläßt und sich damit in einen Kriegszustand begibt (vgl. Locke, *Second Treatise*, ch. II–III). Es wird sich zeigen, daß dies nur teilweise so ist.

Ferner enthält die dem Zwangsrecht unmittelbar vorausgehende Untersuchung über das Urrecht eine zum Zwangsrecht hinführende Analyse, nach der das Zwangsrecht auf eine Verletzung des Urrechtes einer Person auf die Unantastbarkeit ihres Leibes hin eintritt, durch eine Verletzung des „Gleichgewichts des Rechts" (I 3, 410). Ohne die Geltung des Rechtsgesetzes für alle tritt eine Art Naturzustand der absoluten Unsicherheit ein, in der bei Unsicherheit des Eigentums auch keine Rechtsstreitigkeiten friedlich gelöst werden können. Da es für alle lebensnotwendig ist, diesem Naturzustand zu entkommen, besteht nicht nur gegenüber dem, der eines anderen Leib beschädigt, sondern auch gegenüber dem, der nicht bereit ist, sich dem Gesetz zu unterwerfen, auch wenn er etwa nur nicht bereit ist, sich an der Verteilung des Eigentums zu beteiligen, ein Zwangsrecht (I 3, 414 f.), sogar in bezug auf das, was einmal Eigentum werden kann: „Jeder hat sonach das Recht, den anderen, zur Zustimmung zu irgendeiner, für beide geltenden, Regel, über die künftige Zueignung zu zwingen" (I 3, 420). Auch hier bleibt Fichte weitgehend im traditionellen Kontext des Naturrechts.

Worum geht es dann aber im Kapitel über das Zwangsrecht? Nun, wie erwähnt, erstens darum, weshalb der Zwang unvermeidbar ist, zweitens darum, wie das Zwangsgesetz mit dem Willen verbunden ist, drittens darum, wie der Zwang in rechtlicher Weise durchgeführt werden könnte.

9.1 Warum Zwang?

Bei der Erklärung, warum Zwang erforderlich ist, greift Fichte im § 13 die spätestens seit Hobbes geführte Diskussion um eine anthropologische Begründung für die Notwendigkeit des Zwanges auf. Dabei bemüht er sich, die anthropologisch-empirischen Voraussetzungen so schwach wie möglich zu halten. Er thematisiert im engeren Sinne, warum für das Recht der Zwang nötig ist, warum nach dem bisher Gesagten nicht eine alternative Lösung aus dem Naturzustand möglich ist.

Er beginnt mit der Feststellung, daß es nicht genügen kann, in Form eines Versprechens in einen Rechtszustand einzutreten, damit er auf Dauer wirksam werde: „Weit gefehlt, daß die gegenseitige Sicherheit darauf beruhe, daß sie nur einen rechtlichen Zustand untereinander verabreden, beruht sie vielmehr darauf, daß sie, in allen künftigen freien Handlungen, sich nach dieser Verabredung richten" (I 3, 423). Fichte weist hier auf eine grundsätzliche Schwäche bestimmter Interpretationen des Vertragsmodells hin, jener Interpretationen nämlich, die den Vertrag als einzigen Grund für die Gehorsamspflicht des Individuums deuten. Die Institution des Vertrages, weniger juridisch ausgedrückt, des Versprechens, muß bereits existieren und akzeptiert sein, damit das dem Rechtszustand zugrundeliegende Versprechen sinnvoll ist. Warum man jedoch das Versprechen, in einen Rechtszustand einzutreten, halten solle, ist ohne bereits vorhandenen Rechtszustand genauso ungewiß, wie die Frage, warum man das Versprechen geben solle. Was daher die „Rechtsfähigkeit des andern, seine Unterwerfung unter das Gesez, beweisen soll, beweist nur, inwiefern das zu erweisende schon vorausgesetzt wird" (I 3, 424).

Warum jedoch soll nicht ein Gemeinwesen möglich sein, welches auf der von Einsicht getragenen Gewohnheit basiert, Versprechen zu halten, ohne daß dazu Zwang nötig wäre? In diesem Falle wäre, wie Fichte sagt, das Rechtsverhältnis „durch gegenseitige Treue und Glauben bedingt", die sich nicht erzwingen lassen (ebd.). Das Problem eines solchen Ansatzes liegt in der verbleibenden Unsicherheit. Da man Vertrauen und damit den Glauben an die Redlichkeit nicht erzwingen kann, bleibt stets die Ungewißheit darüber, ob der Partner sein Versprechen halten wird. Eine derartige Grundlage für einen rechtlichen Zustand wäre jedoch ungenügend. Schließlich soll die „Sicherheit beider ... nicht von einem Zufalle, sondern von einer, der mechanischen gleichenden Nothwendigkeit abhängen" (ebd.).

Nun gibt es verschiedene Gründe, aus denen man ein Versprechen geben kann, ohne je die Absicht zu haben, sich daran zu halten (ebd.). Man kann die unmittelbare Bedrohung fürchten oder auch auf eine künftige Übervorteilung des Vertragspartners spekulieren oder anderes mehr. Man kann es auch „in der Stunde der Verabredung redlich meinen" , jedoch nach einer längeren Phase der Ruhe und Sicherheit übermütig und risikobereiter werden (ebd.).

Es läßt sich an dieser Passage recht gut erkennen, inwieweit das transzendentale Vernunftrecht, welches den Namen Naturrecht angeblich gar nicht mehr verdient, sich tatsächlich von der anthropologischen Zugangsweise eines Thomas Hobbes und der an ihn anschließenden Debatte gelöst hat – und inwieweit nicht. In der Tat wird nicht thematisiert, ob sich alle Menschen immer in bestimmter Weise verhalten, ob es einen historischen Naturzustand gegeben habe oder wie sich die Menschen über die verschiedenen Zeitalter unterschiedlich herausgebildet haben. Derartige, auf empirische Beobachtungen rekurrierende Reflexionen und Spekulationen spielen hier keine Rolle. Wohl aber greift Fichte auf einige elementare Kenntnisse darüber zurück, wie sich Menschen in bestimmten Situationen normalerweise verhalten, oder jedenfalls verhalten *können*, worauf eine politische Organisation eingestellt sein muß, damit die Sicherheit ihrer Mitglieder einer „der mechanischen gleichenden Notwendigkeit" entspringt. Ähnlich ist die Lage bei Kant, dessen berühmter Satz, das Problem der Staatsgründung müsse auch für ein Volk von Teufeln lösbar sein, jener Schrift *Zum ewigen Frieden* (VIII 366) entstammt, die Fichte während der Abfassung der „Grundlage des Naturrechts" erreichte. In der Metaphysik der Sitten wird das Recht mit der Befugnis zu zwingen verknüpft, *wenn* von anderer Seite von der Freiheit ein Gebrauch gemacht wird, der „ein Hinderniß der Freiheit nach allgemeinen Gesetzen (d. i. unrecht) ist" (RL, Einleitung, § D: VI 231). Daß eine solche Konstruktion des wechselseitigen, gleichen Zwanges unter allgemeinen Gesetzen notwendig und möglich ist, lehrt die Anschauung (ebd. § E: VI 232 f.; vgl. Kaufmann 1997).

Die Errichtung einer Zwangsinstitution wird also erforderlich, nicht, weil man genaue Prognosen über das Verhalten der Menschen zu bestimmten Gelegenheiten machen kann, sondern weil man weiß, wie sie sich verhalten *können*, und weil man weiß, daß sie unter Unsicherheit auch guten Grund zum Mißtrauen gegen die anderen haben, was dazu führt, daß der Mensch „keinen Augenblick mehr ruhig, sondern stets auf seiner Hut, stets zum Kriege gerüstet" ist (I 3, 424). Interessant ist nebenbei auch, daß der Krieg für Fichte, „nie ein rechtlicher Zustand" ist (I 3, 425), während es im Völkerrecht seiner Zeit nach wie vor umfangreiche Untersuchungen über das *ius in bello* gibt (vgl. Grewe 1988, 485–498, Ziegler 1994, 176–209). Offensichtlich geht auch hier primär um den von Hobbes beschworenen Krieg aller gegen alle, der tatsächlich kein Recht kennt. Es ist bei Fichte nur schwieriger, dies einzusehen, weil er in diesen Passagen über das Zwangsrecht, bis fast zum Ende des § 15 durchgängig nur zwei Beteiligte an der Institutionalisierung des Rechts thematisiert.

9.2 Der Zwang und der Wille

Selbst in der Feinstruktur jenes § 14, überschrieben „Das Princip aller Zwangsgesetze", findet sich noch eine Aufteilung in die Frage nach dem Grund für das Zwangsgesetz, die nach seiner Kompatibilität mit der Willensfreiheit und die nach der Weise seiner Einrichtung. Fichte geht die Fragen nach Begründung und Einrichtung der Zwangsinstitution in zwei Durchgängen an, die an den zwei wichtigsten Varianten strafbarer, zurechnungsfähiger Handlungen ausgerichtet sind, denen aus böser Absicht und denen aus Fahrlässigkeit, aus mangelnder guter Absicht sozusagen. „Im ersten Falle schweifte der Wille über seine Grenzen hinaus; ... Im letzten Falle gieng er nicht weit genug, ..." (I 3, 429). Getrennt sind diese „Durchgänge" durch eine kurze Reflexion zur Vereinbarkeit gesetzlichen Zwanges mit der Willensfreiheit.

Sowenig man das wechselseitige Vertrauen erzwingen kann, sowenig kann man den guten Willen eines Menschen erzwingen. Genau betrachtet geht es mir im Recht auch gar nicht um den guten Willen des anderen Menschen an sich genommen, sondern darum, daß er sich so benimmt, als ob er guten Willens wäre. Auf dieses Verhalten habe ich einen Rechtsanspruch, nicht auf den tatsächlichen guten Willen. Umgekehrt gilt natürlich dasselbe. „Jeder hat nur auf die Legalität des anderen, keineswegs auf seine Moralität Anspruch" (I 3, 425). Fichte ist auch hier in guter kantischer Tradition. Bislang wird nicht mehr festgehalten, als daß der Unterschied zwischen Moralität und Legalität eben darin liegt, daß für das Recht auch „pathologische Bestimmungsgründe der Willkür" ausreichen, wie Kant es später in seiner *Metaphysik der Sitten* formuliert (Einleitung: VI 219), und daß Moralität nicht justiziabel ist.

Der folgende Gedankengang gewinnt indessen eine interessante Eigendynamik, die aus der Verbindung zur Wissenschaftslehre und zur Lehre vom freien Ich herrührt, das sich mit absoluter Freiheit Zwecke setzt. Will man die Menschen zu dem Verhalten bewegen, das einem guten Willen entspräche, so kann dies nicht über eine „mechanische Naturgewalt" erreicht werden, da der Mensch einen freien Willen besitzt, und aus ebendiesem Grunde darf es auch nicht auf diese Weise versucht werden, weil man den Menschen damit zu einer „bloßen Maschine" machte. „Die zu treffende Veranstaltung müßte sonach an den Willen selbst sich richten" (I 3, 426). Das müßte dann nach Fichtes Vorstellung in der Weise geschehen, daß jedesmal, wenn der Wille etwas Gesetzwidriges will, sich notwendigerweise das Gegenteil ereignet, so daß „jeder rechtswidrige Wille sich selbst vernichten" würde (ebd.). Weil in dem Augenblick, wo der Wille etwas begehrt, das Gegenteil das am meisten Verabscheute ist, würde der Wille dann, wenn auf das Wollen von A jedesmal gesetzmäßig das Gegenteil folgte, „durch sich selbst in seinen Grenzen gehalten" (I 3, 427). Es leuchtet nun nicht unmittelbar ein, wie daraus, daß jedesmal aus dem Willen zum Diebstahl ein Nicht-Diebstahl hervorgeht, die Grundlage für „alle Zwangsgesetze, oder Strafgesetze (die ganze peinliche Gesetzgebung)", entstehen soll (I 3, 426).

Was gemeint ist, wird deutlicher, wenn man die Passage in den üblichen Kontext der Strafrechtstheorien stellt. Fichte vertritt eine Verbindung von Präventions- und Retributionstheorie (zur Unterscheidung dieser Straftheorien vgl. H.-H. Jescheck 1988, 62–71, J.-C. Wolf 1992, zur Straftheorie Fichtes Hösle 1989, Zaczyk 1981). Zum einen nimmt er, wie er es an einem späteren Ort sagt (I 4, 60), ein Recht des Täters auf Strafe an, da eine andere Straftatverhinderung, etwa auf dem Wege der psychischen Konditionierung, den Menschen zur „Maschine" machte (I 3, 426), zum „Naturprodukte, welches man zur Ruhe, und Unthätigkeit bringen müßte" (I 3, 428). Gerade durch die Strafe wird also der Mensch als Wesen mit freiem Willen akzeptiert, gerade durch die Strafe wird damit auch die Menschenwürde geachtet. Dies indessen ist ein Gedanke, der eher typisch ist für Retributionstheorien. Zur reinen Prävention, zur Verhinderung künftiger Straftaten, könnten andere Mittel erfolgreicher sein.

Zum anderen setzt Fichte jedoch auf die Tatverhütung durch Abschreckung, wodurch der Wille genötigt wird, „nur das rechtmäßige zu wollen" (I 3, 427), hat also als Rechtfertigung der Strafpraxis die außerhalb ihrer liegende Wirkung der Strafe im Auge, was man eher Präventionstheorien oder utilitaristischen Straftheorien zuschreibt. Als drittes Element deutet die Rede vom Gegenteil des gewollten unrechtmäßigen Zweckes A auf eine Vergeltung von Gleichem mit Gleichem hin, da als Gegenteil davon, daß jemand einem anderen A zufügt, vermutlich angenommen wird, daß ihm selbst A geschieht. Dies ist wiederum ein Gedanke, der eher der retributiven Straftradition zuzurechnen ist, während ein Utilitarist bei der Strafe, wie Hobbes sagt, „eher das zukünftige Gute als das vergangene Übel" im Auge hat (*Leviathan*, Kap. 28). In Retributionstheorien ist die Talion allerdings gewöhnlich mit der Auffassung verknüpft, daß geringere Schuld auch geringere Strafe nach sich zieht, Fahrlässigkeit weniger hart zu bestrafen ist als übler Vorsatz.

Nicht so auf den ersten Blick bei Fichte. Das Strafprinzip der Vergeltung von Gleichem mit Gleichem gilt bei ihm auch für den Fall der Fahrlässigkeit: „Jeder Verlust, der durch meine Unbesonnenheit dem andern erwachsen ist, muß mir selbst zugefügt werden" (I 3, 429). Diese Maxime erinnert nun eher an den Hammurabi-Codex, demzufolge dann, wenn beim Einsturz eines Hauses der Sohn des Bauherrn umgekommen ist, auch der Sohn des Baumeisters getötet werden soll, als an einen rechtsstaatlichen Strafvollzug. Bei der Erörterung des Strafrechtes selbst spricht Fichte durchaus von proportionaler Strafzumessung, je nach Art der Schuld. Bei einer Schädigung aus Fahrlässigkeit fordert er lediglich Schadensersatz, während bei böswilliger Schädigung zusätzlich eine Bestrafung in selber Höhe fällig ist (I 4, 62). Hier, im Kontext des Zwangsrechts, klingt es zunächst anders. Fichte begründet seinen Strafgrundsatz mit den Folgen, die für den Geschädigten bei Unbedachtsamkeit dieselben seien wie bei bösem Willen (I 3, 428). Dies befindet sich in sehr eigenartiger Spannung zur transzendentalen Begründung der Zwangsgesetze aus Prinzipien der Wissenschaftslehre.

Bei der Konstruktion eines Mittels gegen die Unachtsamkeit greift er dagegen in ähnlicher Weise wie bei der üblen Absicht darauf zurück, nur daß diesmal der Wille nicht „rechtswidrig" ist (I 3, 426), sondern „unrechtlich" (I 3, 428), weil er den „durch das Gesez aufgegebene[n] lezte[n] Endzweck, ... die gegenseitige Sicherheit" (I 3, 427) nicht einbezieht. Nur vordergründig sieht es hier nämlich so aus, als habe die Person, die etwas unterläßt, keinen Willen. „Die Personen, die wir uns hier denken, haben Willen", schließlich werden sie als solche vorausgesetzt, die durch ihren Willen Objekte als ihr Eigentum erklärt haben (I 3, 429). Nur haben sie nicht den Willen, den sie haben sollten, durch den sie Sorge tragen, daß die anderen nicht verletzt werden. Deshalb muß man per Zwangsgesetz die Sorge für die Nichtbeschädigung der anderen zur Bedingung für das Erreichen der eigenen Zwecke machen (ebd.). In den Prinzipien seiner Zwangstheorie ist Fichte hier sehr modern, insofern er die heute überwiegend akzeptierte Vereinigungstheorie, die Verbindung von Präventions- und Retributionstheorie propagiert. Die Rechtfertigung der Strafe überhaupt geschieht durch die Prävention, bei der Bestimmung wer gestraft werden soll, spielt neben dem Schaden auch die Tatsache eine Rolle, inwieweit ein schlechter oder unzulänglicher Wille eine Rolle spielte, ebenso bei der Bemessung der Strafe.

In der Mitte dieses § 14 faßt Fichte seine Begründung des Zwangsrechts, das Argument dafür, daß es ein Recht gibt, ein Zwangsgesetz zu etablieren, in Form eines praktischen Syllogismus zusammen (I 3, 427):

Prämisse I: „Gegenseitige rechtliche Freiheit und Sicherheit sollen herrschen, zufolge des Rechtsgesetzes."

Prämisse II: Da sich Treue und Glauben, „vermittelst deren Freiheit und Sicherheit auch herrschen könnten", nicht durch Gesetze hervorbringen lassen, muß die Sicherheit durch das realisiert werden, wodurch sie „nach einer Regel realisiert werden kann", also das Zwangsgesetz.

Konklusion: „Mithin liegt die Aufgabe, eine solche Anstalt zu errichten, im Rechtsgesetze."

Gleich anschließend geht Fichte die Frage, inwieweit ein solches Zwangsgesetz als Beeinträchtigung der Freiheit anzusehen sei, mit einer lapidaren Bemerkung an: „Die Freiheit des guten Willens bleibt durch dieses Zwangsgesetz unangetastet und in ihrer ganzen Würde" (ebd.). Dies ist zunächst keine adäquate Antwort auf die Frage. Schließlich soll es darum gehen, ob und warum man jemanden zu etwas zwingen darf, was sie oder er nicht wünscht. Darauf zu antworten, man müsse eben nur das Richtige mögen, denn erst durch das verwerfliche „Gelust" oder „Gelüst" gebe man „gleichsam dem Gesetze etwas hin, wobei es uns fassen und halten könne" (ebd.), übersieht zunächst einmal den dezisionistischen, ja geradezu aleatorischen Charakter mancher rechtlicher Regelungen – Rechts- oder Linksverkehr und dgl. In vielerlei Weise wird unser Leben durch das Recht mitbestimmt, nur weil es irgendeine Regelung geben muß. Der Wunsch, auf der linken Seite der Straße zu fahren, ist für sich noch kein verwerfliches „Gelüst". Gleichwohl hätte seine Befriedigung in manchen Ländern fatale Folgen, selbst wenn man während seiner Erfüllung nicht fahrlässig vorgeht. Einige Rechtsregeln werden als überflüssig, andere gar als unvernünftig angesehen. Der gute Wille müßte demnach mit dem Willen zur Rechtsbefolgung gleichgesetzt werden, was bekanntlich nicht in allen Fällen moralisch akzeptabel ist.

Die Plausibilität des von Fichte vertretenen Gedankens ist verknüpft mit der alten, christlich geprägten Intuition, daß die höchste Form der Freiheit nicht in der Wahlfreiheit liege, sondern in der freiwilligen Verfolgung des Gerechten, wenn die Seele nicht mehr von der *affectio commodi*, dem Streben nach dem Angenehmen, sondern von der *affectio iustitiae*, der Suche nach Gerechtigkeit, geführt wird. Diese Differenzierung geht begrifflich wohl auf Anselm von Canterbury zurück (De Concordia III, vgl. Shannon 1995, 23), wird von Duns Scotus für die Charakterisierung des freien menschlichen Willens, der nicht durch den Naturablauf bestimmt wird, gebraucht (Ordinatio II, dist. 6, qu. 2; vgl. Wolter

1986, 470 f.) und findet sich in Kants Argument für die Existenz von Zwecken, „die zugleich Pflicht sind" wieder, die zu wollen ein „Act der Freiheit" ist (MdS, Einl. zur Tugendlehre III: VI 385). Fichte befindet sich also in guter Gesellschaft, wenn er behauptet: „Dem Gerechten ist kein äußeres Gesetz gegeben; er ist von demselben ganz befreit, und durch seinen eigenen guten Willen davon befreit" (I 3, 427).

9.3 Wer hat die Macht zu strafen?

Die Weise, wie und wem die Befugnis erteilt wird, diejenigen zu strafen, die einen rechtswidrigen oder auch nur einen unrechtlichen Willen haben und sich auch so verhalten, besitzt nochmals besondere Brisanz. Allzu bekannt ist die Tatsache, daß die Macht zu strafen leicht genug zur persönlichen Vorteilssuche mißbraucht wird. Der Theoretiker hat in diesem Zusammenhang darauf zu achten, daß er mit seinen Formulierungen solchen in jeder menschlichen Assoziation vorhandenen Bestrebungen nicht noch Vorschub leistet, indem er den Machtmißbrauch als rechtmäßige Strafaktion zu bemänteln hilft. Die bereits zu Beginn dieser Arbeit angeführten Schwierigkeiten jeder Rechtfertigung von Zwang zeigen sich hier in aller Deutlichkeit. Wenn etwa einerseits in der an Rousseau anschließenden Tradition der Strafrechtfertigung betont wird, es sei gerade der freie Wille des Bestraften, der hier vollzogen werde, er werde durch die an ihm vollstreckte Strafe erst frei (vgl. *Contrat social* I 7; IV 2), so verstellt dies den Blick auf die Tatsache, daß stets Menschen über *andere* Menschen zu Gericht sitzen und ihnen die Strafe zufügen. Angeklagte, die sich selbst bezichtigen und strenge Bestrafung für sich fordern finden sich fast ausschließlich in menschenunwürdigen Schauprozessen totalitärer Systeme.[1] Wenn auf der anderen Seite der Bestrafte in keinerlei Verhältnis zu dem Recht steht, das an ihm vollstreckt wird, wenn man es in keiner Weise mit seinen Interessen in Verbindung bringen oder mit seiner möglichen Zustimmung rechnen kann, so läßt sich auch schwer begreifen, warum dies gerecht sein sollte, wenn man den Richter nicht zum Vollstrecker des göttlichen Willens oder anderer abstrakter Geltungsansprüche machen will. Auch Kants Ausweg, es sei der homo noumenon, welcher die Gesetze beschließe, die am homo phaenomenon vollstreckt werden (RL, § 49, Anm. E: VI 335), vermag wenig zu überzeugen, da nicht recht klar ist, wie man den homo noumenon nöti-

---

1 Damit, daß man ein auch von ihm benutztes Vokabular mißbraucht hat, ist wohlgemerkt noch nicht gesagt, daß Rousseau zum theoretischen Vater derartiger Prozeduren erklärt werden kann.

genfalls zu Gesetzesänderungen bringt, deren Erforderlichkeit schwer einsichtig zu machen ist, wenn die reine Vernunft selbst die Gesetze beschlossen hat.

Fichte ist sich dieser Schwierigkeit sehr bewußt und nennt sie deutlich beim Namen. Die „zwingende, den Angreifer unwiderstehlich strafende Macht ... ist gesetzt als Mittel zur Erreichung der gegenseitigen Sicherheit, wenn Treue und Glauben nicht stattfindet; und in gar keiner anderen Rücksicht. Nur der könnte sie demnach wollen, der jenen Zweck will, aber dieser muß sie auch notwendig wollen" (I 3, 430). Die Frage, wie die Macht zu strafen mit den möglicherweise Bestraften in Verbindung steht, ist damit geklärt: Sie wollen sie um ihrer Sicherheit willen, zu anderen Zwecken darf sie nicht gebraucht werden. Zum Zwecke dieser Sicherheit müssen sie einen Zwangsvertrag schließen (ebd.). Die Strafe gehört bei Fichte – im Unterschied zu Kant – also durchaus zum Gegenstandsbereich des Gesellschaftsvertrags, er spricht sogar von einem „Abbüßungsvertrag" (I 4, 60).

Bleibt das Problem, wie die Ausführung des Zwangs organisiert werden soll. Geht man von zwei Personen aus, von denen die eine die andere angreift, so müßten sie, da sie sich darauf geeinigt hatten, zum Zwecke der beiderseitigen Sicherheit den Angreifer zu bestrafen, sich gemeinsam gegen den von ihnen wenden, der den anderen angreift. Der müßte sich dann entweder gegen sich selbst wenden, was absurd ist, da er sonst den Angriff unterlassen hätte, oder er dürfte sich gegen den Zwang nicht wehren, was bei jemandem, der sich bereichern möchte oder jedenfalls trotz seiner Unachtsamkeit das Seine zu behalten gedenkt, gleichfalls nicht angenommen werden kann (I 3, 430).

„Also in dieselbe Person, der man nicht zutrauen konnte, daß sie sich durch ihr gegebenes Wort, vom Eingriffe in fremdes Eigenthum, werde abhalten lassen, und die sich dadurch denn auch wirklich nicht hat abhalten lassen, würde das Vertrauen gesezt, daß sie , um ihr im Zwangsvertrage gegebnes Wort nicht zu brechen, sich der Strafe an ihrem Eigenthume willig unterwerfen werde" (ebd.).

Eine solche Konstruktion wäre um so merkwürdiger, weil ja nunmehr von Seiten des zu Bestrafenden wiederum kein Grund mehr besteht, die rechte Verhältnismäßigkeit einzuhalten und das Strafmaß nicht hemmungslos zu überziehen. „Also ein solcher Vertrag, ist aufgestelltermaaßen widersprechend, und kann schlechterdings nicht realisirt werden" (ebd.). Er wäre einzig und allein dann zu realisieren, wenn „der Verlezte stets der Übermächtige wäre", aber stets nur soviel Macht besäße, wie sie ihm durch das „deducirte Zwangsgesetz" zugesprochen wird, „daß jeder bestimmt soviel Gewalt hätte, als Recht". Das aber gibt es einzig und allein in einem gemeinen Wesen, so daß eine Anwendung des Zwangsrechts auch nur in einem solchen möglich ist (I 3, 431). Folgerichtig ist es die „Aufgabe des Staatsrechts, ... einen Willen zu finden, von dem es schlechthin unmöglich sey, daß er ein anderer sey als der gemeinsame Wille" (I 3, 433).

Dieser, den jeder „als den seinigen anerkenne, solange er auf diesem Orte im Raume leben wird" äußert sich in den Gesetzen, denen alle unterworfen sind. Hier wendet sich Fichte am Ende doch gegen die bei John Locke angenommene natürliche Berechtigung eines *jeden*, den Rechtsbrecher zu strafen. Die Tatsache, daß jemand sich gegen das Recht und außerhalb des Rechts stellt, gibt die ursprüngliche Rechtfertigung der Strafe ab, sein Wille wird dann auch ein Privatwille, der nicht mehr mit dem Gemeinwillen übereinstimmt (I 3, 435). Daß diese Bestrafung möglich, und zwar in rechtlicher und angemessener Form möglich ist, dafür bedarf es eines politischen Gemeinwesens.

Ferner, so hebt Fichte noch einmal hervor, „ist der Zwang stets nur problematisch rechtmäßig" (I 3, 431), nur als Mittel also, niemals als Selbstzweck. In einer Anmerkung im später, nach der Veröffentlichung der *Metaphysik der Sitten* entstandenen zweiten Teil wendet er sich gegen Kants Auffassung, nach der sich die richterliche Strafe „auf einen unerforschlichen kategorischen Imperativ gründen soll" (I 4, 76), und vehement gegen dessen unbeherrschte Attacke auf den „edle[n] Beccaria" (I 4, 77), wobei er mit einiger Genugtuung die gegen Beccaria gerichteten Invektiven Kants wiedergibt („Empfindelei", „affektierte Humanität", „Sophisterei", „Rechtsverdrehung").[2]

In einer eingeklammerten Bemerkung macht Fichte dann nochmals deutlich, daß es sich bei seiner Deduktion des Zwangsrechtes nicht um eine analytische, sondern einer synthetische Konstruktion handelt. Im eigentlichen Sinne gibt es kein Naturrecht, da rechtliche Verhältnisse zwischen Menschen nur unter positiven Gesetzen in einem gemeinen Wesen möglich seien. Entweder seien nämlich die Menschen so untadelig moralisch, daß durch diesen „größten Zufall aller Zufälle" kein Recht erforderlich wäre, oder sie sind, wie wir sie kennen, dann ist Recht erforderlich, das es jedoch nur in einem gemeinen Wesen gibt. Was wir aber an Naturrecht verlieren, gewinnen wir insofern wieder, als der Staat selbst der „Naturstand des Menschen" wird (I 4, 147).

Wir sind also auch bei Fichte dabei angelangt, daß es Recht einerseits nur dort gibt, wo auch Zwang ist. Der despotischen Verwendung der Macht wird andererseits dadurch gewehrt, daß man den Zwangscharakter der Strafe betont, den niemand gerne über sich ergehen läßt, die Notwendigkeit ihrer Begrenzung auf das rechte Maß – nur um der gemeinsamen Sicherheit willen – und die strikte Rechtmäßigkeit in einem gemeinen Wesen.

---

2 RL, Anm. E: VI 334 f. Zumindest an manchen Stellen – u. a. Anm. E: VI 331 – scheint sich das Kategorische des Imperativs jedoch nicht auf die Frage zu richten, *warum* überhaupt gestraft wird, sondern darauf, *wer* gestraft werden soll, nämlich jeder, der verbrochen hat, aber auch *nur* der, nicht aus Gründen der Staatsräson auch noch andere, vgl. dazu Kaufmann 1996, 309 ff.

Literatur

Ioannes Duns Scotus, Ordinatio, ed. Vaticana, Rom 1950 ff.
Grewe, W. 1988: Epochen der Völkerrechtsgeschichte, Neudr. Baden-Baden
Hösle, V. 1989: Was darf und was soll der Staat bestrafen? Überlegungen im Anschluß an Fichtes und Hegels Straftheorien, in: ders. (Hrsg.): Die Rechtsphilosophie des Deutschen Idealismus, Hamburg, 1–55
Jescheck, H.-H. ^{4}1988: Lehrbuch des Strafrechts, Allgemeiner Teil, Berlin
Kaufmann, M. 1996: Rechtsphilosophie, Freiburg/München
Kaufmann, M. 1997: The Relation between Right and Coercion: Analytic or Synthetic? in: Jahrbuch für Recht und Ethik 5
Kersting, W. ^{2}1993: Wohlgeordnete Freiheit, Frankfurt/M.
Maesschalck, M. 1996 : Droit et création sociale chez Fichte, Louvain/Paris
Oesterreich, H. 1935: Freiheitsidee und Rechtsbegriff in der Philosophie von Johann Gottlieb Fichte, Jena
Rockmore, Tom 2006: Rights, Bodies, and Recognition. New Essays on Fichte's Foundation of Natural Right, Ashgate: Aldershot
Shannon, Th. A. 1995: The Ethical Theory of John Duns Scotus, Quincy
Thiele, Ulrich 2002: Distributive Gerechtigkeit und demokratischer Staat. Fichtes Rechtslehre von 1796 zwischen vorkantischem und kantischem Naturrecht, Berlin: Duncker und Humblot
Verweyen, H. 1975: Recht und Sittlichkeit in J. G. Fichtes Gesellschaftslehre, Freiburg/München
Wolf, J.-C. 1992: Verhütung oder Vergeltung, Freiburg/München
Wolter, A. 1986: Duns Scotus on the Will and Morality, Washington, D. C.
Zaczyk, R. 1981: Das Strafrecht in der Rechtslehre J. G.Fichtes, Berlin
Ziegler, K.-H. 1994: Völkerrechtsgeschichte, München

Ingeborg Maus
10 Die Verfassung und ihre Garantie: das Ephorat (§§ 16, 17 und 21)

Erstaunlicherweise gilt Fichte weithin als demokratischer Theoretiker, sogar als Vertreter eines Volkssouveränitätsprinzips Rousseauscher Provenienz (z. B. Fetscher 1986, 189, 192; Seidel 1997, 92). Eine Analyse von Fichtes Vertragstheorie, seiner Verfassungsprinzipien und Konzeption des Widerstandsrechts muß dagegen zum umgekehrten Resultat kommen. Es soll im folgenden zunächst Fichtes Vertragslehre im Vergleich mit dem Kontraktualismus der Aufklärung untersucht werden (10.1), weil hier bereits die Differenz zu jeder Begründung einer demokratischen Verfassung aufs deutlichste angelegt ist. Fichtes eigentliche Verfassungskonstruktion, die nach Prinzipien des reinen Naturrechts in Paragraph 16 und nach empirischen Aspekten in Paragraph 21 behandelt ist, wird als notwendige Konsequenz der Vertragstheorie anschließend erörtert (10.2), so daß die einschlägigen Paragraphen des „Naturrechts" in abweichender Reihenfolge zu präsentieren sind und mit Fichtes Lehre vom „Staatsbürgervertrag" in Paragraph 17 zu beginnen ist.

10.1 Fichtes Entfaltung der Momente des Vertragsbegriffs

Obwohl Fichte sich gerade auch hinsichtlich der vertraglichen Grundlegung des Staates in großer Übereinstimmung mit Kant glaubt (I 3, 324 f.), so geht doch seine eigene Vertragstheorie wesentlich über Kant hinaus und fällt zugleich hinter diesen zurück. Es wird leicht zu zeigen sein, daß der größere Begründungsaufwand Fichtes zu einem Ergebnis führt, das die demokratischen Intentionen der modernen Vertragstheorie eklatant verfehlt.

Zu Recht beansprucht Fichte, über die bisherige moderne Vertragstheorie hinausgegangen zu sein, die tatsächlich den Begriff des Staatsganzen aus der „ideale[n] Zusammenfassung der einzelnen" hervorgehen ließ (I 4, 18). Dagegen enthält Fichtes „Staatsbürgervertrag" mehrere Verträge in sich, die ihrerseits entweder Einzelne mit Einzelnen, Einzelne mit allen als aggerierten Einzelnen oder Einzelne mit einem wiederum vertraglich konstituierten Ganzen verbinden. Nur auf den ersten Blick „zerfällt" der Staatsbürgervertrag in den „Eigentumsvertrag" und den „Schutzvertrag", zu welchen der „Staatsvertrag" mit seiner besonderen Intention des eigentlichen „Vereinigungsvertrags" hinzukommt und noch durch einen „Unterwerfungsvertrag" und einen „Abbüßungsvertrag" ergänzt wird. Bevor der erste Eindruck einer Addition von Verträgen korrigiert wird, sei auf deren jeweilige Konstruktion eingegangen.

Im „Eigentumsvertrag" muß „jeder einzelne [...] mit allen Einzelnen" eine wechselseitige Einschränkung der auf Objekte gehenden Privatwillen, also der Willkürfreiheit eines jeden, festlegen (I 4, 8). Die Akzentuierung des allseitigen Willens zum Vertragsschluß überhaupt qualifiziert gleichzeitig „alle" als involvierte Einzelne zur zweiten Partei in demselben Vertrag, den zugleich „jeder mit allen, und alle mit jedem" schließt bzw. schließen (I 4, 8). In beiden Perspektiven bleibt der Eigentumsvertrag wesentlich „negativ": Er enthält nichts anderes als wechselseitige Verzichtleistungen, d. h. die Verbindlichkeit eines jeden, sich des Angriffs auf die zugestandenen Eigentumsrechte des jeweils anderen zu enthalten (I 4, 7; I 4, 12). – Dagegen ist der „Schutzvertrag" prinzipiell „positiv": Dieser Vertrag enthält das Versprechen eines jeden auf eine zu erbringende Leistung, nämlich allen anderen Einzelnen als Einzelnen – unter der Bedingung der Gegenseitigkeit – „das anerkannte Eigentum durch seine Kraft schützen zu helfen" (I 4, 10 f.). Da aber, so Fichtes Argument, über Zeiträume hinweg die Wechselseitigkeit wirklicher Schutzleistungen kontingent bleibt, da weder Angriffe auf ein bestimmtes Eigentum noch die faktischen Reaktionen der jeweils anderen Eigentümer vorherzusehen sind (I 4, 10 f.), bleibt der „Schutzvertrag" als solcher nichtig, solange nicht der „Staatsvertrag" hinzutritt.

Dieser Staatsvertrag, der den Angelpunkt der gesamten Vertragskonstruktion ausmacht, hat mehrere Aspekte. Er löst zunächst das offene Problem der Wechselseitigkeit des Schutzes, indem er „Versprechen und Erfüllung synthetisch vereinigt" (I 4, 13), da der bloße Eintritt eines jeden in den Staat schon als Aufbau der schützenden Macht selbst gilt (I 4, 13). Nur dieses eine Moment des „Staatsvertrags" drängt bereits einen vorläufigen Vergleich mit Hobbes und Kant auf: Befindet noch Hobbes lapidar: „Verträge ohne das Schwert sind bloße Worte", und konstruiert deshalb einen Begünstigungsvertrag, in dem jeder mit jedem übereinkommt, einen dritten sowohl mit absoluter Souveränität als auch mit dem Gewaltmonopol auszustatten (Leviathan, Kap. 17), so soll bei Fichte die staatliche Zwangsgewalt kein Jenseits zur Verbindung aller darstellen. Hier zeigt sich, daß Fichtes Vertragsdenken zumindest durch das Kantische hindurchgegangen ist, das die Identität von „Staat" und „Volk" zum Ergebnis hat (Kant, Vorarbeiten, XXIII 193; vgl. Frieden, VIII 354). An diesem Punkt hat Fichte die demokratische Begründung von Recht und Verfassung noch nicht verlassen.

Der Staatsvertrag enthält einen weiteren, so dominanten Aspekt, daß Fichte ihn „insbesondere" den „Vereinigungsvertrag" nennt (I 4, 15). Gerade weil beim Abschluß des Staatsvertrags unbekannt ist, welches der Individuen das angegriffene sein wird, kann jedes Individuum sich selbst für schutzbedürftig halten und hat somit ein Interesse am Vertragsbeitritt und die Bereitschaft, seinen Beitrag zum Aufbau der Schutzmacht zu leisten (I 4, 13). Die Antizipation von Rawls' veil of ignorance (Rawls 1975, 159 ff.;) wird da am deutlichsten, wo Fichte formuliert: Wen ein Angriff zunächst treffen wird, „weiß keiner; er kann jeden treffen: jeder kann sonach glauben, daß die ganze Veranstaltung bloß zu seinem Vorteil getroffen werde" (I 4, 14). Ist in Rawls' Vertragskonzeption die gleiche Unterstellung des Nichtwissens – hier: bezüglich der einzunehmenden gesellschaftlichen Position – die Voraussetzung dafür, daß jeder Vertragschließende für eine Gesellschaftsstruktur optiert, die dem am schlechtesten Gestellten die relativ günstigsten Bedingungen einräumt, so versetzt sich bei Fichtes Vertragsschluß jeder in die Rolle des Angegriffenen, um den entsprechenden Schutz zu etablieren. Der gleiche Ausgangspunkt vom rationalen Kalkül nutzenmaximierender Individuen begründet bei Rawls allerdings Prinzipien gerechter Verteilung, während es bei Fichte allein auf die Vereinigung aller ankommt. Es ist die Unkenntnis der konkret Betroffenen, das „Schweben" des Begriffs wie der Einbildungskraft in dieser Hinsicht, worin bei Fichte alle sich identifizieren, so daß im Vereinigungsvertrag aus den bisher bloß aggregierten Allen eine „Allheit", ein „reelles Ganzes" entsteht (I 4, 13).

Die auf den ersten Blick dubiose Organismusmetapher, die Fichte für das „reelle Ganze" verwendet, wird dennoch auf die konktraktualistischen Grundlagen zurückgeführt. Fichtes Vergleich der im Vereinigungsvertrag entstandenen politischen Einheit mit einem Baum als Beispiel eines „organisierten Naturproduktes" (I 4, 14), dessen Teile den in Eins verschmolzenen Individuen entsprechen sollen, optiert hier nicht für einen Organismus im Sinne der romantischen Staatstheorie. Fichte formuliert: „Man gebe jedem einzelnen Teile Bewußtsein, und Wollen, so muß er, so gewiß er seine Selbsterhaltung will, die Erhaltung des Baumes wollen, weil seine eigene Erhaltung nur unter dieser Bedingung möglich ist. Was ist ihm denn nun der *Baum*? Der Baum überhaupt ist nichts, denn ein bloßer Begriff, und ein Begriff kann nicht verletzt werden. Aber der Teil will, daß *kein* Teil unter allen Teilen, welcher es auch sei, verletzt werde, weil bei der Verletzung eines Jeden er selbst mitleiden würde." (I 4, 14; Hervorhebung im Original). Obwohl hier der Schutz des „Ganzen" begründet wird, ist dieses „reelle" Ganze doch als vertraglich zustandegekommenes gefaßt und noch in der Perspektive jenes Nominalismus gedeutet, die dem modernen Kontraktualismus überhaupt zugrunde liegt. Wurde bereits für Kants vergleichbaren Begriff eines „organisierten Ganzen" der Biologismusverdacht zu recht dementiert (Fetscher 1976, 272), so hat dies auch für Fichte zu gelten. Indem Fichte durchgängig darauf insistiert, daß das egoistische Interesse des Einzelnen das eigentlich „wirkliche" ist, und die Begründung des Rechts – wie Kant – nicht etwa auf sittliche Autonomie, sondern auf wechselseitige Begrenzung von Willkürsphären bezieht [...], unterliegt sein Begriff des Organismus letztlich einer mechanistischen Deutung.

Bei der ganzen Reihe der bisher erwähnten „Verträge" handelt es sich allerdings überhaupt nicht um eine Mehrzahl von Verträgen, sondern lediglich um Momente eines einzigen Vertrags, des Staatsbürgervertrags (anders: Siep 1992, 90). Eher im Hegelschen Sinne ist Fichtes Gesamtkonstruktion als eine logische Entwicklung des Vertragsbegriffs zu verstehen, dessen einzelne Bestimmungen selbst auf ihren jeweiligen Begriff zu bringen sind (Hegel, Rechtsphilosophie, § 32 – bezogen auf den Rechtsbegriff). Es „zerfällt" also auch nicht etwa nach analytischen Kriterien der Staatsbürgervertrag in einen Eigentums- und einen Schutzvertrag etc. Indem vielmehr Fichte der Eigenbewegung der Sache, dem hypothetischen Geschehen des Vertragsschlusses „zusieht", ergibt sich folgende Konstellation: Der Eigentumsvertrag gibt die Materie an, auf die alles kontraktualistische Handeln sich bezieht. Das hier wechselseitig anerkannte Eigentum soll durch den Schutzvertrag garantiert werden, der diese Funktion wiederum nur erfüllen kann, wenn er seinerseits durch die im Schutzvertrag konstituierte schützende Macht ergänzt wird, die wiederum durch die besondere Struktur des Vereinigungsvertrags als eine wirkliche erst verstanden werden kann. Ohne das Zusammenwirken aller dieser Elemente kommt kein einziger Vertrag zustande, der als rechtsverbindlich zu denken wäre. Wenn Fichte, Hegels Favorisierung zirkulärer Begründungen (Hegel, Rechtsphilosophie, § 2) antizipierend, befindet, daß seine „Untersuchung in sich selbst zurück[läuft]" (I 4, 17), so erweist sich sein eingangs abstrakt eingeführter Begriff des Staatsbürgervertrags am Ende als ein konkreter, um Elemente des Wirklichen angereicherter Begriff. So kann Fichte erst als abschließende „Synthese", und durchaus abweichend vom Beginn, formulieren: „Der Staatsbürgervertrag ist ein solcher, den jeder Einzelne mit dem reellen Ganzen des sich durch die Verträge mit den Einzelnen bildenden, durch sie sich selbst erhaltenden Staats schließt ..." (I 4, 17). In der dialektischen Struktur dieser Vertragskonstruktion, die die Frage der Priorität entweder des Individuums oder des Staates als irrelevant hinter sich läßt, wird allerdings die Vertragsbeziehung Individuum–Staat gegenüber der anfangs gleichursprünglich eingeführten eines „Jeden mit Jedem" dominant. Von der Umstellung einer zunächst eher horizontalen auf eine vertikale Vertragsstruktur kann aber so lange noch nicht die Rede sein, als Fichte daran festhält, den Staat eben nicht als ein Jenseits der Individuen zu verstehen.

Im Abschnitt über den Staatsbürgervertrag ist die Trennung vom demokratischen Kontraktualismus bisher auch deshalb noch nicht vollzogen, weil Fichte hier – genau gesehen – nur einen einzigen, das politische Gemeinwesen konstituierenden „Gesellschaftsvertrag" kennt und insofern zur vormodernen Vertragslehre (dazu Maus 1992, 43 ff.) noch Distanz hält. Auch der in diesem Abschnitt kurz erwähnte „Unterwerfungsvertrag" (I 4, 17) ist nicht etwa mit dem mittelalterlichen *pactum subjectionis* zu verwechseln (eine solche Konstruktion taucht erst in Fichtes verfassungsrechtlichen Überlegungen auf), sondern enthält einen allseits geläufigen Aspekt des Gesellschaftsvertrages: Auch Rousseau hatte erläutert, daß zwar der Souverän nur aus den Einzelnen besteht, aus denen er sich zusammensetzt, daß aber hinsichtlich der Anwendung der Gesetze denselben Einzelnen die „qualité de sujets" (von Untertanen, bzw. „Unterworfenen") zukomme (Rousseau, Contrat social, II 4, Abs. 2; I 6 Abs. 9). Nichts anderes meint Fichte, wenn er der Unterwerfung des „Untertans" unter das Gesetz (I 4, 17) einen besonderen „Unterwerfungsvertrag" zugrundelegt.

Dennoch findet sich in der spezifischen Funktion der von Fichte entworfenen „Verträge", d. h. Vertragsaspekte, eine Dimension, die zur demokratischen Vertragstheorie den Unterschied ums Ganze bezeichnet. Zum Kernstück der gesamten demokratischen Vertragstheorie, die, exemplarisch bei John Locke, Rousseau oder Kant, den Gesellschaftsvertrag einführt, um im hypothetischen Akt des Zusammenschlusses freier und gleicher Individuen den demokratischen Souverän zu konstituieren, gibt es bei Fichte keine Entsprechung. Ist der demokratische Souverän bei Locke, Rousseau und Kant schlechterdings dadurch definiert, daß er die Gesetzgebungskompetenz und folglich die Macht hat, die rechtsanwendenden Staatsapparate an seine Direktiven zu binden, so findet eine demokratische Gesetzgebung bei Fichte überhaupt nicht statt. Was bei Fichte unter der Überschrift der „Bürgerlichen Gesetzgebung" (§§ 18–20) firmiert, ist eine expertokratische Bestimmung des „Geistes" und der Prinzipien der zugrundegelegten Einzelverträge. Von daher wird erst deutlich, was z. B. der „Eigentumsvertrag" als solcher – jenseits seiner Funktion, ein Moment des gesamten Staatsbürgervertrags zu sein – bedeutet: Er *ist* bereits das „Zivilgesetz im engeren Sinne", d. h. die „Grundlage aller möglichen in diesem Staate zu gebenden Gesetze über Eigentum, Erwerb, Freiheiten und Privilegien" (I 4, 9). Da diese aus dem Eigentumsvertrag qua „Zivilgesetz" folgenden Gesetze, wie aus Fichtes Verfassungskapitel hervorgeht, nicht etwa von einer demokratischen Legislative, sondern von der Exekutive zu geben sind (dazu unten), werden die Staatsapparate nicht etwa der Gesetzgebung des „Volkes", sondern den von Fichte formulierten Prinzipien des Eigentumsvertrags unterworfen.

Wegen der genauen Analogie und der großen Bedeutung für die in Fichtes Verfassungstheorie verdeutlichten Staatsfunktionen sei hier noch kurz auf die Strafgesetzgebung eingegangen. Auch sie geht nicht etwa aus einer demokratischen Legislative hervor, sondern folgt – wiederum seitens der Exekutive – den Prinzipien des von Fichte zusätzlich zugrunde gelegten „Abbüßungsvertrags" (I 4, 60). Begründet Fichtes Vertragslehre insgesamt das Prinzip, daß die geringste Verletzung eines Vertrags den Vertrag für den Verletzer vernichtet und diesen in den vorvertraglichen Zustand zurückversetzt (I 4, 7), so daß z. B. ein begrenzter Eigentumsübergriff das gesamte eigene Eigentum verwirkt (I 4, 9), so bildet dagegen der „Abbüßungsvertrag" eine utilitaristische Ermäßigung des strengen Rechtsprinzips: „Alle versprechen allen, sie, inwiefern dies mit der öffentlichen Sicherheit vereinbar ist, um ihrer Vergehungen willen nicht vom Staate auszuschließen, sondern ihnen zu verstatten, diese Strafe auf andere Weise abzubüßen" (I 4, 60). Da die Strafverfolgung (außer der Prävention) das Zentrum von Fichtes Staatskonzeption abgibt, kann der Abbüßungsvertrag sogar als eine Art Grundgesetz angesehen werden, das die Verfassungskonstruktion präformiert.

Für den fundamentalen Gegensatz zum demokratischen Kontraktualismus ist zunächst entscheidend, daß der Eigentumsvertrag und der Abbüßungsvertrag mit den jeweils von Fichte angegebenen Prinzipien an die Stelle einer demokratischen Zivil- und Strafgesetzgebung treten. Während die demokratische Vertragslehre den Gesellschaftsvertrag von jeder Ausformulierung materialer Rechtsprinzipien freihält – in Kants Formulierung fixiert der Gesellschaftsvertrag im Gegensatz zu allen übrigen Verträgen keinen Zweck, sondern betrifft eine (republikanisch organisierte) Gesellschaft, die „an sich selbst Zweck ist" (Kant, Gemeinspruch: VIII, 289) – unterlegt Fichte die jeweiligen Zwecke der je besonderen Verträge direkt dem exekutivischen Handeln, das sich aus ihrer Verwirklichung eine unmittelbare, von demokratischer Konsensermittlung unabhängige Legitimation verschaffen kann. Indem dagegen der demokratische Gesellschaftsvertrag auf Zwecksetzungen verzichtet und dem errichteten Staat nur die Struktur des Vertrags zwischen Freien und Gleichen vorgibt, enthält er nichts anderes als das Organisationsprinzip der Demokratie selbst (vgl. Maus 1992, 51 ff.). Der demokratische Gesetzgebungsprozeß, der bei Fichte gar nicht vorkommt, ist darum der Angelpunkt jeder demokratischen Vertragstheorie: Die Struktur dieses Prozesses, in dem die Beteiligung aller von den Gesetzen Betroffenen an deren Zustandekommen die freiheitsschonende Qualität der Gesetze garantieren soll, ist der eigentliche Gegenstand ihrer wesentlich prozeduralistischen Konstruktionsleistungen. Daß der Begriff des Gesetzes nur diejenigen Rechtsnormen auszeichnet, über die vom Volk (repräsentativ oder direkt) entschieden wurde, daß das Volk *alle* – das heißt „ungeteilte" Volkssouveränität –, aber auch *nur* die Kompetenz der Gesetzgebung hat, daß m. a. W. eine strenge Gewaltenteilung zwischen rechtsetzenden und rechtsanwendenden Funktionen besteht, ist organisatorische Konsequenz aus der Struktur des Gesellschaftsvertrags und (aller sonstigen Differenzen unerachtet) einheitliches Motiv der Theorien von Locke, Rousseau und Kant. So ist auch Rousseau, der (das sollte inzwischen bekannt sein) die antike Demokratie deshalb ablehnt, weil sie keine Gewaltenteilung kannte (Contrat social, III 4; II 4 Abs. 6) ein typischer Formalist und Verfahrenstüftler, der sich unter anderem um präzise Unterscheidungen zwischen Gesetzen und Verwaltungsakten bemüht (Contrat social, II 2), um die Unteilbarkeit der gesetzgebenden Volkssouveränität mit einer rigiden Gewaltenteilung zu verbinden, und über Prinzipien für die

Eröffnung, Agenda und Abstimmungsmodalitäten von Rechtsetzungsverfahren (Contrat social, III 13 Abs. 1 und 2; III 18 Abs. 7; IV, 2 Abs. 11) versucht, die Rationalität der Gesetzgebung selbst und der Verfassungsänderungsverfahren zu sichern. – Sind so alle prozeduralen Konstruktionen des demokratischen Kontraktualismus auf den Zusammenhang von Volkssouveränität und Rechtsstaat gerichtet, so haben prozedurale Überlegungen, soweit sie bei Fichte auftreten, eine ganz andere, vor allem auf ein vormodernes Widerstandsrecht bezogene Funktion – ein Widerstandsrecht, dessen Struktur genau dadurch bestimmt ist, daß es eine demokratische Gesetzgebung noch nicht gibt.

10.2 Die Eliminierung der Demokratie aus der Verfassungskonstruktion oder: das Ephorat

Für eine Vertragstheorie, die die Entbehrlichkeit demokratischer Gesetzgebung dartut, ist das Prinzip der Volkssouveränität notwendig gegenstandslos. Es findet sich allerdings im Kapitel „Vom Staatsrechte", das der „Deduktion des Begriffs des gemeinen Wesens" gewidmet ist (§ 16), eine kurze Passage, die in der Literatur gern als Beleg für Fichtes vermeintlich radikaldemokratischen Intentionen angeführt wird (z. B. Seidel 1997, 92; Batscha 1968, 172). „Aber", so heißt es, „das Volk ist nie Rebell, und der Ausdruck Rebellion, von ihm gebraucht, ist die höchste Ungereimtheit, die je gesagt worden; denn das Volk ist in der Tat, und nach dem Rechte, die höchste Gewalt, über welche keine geht, die die Quelle aller anderen Gewalt, und die Gott allein verantwortlich ist. [...] Nur gegen einen Höheren findet Rebellion statt. Aber was auf der Erde ist höher, denn das Volk!" (I 3, 457). Ein näherer Blick auf den Kontext dieser Ausführungen muß dagegen Fichtes eigenen Warnhinweis beachten: „Man verstehe wohl, daß ich vom *ganzen Volke* rede", vom Volk nämlich, das „wie Ein Mann" aufsteht (I 3, 457 u. Anm.) und so den Gipfelpunkt geschehenen Unrechts beglaubigt. Vor allem aber ist in Rechnung zu stellen, daß Fichte hier ausdrücklich einen Fall anführt, der „das Allerunwahrscheinlichste" beinhaltet und den seine „strenge Wissenschaft" nur der Vollständigkeit halber abhandelt (I 3, 456). Die ganz und gar unwahrscheinliche Situation bestünde aber darin, daß die von Fichte vorgesehene Verfassungseinrichtung, nach der ein vom Volk gewähltes Ephorat den Regenten wegen begangener Rechtsverstöße anklagen kann, bereits kollabiert ist, indem das Ephorat sich mit dem freiheitsvernichtenden Regenten verbündet. – Für den Normalzustand eines jeden Gemeinwesens gelten dagegen ganz andere Ausführungen Fichtes. Ihnen zufolge existiert überhaupt „keine Gemeine", „das Volk ist kein Volk, kein Ganzes, sondern ein bloßes Aggregat von Untertanen" (I 3, 452). – Alle folgenden Interpretationen sind darauf gerichtet, den nur scheinbaren Widerspruch zwischen diesen beiden Aussagen Fichtes zum Status der Volkssouveränität zu erläutern und anhand weiterer Elemente seiner Verfassungskonzeption Fichtes spezifische Differenz zum demokratischen Kontraktualismus zu klären.

Bevor die Details von Fichtes Entwurf einer vernünftigen Verfassung erörtert werden können, ist deren Begründung zu untersuchen. Fichtes Verständnis, in der Fundierung eines rechtlichen bzw. verfassungsmäßigen Zustands durch ursprünglichen Vertrag mit Kant übereinzustimmen (I 3, 325), erweist sich auch hier als Selbsttäuschung. Wo Fichte die allgemeinen Erörterungen des „Staatsbürgervertrags" verläßt und sich der spezifisch vertraglichen Begründung der Verfassung zuwendet, werden die letzten demokratischen Implikationen aufgehoben, die seinem Ausgangspunkt eines Vertrages zwischen freien und gleichen Individuen noch anhafteten. Grundlage der „vernünftigen" Verfassung ist jetzt ein Vertrag, der nur noch eine vertikale Struktur kennt: „Der Staat, als solcher, steht mit den Untertanen, als solchen, in einem gegenseitigen Vertrage, zufolgedessen es von beiden Seiten Rechte und Pflichten gibt" (I 4, 84). Was die Verfassung strukturieren soll, ist ein „Übertragungskontrakt", durch den die in dieser Situation gerade noch bestehende „Gemeine" die Ausübung der öffentlichen Gewalt überträgt (I 3, 443 f.), d. h. eine Exekutive konstituiert. Fichte kennzeichnet diesen Akt – so unfreiwillig die eigentliche Differenz zur demokratischen Vertragslehre benennend – ausdrücklich als einen der „Unterwerfung", der das Volk zum Verschwinden bringt: „Sobald der Übertragungskontrakt geschlossen, geschieht mit ihm zugleich die Unterwerfung, und es ist, von nun an, keine Gemeine mehr da; das Volk ist gar kein Volk, kein Ganzes, sondern ein bloßes Aggregat von Untertanen" (I 3, 452 – s. o.). Es erweist sich hier, daß Fichte die Konstruktion des Gesellschaftsvertrags (*pactum unionis*), den der demokratische Kontraktualismus zugrunde legt, völlig verläßt und durch den vormodernen Herrschafts- oder Unterwerfungsvertrag (*pactum subjectionis*) ersetzt.

Mit dieser Differenz ist in vielen Hinsichten eine Zäsur zwischen Mittelalter und Moderne bezeichnet. Der Herrschaftsvertrag betrifft noch die Übertragung der Herrschaft über das Volk unter Bedingungen, der Gesellschaftsvertrag betrifft das bedingungslose Verbleiben der Souveränität beim Volk. Indem das *pactum subjectionis* die Bedingungen der Herrschaftsübertragung im einzelnen angibt – die Verbriefung residualer Freiheitsrechte in mittelalterlichen Wahlkapitulationen oder z. B. im Vertragswerk der Magna Charta dokumentiert diese Intention – ist es notwendig ein inhaltlicher Vertrag, aus dem, ganz im Sinne Fichtes, sich unmittelbar wechselseitige Rechte und Pflichten zwischen Herrscher und Untertanen ergeben, die justizförmiger Überprüfung oder der Ausübung eines positivrechtlich geregelten „Widerstandsrechts" (Magna Charta N. 61) zugrunde gelegt werden können. Das moderne *pactum unionis* dagegen ist wesentlich prozedural. Indem es einzelne Freiheiten nicht selbst schon festschreibt, sondern die eine große Freiheit der Selbstgesetzgebung des Volkes garantiert, verpflichtet es den demokratischen Gesetzgeber nicht auf bestimmte Inhalte –, sondern auf die Unverfügbarkeit des demokratischen Prozedere, die Garantie der Freiheit und Gleichheit der Verfahrenspositionen, als Bedingung der Möglichkeit freiheitlicher Gesetzesinhalte.

Was zudem Fichte als Kriterium einer vernünftigen und wirksamen Verfassung angibt, daß nämlich kein Volk, sondern nur ein Aggregat von Untertanen existiert, gilt bei Rousseau als erstes Kennzeichen einer despotischen Herrschaftsform, in der sich kein Volk, sondern nur eine Anhäufung versklavter Einzelner findet – eben weil die Grundlegung des Gesellschaftsvertrags fehlt, durch den überhaupt erst ein „Volk zum Volk wird" (Contrat social, I 5, Abs. 1 und 2). Setzt der mittelalterliche Unterwerfungsvertrag die vertragschließenden Parteien, Volk und Herrscher, als quasi naturgegeben voraus – eine Unterstellung, die in modernen Reprisen auf Seiten des „Volkes" zu Substantialisierungen dieses Begriffs führen kann, wie sie sich schon bei Fichte finden –, so kennt die Theorie des Gesellschaftsvertrags das Volk überhaupt nur als Produkt eines rechtlichen Willensaktes, d. h. als rein verfassungsrechtliche Kategorie.

Fichtes Rückgriff auf das mittelalterliche Vertragsdenken hat weitreichende Konsequenzen für seine gesamte Verfassungskonstruktion. Hatte die moderne Erkenntnis, daß das Recht nicht etwa objektiv gegeben ist oder auf Tradition und organischem Wachstum beruht, sondern durch Entscheidungen je neu gesetzt wird, die demokratische Prozeduralisierung dieser Entscheidung in den Mittelpunkt des Verfassungsdenkens der Gesellschaftsvertragstheorien gerückt, so bilden Fichtes Verfassungsprinzipien dazu den genauen Gegenpol. Sie sind nicht auf Rechtsetzung durch das Volk, bzw. die von ihm gewählte Legislative, sondern auf Rechtsbewahrung durch die Exekutive angelegt. Der Bestimmung des (fiktiven) „Urrechts" (als bloß logischer Prämisse der Rechtsbegründung, I 3, 404): „Die Person hat das Recht zu fordern, daß in dem ganzen Bezirk der ihr bekannten Welt alles bleibe, wie sie dasselbe erkannt hat" (I 4, 407), ist die bloße Fortschreibung präexistenten Rechts durch eine Exekutive analog, der die Inhalte konkreten Rechts „durch die Vernunft und die Lage des Staates *gegeben*" sind (I 3, 327). Das schon durch Eigentums- wie Abbüßungsvertrag „gegebene" Zivil- und Strafrecht (s. o.) wird durch die Exekutive, deren Aufgabe Rechtsprechung und Exekution der Gerichtsurteile gleichermaßen umfaßt (I 3, 440 f.), lediglich interpretiert und durch Verordnungen konkretisiert sowie höchstens beim Aufkommen neuer Gewerbezweige angepaßt (I 3, 327 f.; I 3, 440 f.; I 3, 459). Die Exekutive ist bei Fichte die alleinige Exponentin des „gemeinsamen Willen[s]", der seinerseits durch die „Natur der Sache" vollkommen bestimmt ist (I 3, 327). Hatte der demokratische Kontraktualismus die Gerechtigkeit des stets änderbaren Rechts an die dreifache Allgemeinheit des Gesetzes gebunden, die in der Beteiligung aller an der Gesetzgebung, der Allgemeinheit des Gesetzesinhalts und der Gleichheit der Gesetzesanwendung bestand, so findet sich die hieran geknüpfte Hoffnung, eine so strukturierte Gesetzgebung werde „niemand unrecht tun können" (Kant, RL: VI 313), bei Fichte auf der Seite strenger Präjudizienbindung der Justiz/Exekutive, d. h. der Gleichheit des Rechts in der Abfolge der Zeit: „Die Urteile, und das ganze Verfahren der Gewalthaber, dürfen sich nie widersprechen; wie sie einmal, in einem Falle verfahren sind, so müssen sie, in demselben Falle, immer verfahren. Jede ihrer öffentlichen Handlungen muß zum unverbrüchlichen Gesetz werden. Dies bindet sie an das Recht. Sie können nie ungerecht verfahren wollen, denn sie müßten es von nun an, in dem gleichen Falle, immer, und daraus würde bald die merklichste Unsicherheit entstehen. Oder wenn sie von ihrer ersten Maxime abzugehen gezwungen sind, so sieht sogleich jeder, daß ihr Verfahren ungerecht war" (I 3, 446).

Fichtes Akzentuierung der Erhaltung des Rechts, die von dem rechtlichen Änderungsbedarf in einer modernen dynamischen Gesellschaft noch völlig absieht, bestimmt auch seine Theorie der (vernünftigen) Verfassung. Diese ist „unabänderlich", „für ewige Zeiten gültig" und wird bereits im (fiktiven) Bürgervertrag gesetzt (I 3, 458). Auch hierin ist zum Grundsatz des demokratischen Kontraktualismus, daß das Volk „beständig [...] constituierend" (Kant, Vorarbeiten, XXIII 341 – vgl. Maus 1992, 79 ff., 81; Rousseau, Contrat social, I 7 Abs. 2; III 18 Abs. 2 und 3) und berechtigt ist, seine Verfassung und Regierungsform jeweils zu ändern (sofern nur das Prinzip demokratischer Rechtsetzung unangetastet bleibt – Kant, RL: VI 340 f.), damit nicht die Freiheit künftiger Generationen durch zurückliegende Entscheidungen eingeschränkt sei, bei Fichte das genaue Gegenteil zum Kriterium des Vernünftigen erklärt. Es ist Fichtes spezifische Option für die Unwandelbarkeit des (Verfassungs-) Rechts, die es überhaupt nahelegt, die Verfassung mit einem Herrschaftsvertrag zwischen Volk und Regierung zu identifizieren. Letzterer hat aufgrund seiner materialen Festschreibungen überhaupt die Funktion, wechselseitige Verpflichtungen zwischen Regierung und Untertanen auf eine unverbrüchliche Grundlage zu stellen. Bei Locke, Rousseau und Kant dagegen steht die Regierung nicht mehr unter „Vertrag", sondern unter dem demokratischen Gesetz und wird damit höchst einseitig den rechtlichen Direktiven der gesellschaftlichen Basis unterworfen. Damit wird nicht nur der (ebenso asymmetrische) Sachverhalt des exekutivischen Gewaltmonopols kompensiert, sondern auch der je aktuelle Wille des demokratischen Gesetzgebers – im Unterschied zu einmaliger vertraglicher Festlegung – für dominant erklärt.

Dem Gegensatz zwischen diesen beiden Typen der Verfassungskonstruktion entsprechen gegenläufige Lösungen bei einem möglichen Verfassungskonflikt und bei speziellen Konflikten zwischen Regierung und gesellschaftlicher Basis. Unter dem ersten Aspekt ist das zu Bewahrende bei Fichte der Verfassungsvertrag selbst; bei Locke, Rousseau und Kant dagegen ist es die verfassung- bzw. gesetzgebende Gewalt (Locke, Second Treatise, § 141; Kant, RL, VI 340, dazu Maus 1992, 79 ff.) – in den Worten Rousseaus: „Der Staat wird nicht durch die Gesetze erhalten, sondern durch die gesetzgebende Gewalt. Das Gesetz von gestern ist heute nicht verbindlich, aber aus dem Schweigen wird die schweigende Zustimmung abgeleitet, und man nimmt an, daß der Souverän ununterbrochen die Gesetze bestätigt, die er nicht abschafft, da er dazu in der Lage ist. Alles was er einmal als seinen Willen erklärt hat, das will er immer noch, es sei denn, er widerruft es." (Contrat social, III 11 Abs. 4). Erst der Zusammenbruch der demokratischen Gesetzgebung führt zum „Tod der politischen Körperschaft". – Ein Konflikt der zweiten Art erscheint im demokratischen Kontraktualismus, der die Gesetzgebung als Willensäußerung der gesellschaftlichen Basis konzipiert (Locke, Second Treatise, §§ 134 ff.), von vornerein als einer zwischen Legislative und Exekutive. Hier gilt – aufgrund des Prinzips der Unterwerfung des exekutivischen Gewaltmonopols unter das Gesetz – die Direktive, daß „die Träger der Exekutive nicht Herren, sondern Beamte des Volkes sind, daß es sie einsetzen und absetzen kann, wann es ihm gefällt" (Rousseau, Contrat social, III 18 Abs. 1), oder in den Worten Kants: der Gesetzgeber kann dem Regenten „seine Gewalt nehmen, ihn absetzen, oder seine Verwaltung reformieren, aber ihn nicht strafen" (RL § 49). Ist mit dem von Kant bezeichneten Prozedere das zentrale Prinzip des Parlamentarismus benannt (Möglichkeit des Mißtrauensvotums gegen die Regierung), so resultiert dagegen aus Fichtes Verfassungsvertrag die justizförmige Schlichtung des Konflikts zwischen Exekutive und Untertanen mit der (von Kant abgelehnten) Möglichkeit der Bestrafung des Regenten – ein Prozedere, in der das Ephorat eine entscheidende Position inne hat.

Zur Verfassungsinstitution des Ephorats bedarf es einer Vorbemerkung: Fichtes Verabschiedung der Demokratie ist nicht schon darin begründet, daß er die „demokratische" Verfassung als die „allerunsicherste" ausdrücklich verwirft (I 3, 439). Dies geschieht entsprechend dem Sprachgebrauch des 18. Jahrhunderts und mit den gleichen Gründen, die auch Rousseau und Kant gegen die „demokratische" Regierungsform vorbrachten. Daß nämlich – in Fichtes Formulierung – „die ganze Gemeine die ausübende Gewalt in den Händen hat" und also „über die Verwaltung des Rechts ihr eigener Richter wäre" (I 3, 438), ist auch für Rousseau und Kant das Negativbild einer despotischen Verfassung, die keine Gewaltenteilung kennt, weil das Volk auch noch die Gesetzesanwendung bzw. die Exekutive in seinen Händen hat (s. o.). Der abgelehnten antiken „Demokratie" – ihr ist im

18. Jahrhundert dieser heute normativ verbindliche Begriff vorbehalten – ziehen Rousseau wie Kant darum die „Republik" vor, die nach ihrer Definition Volkssouveränität, d. h.: Gesetzgebung des Volkes, mit rechtsstaatlicher Gewaltenteilung kombiniert. Fichtes Argumente gegen die so verstandene „Demokratie" werden jedoch in der umgekehrten Absicht vorgebracht, gesetzgebende, ausübende und richterliche Gewalt in den Händen der Regierung zu konzentrieren (I 3, 440 ff.). An die Stelle einer Gewaltenteilung tritt bei Fichte die Kontrolle der Verfassungsmäßigkeit des gesamten monolithischen Staatshandelns durch die vom Volk gewählten Ephoren. Hatte noch die französische Erklärung der Menschen- und Bürgerrechte von 1789 lapidar befunden, daß eine Gesellschaft, in der (u. a.) keine Bestimmung der Gewaltenteilung existiert, keine Verfassung hat (Art. 16) – und damit Fichtes Begriff einer Verfassung ausgeschlossen –, so ist dagegen bei Fichte die Existenz eines Ephorats das entscheidende Kriterium für einen verfassungsmäßigen Zustand (I 3, 442).

Fichtes Konstruktion eines institutionalisierten Widerstandsrechts des Ephorats gegen den verfassungswidrigen Gebrauch der kompakten Staatsgewalt greift auf die kalvinistische Lehre eines amtsförmigen Widerstands gegen tyrannische Herrschaft, wie sie insbesondere bei Althusius ausgebildet wurde (Althusius, Politica, 38 ff.), zurück (vgl. Merle 1999, 281 f.). Sind bei Althusius der „Summus Magistratus" und die Ephoren gleichermaßen „Verwalter" des politischen Gemeinwesens, so ist es die spezifische Aufgabe der vom Volk aus dem ersten Stand der Fürsten, Herzöge oder Grafen gewählten Ephoren, als „Hüter des zwischen dem Inhaber der höchsten Gewalt und dem Volke geschlossenen Vertrags" zu fungieren (Althusius, Politica, 38; 41), so werden diese Voraussetzungen auch bei Fichte zugrunde gelegt, mit dem einzigen Unterschied, daß die Ephoren „alte, gereifte Männer" sein müssen (I 3, 451). Aber schon bei dem Kriterium der Vertrags- bzw. Verfassungskonformität der Staatsgewalt beginnt die Differenz zwischen beiden Autoren. Gegenstand der Prüfung durch die Ephoren ist bei Althusius nicht nur die Einhaltung der im Herrschaftsvertrag dem Volk vorbehaltenen Residualrechte (Althusius, Politica, 39), sondern auch die Einhaltung der Kompetenzgrenzen durch sämtliche Amtsträger. Daß bei Althusius die Ephoren – modern gesprochen – über „Organstreitigkeiten" zu wachen haben, liegt an der hier vorgesehenen Proceduralisierung „wechselseitiger Kontrollen" (Althusius, Politica, 41) zwischen Herrscher und Ständen im alltäglichen politischen Entscheidungsprozeß, die insbesondere durch die Mitwirkung der Ephoren im Gesetzgebungsprozeß – „Ohne die Zustimmung der Ephoren tritt kein allgemeiner Erlaß und keine Verordnung des Inhabers der höchsten Gewalt in Kraft" (Althusius, Politica, 40) – immerhin den Konstitutionalismus des 19. Jahrhunderts antizipiert (letzteres übersehen bei Merle 1999, 282). Bei Fichte dagegen handelt es sich um die Prüfung, ob das Recht in der Abfolge der Zeit stets gleichmäßig durch die Justiz/Exekutive gehandhabt und insbesondere Vergehen nicht nur gleichermaßen bestraft werden, sondern auch niemals ungestraft bleiben (s. u.) – ein Indiz für Fichtes äußerst reduzierten „Verfassungsbegriff".

Zum zweiten ist die auch bei Fichte als „fortdauernde" Kontrolle der Exekutive konzipierte Funktion des Ephorats (I 3, 448) nicht etwa, wie bei Althusius, mit der Kompetenz des Widerstands im Falle der je konkreten Rechtsverletzung der Exekutive verbunden, sondern führt nach einer längeren Phase der Abmahnung der Regierung (I 3, 451) erst dann, wenn „Recht und Gesetz ganz aufgehört [haben] zu wirken" (I 3, 448), zu einer förmlichen Suspension der gesamten Rechtsordnung und öffentlichen Gewalt durch die Ephoren im Wege eines „Staatsinterdikts" (I 3, 449). Fichte setzt also der „absolut positiven Macht" der Exekutive die „absolut negative" der Ephoren (I 3, 449) nicht im Sinne einer fortlaufenden Vetoposition entgegen – wie sie z. B. nach dem Begriff Hans Kelsens im Wege einer „negativen Gesetzgebung" durch ein (freilich expertokratisches) Verfassungsgericht wahrgenommen wird (Kelsen 1931, 27) –, sondern konzipiert von Anfang an eine negative Macht des Ausnahmezustands („das Gesetz muß [...] ganz aufgehoben werden" – I 3, 448). Bei Fichte steht in dieser Situation der Übertragungs- oder Verfassungsvertrag im ganzen zur Disposition, und zwar nach dem Verfahren der Proceduralisierung dieses Ausnahmezustands in der ansonsten aufgehobenen Verfassung; m. a. W.: die in der Verfassung eingebaute Notstandsverfassung des Ephorats tritt an die Stelle des verfassungsmäßigen Normalzustands.

Insofern bleibt (analog zur peniblen Rechtsförmigkeit des Widerstandsrechts in der Magna Charta) jeder einzelne Vorgang im „rechtlosen" Zustand rechtlich geregelt: Die Ankündigung des Staatsinterdikts durch die Ephoren, die Einberufung der (nur in diesem Ausnahmezustand existenzfähigen) Gemeine, deren förmlicher Beschluß des Interdikts, die Austragung des Konflikts in einem Prozeß, in dem die Ephoren die Kläger, die Exekutoren die Beklagten sind und die versammelte Gemeine als Richter auftritt, um den Schuldspruch des „Hochverrats" entweder über die Regierung oder (im Falle unbegründeter Anklage) über das Ephorat zu fällen und zudem „Widerstand" gegen eine eventuell widersetzliche Regierung zu leisten (I 3, 448–454). Nur in dieser spezifischen Phase des Verfahrens, wenn – je nach Ausgang des Schuldspruchs – eine neue Regierung einzusetzen ist, wird bei Fichte überhaupt der Gedanke einer Gesetzgebung relevant, die wiederum mit dem Übertragungskontrakt zusammenfällt (I 3, 452 f.): In letzterem müssen, mit dem konkreten Akt der Regierungseinsetzung, die Gesetze neu ausgehandelt werden, nach denen in Zukunft Herrschaft ausgeübt werden soll. – Das unmittelbar oder repräsentativ gesetzgebende Volk, das den Mittelpunkt der Verfassungstheorie des demokratischen Kontraktualismus ausmacht, erscheint bei Fichte überhaupt nur im Ausnahmezustand und auch hier lediglich – wie in Althusius' Normalfall – als Mitgesetzgeber im Abgleich mit der Exekutive.

Jenseits dieses rechtlich geregelten Ausnahmezustands kennt Fichte nur noch einen zweiten (o. a.) Fall, in dem überhaupt ein Volk existiert: Diese „allerunwahrscheinlichste" Situation tritt ein, wenn auch noch das Ephorat seine Widerstandskompetenz nicht wahrnimmt und sich mit einer tyrannischen Exekutive verbündet. Nur hier ist das Volk als „höchste Gewalt" und „Quelle aller anderen Gewalt" (I 3, 457) auf allerunwahrscheinlichste Weise präsent. Es steht entweder auf „wie Ein Mann", und richtet Ephoren und Gewalthaber (I 3, 457), oder es folgt mit seinem Aufstand dem Aufruf „natürlicher Ephoren", d. h. Privatpersonen, die ohne verfassungsrechtliche Kompetenz das volle Risiko tragen (wie bei Kant, Frieden: VIII, 372 f.), im Falle des Mißlingens nach positivem Recht abgestraft zu werden (I 3, 458 f.). – Nur in diesem letzten äußersten, nach Fichtes Verständnis irrealen (!) Fall tritt das auf den Plan, was bei Kant und anderen Vertretern der Gesellschaftsvertragstheorie die „normale" Bestimmung von Volkssouveränität im alltäglichen politischen Prozeß und im Akt der Verfassunggebung ist: Das Volk (unmittelbar oder repräsentativ) geht als Quelle allen Rechts diesem Recht und den ans Recht gebundenen exekutivischen und judikativen Staatsgewalten voraus (vgl. mit Nachweisen Maus 1992, 77 ff., 148 ff.). Deshalb gelten alle Gesetze nur unter dem Vorbehalt, daß das Volk sie noch nicht geändert hat, und wird selbst im Text demokratischer Verfassungen die verfassunggebende Gewalt des Volkes nicht erst als verfassungsmäßige, sondern als der Verfassung schon vorhergehende Gewalt anerkannt – so noch in Bezug auf Verfassungsänderungen Sieyès' Diktum einlösend, daß nur die Regierung nicht aber das Volk an die Verfassung gebunden sei (Sieyès, Was ist der dritte Stand? 167). Das erklärt zugleich, daß Kant zufolge ein verfassungsmäßig geregeltes Widerstandsrecht oder Revolutionsrecht unsinnig wäre (Kant, RL: VI 320 f.; Gemeinspruch: VIII, 299), weil es immer schon die verfassunggebende Gewalt des Volkes gibt.

Das extreme Demokratiedefizit bei Fichte zeigt sich auch in der Forderung der Einstimmigkeit dieser Volksbeschlüsse (I 3, 455). Die Verwerfung des Majoritätsprinzips ist nicht etwa der Intention eines Minderheitenschutzes zu verdanken, sondern entspricht dem Umstand, daß Abstimmungen über „Gesetze" nur in dem extrem seltenen Fall eines neuen Verfassungsvertrags vorkommen, während die Zustimmung des Volkes zu einfachen Gesetzen durch die schiere Tatsache des gemeinsamen Lebens und Arbeitens auf einem Territorium immer schon als gegeben gilt (I 3, 326 f.; I 3, 440 f.; I 4, 9). Da Fichte aber den Verfassungsvertrag mit dem grundlegenden Unterwerfungsvertrag identifiziert, ist die geforderte Einstimmigkeit bei Volksabstimmungen also nur der Übertragung des Einstimmigkeitsprinzips, das der Kontraktualismus stets hinsichtlich der fiktiven Gründungssituation postulierte, auf den realen Verfassungsvertrag zu verdanken. Hier abweichende Minderheiten werden von Fichte keineswegs als solche behandelt, deren Verfassungsvorstellungen vielleicht in Zukunft eine Mehrheitsposition erreichen könnten, sondern als „verdächtige" jenseits der Staatsgrenzen verwiesen (I 3, 454 f.; zur Gegenthese, daß Fichte den Schutz der Minderheitenrechte fördert, vgl. Merle 1999). Angesichts dieses (allerdings „verfassungspatriotisch" begründeten) Homogenitätsbedarfs, kombiniert mit den zentralen Verfassungsprinzipien selbst – denen zufolge die Exekutive hinsichtlich der konkreten Gesetzesentwicklung zugleich als „der natürliche Interpret des gemeinsamen Willens" auftritt (I 3, 328) und als Exekutive auch noch den „höchsten inappellablen Richterstuhl" innehat (I 4, 83, vgl. I 3, 446) – stellt sich die Frage, ob es bei Fichte wenigstens ein funktionales Äquivalent für rechtsstaatliche Demokratie geben kann.

Die „höchste Publizität" „alle[r] Verhandlungen der Staatsgewalt, mit allen Umständen und Gründen der Entscheidung" (I 3, 446), ist immerhin ein Prinzip, das Fichtes Konstruktion des Widerstandsrechts wesentlich verstärkt. Es dient der Beurteilung der Gleichförmigkeit der exekutivischen Justizentscheidungen im historischen Ablauf – aus der Beobachterperspektive der Ephoren. Auch wenn Fichtes Publizitätsprinzip gleichzeitig die Diskussion in einer kritischen Öffentlichkeit fördern sollte, so sind doch zum Vortrag von Beschwerden und Abmahnungen an die Adresse der Exekutive wiederum nur die Ephoren zugelassen. Die Differenz ums Ganze zeigt sich darum auch im Stellenwert von Publizität und Öffentlichkeit im demokratischen Kontraktualismus: Die Selbstaufklärung der Gesellschaft durch öffentlichen Diskurs ist bei Rousseau und Kant immer zugleich unentbehrliches Pendant des demokratischen Gesetzgebungsprozesses (z. B. Rousseau, Contrat social, IV 1, Abs 7) und wird von den Individuen als Privatpersonen und als Staatsbürgern vorangebracht.

Der eigentliche Gegenstand von Fichtes Widerstandsrecht wird deutlicher sichtbar, wenn die zentrale Aufgabe, die seine Verfassungstheorie der Staatsgewalt zuweist, näher betrachtet ist. Sie besteht wesentlich in Strafverfolgung und polizeilicher Prävention von Kriminalität (dazu unten). Das „Objekt des gemeinen Willens" ist nämlich „die gegenseitige Sicherheit" (I 3, 432), die Sicherheit der Rechte aller" (I 3, 433). Letztere Formel konnte noch aus individualistischer Perspektive gedeutet werden; Fichtes Widerstandsrecht wäre dann zugunsten der Rechte jedes einzelnen konzipiert. Immerhin führt der aufgrund eines Staatsinterdikts getroffene Volksbeschluß zu einer Aufhebung unrechtmäßiger Gerichtsurteile und zur Restitution und Entschädigung eines jeden durch sie Geschädigten (I 3, 451). Die Wachsamkeit über die Gleichheit des Strafens, die das Fundamentalgesetz des Bürgervertrags verlangt – die Verfassung ist bei Fichte nicht in dem Sinne „reflexiv" (Luhmann 1984, 610 ff.), daß sie ein Gesetz für die Gesetzgebung, sondern daß sie das Gesetz für die gleichförmige Anwendung des Gesetzes ist (I 3, 438) – impliziert auch, daß nichts zu Recht bestraft werden kann, wenn nicht alle vorausliegenden Delikte „entdeckt und bestraft" sind (I 3, 438; vgl. I 3, 444); d. h.

ein Rechtszustand existiert bei Fichte nur dann, wenn es (modern gesprochen) keine „Dunkelziffer" gibt. An dieser Stelle aber geht der Schutz des Einzelnen in die Gleichförmigkeit der Repression über und wird die Sicherheit zur „öffentlichen Sicherheit" (I 3, 446), zum kollektiven Gut.

Fichtes Staat ist ein Sicherheitsstaat – worauf bereits der „Vereinigungsvertrag", die Konstitution des „reellen Ganzen" auf der Basis imaginierter Bedrohung eines jeden, verwies. In diesem Staat bestimmen sich die Aufgaben der Polizei nicht nach Grundsätzen der Politik, sondern nach reinem Naturrecht (I 4, 85) und sind Gerechtigkeit und Verfassung mit dem Prinzip identisch, daß die Polizei „jeden Schuldigen *ohne Ausnahme* herbeischaffe" (I 4, 91; Hervorhebung I. M.). Es ist deshalb - auch zu Zwecken der Prävention - das „Auge der Aufsicht" für alle öffentlich präsent (immerhin keine Geheimpolizei; I 4, 93), und „die Polizei weiß so ziemlich, wo jeder Bürger zu jeder Stunde des Tages sei, und was er treibe" (I 4, 92). Auch wenn Fichte die Polizei im weiten Sinne der alten „Polizey" definiert und nicht nur die Garantie sicherer (I 4, 85 f.), sondern auch guter Straßen, sowie die Förderung des Gesundheitssystems zu ihren Aufgaben rechnet (I 4, 86) und sogar einen Rechtsanspruch jedes Bürgers auf Arbeit oder Unterstützung formuliert (I 4, 85 f.), so ist doch diese soziale Garantie um den Preis einer Disziplinierung erkauft, deretwegen Kant (der eigenen sozialen Optionen unerachtet; RL § 49 C: VI 325 ff.) den „Wohlfahrtsdespotismus" des alten Obrigkeitsstaats bekämpft (RL, VI 318). – Zwar formuliert Fichte: „Was der einzelne nicht zum Staatszweck beigetragen, in dessen Absicht ist er völlig frei [...], und diese Freiheit eben ist es, die ihm durch die Staatsgewalt gesichert wird, und um deren willen allein er den Vertrag einging" (I 4, 17), aber dieser Beitrag des Einzelnen zum Staatszweck wird nicht – wie bei Locke, Rousseau oder Kant – durch eigene Partizipation in der Gesetzgebung bestimmt, sondern durch die Verwaltung selbst. Deren Grenzen bestehen letztlich nur in der Trennung zwischen Recht und Moral, die Fichte mit Kant gemeinsam hat: Auch bei Fichte ist der egoistische und strategische Umgang jedes einzelnen mit dem Recht selbstverständlich anerkannt (I 4, 11) und ist dem Staat verwehrt, über äußere Konformität mit dem Recht hinaus eine Moralität der inneren Gesinnung zu fordern (I 4, 68 f.). Es ist diese Option, die Fichtes System der totalen Kontrolle von einem totalitären unterscheidet (anders: Willms 1967, z. B. 77). Es bleibt die Freiheit der machtgeschützten Innerlichkeit.

Läuft also Fichtes Formel der „Sicherheit der Rechte aller" auf ein paternalistisches Versicherungssystem hinaus, so hat Kants auf den ersten Blick sehr ähnliche Begründung eines (Zwangs-) Rechts als „Inbegriff der Bedingungen, unter denen die Willkür des Einen mit der Willkür des Anderen nach einem allgemeinen Gesetze der Freiheit zusammen vereinigt werden kann" (VI 230), einen ganz anderen Sinn: Der Rechtszwang ist legitim nicht im Interesse der Sicherheit, sondern allein aus Gründen der Freiheitsoptimierung eines jeden. – Es scheint, daß diese Differenz auf den unterschiedlichen Status des Freiheitsbegriffs in beiden philosophischen Systemen zurückgeführt werden kann. Ist für Fichte die Freiheit im Akt der Selbstsetzung des Subjekts das einzig Gewisse und Ausgangspunkt aller weiteren Deduktionen (I 3, 313 ff.; I 3, 319 ff.), so hat Freiheit bei Kant nur den Stellenwert einer regulativen Idee, so daß letztlich bloß die Unbegreiflichkeit des obersten Freiheitsgesetzes zu begreifen ist (GMS, IV 458 f.; IV 463). Handelt es sich in Fichtes Staatstheorie darum, die gewisse Freiheit zu sichern, so reflektiert Kants politische Philosophie die Bedingungen, unter denen die bloß mögliche Freiheit überhaupt erst herzustellen ist – durch stets innovative demokratische Praxis.

Es ist zu befürchten, daß Fichtes Theorie das antizipiert, was in Zukunft fälschlicherweise noch „Demokratie" genannt werden wird. In dem Maße, in dem im 20. Jahrhundert die Entformalisierung des Rechts die „Gesetzesbindung" der Staatsapparate unterläuft, ist der Verfassungstypus gewaltenteilig prozeduralisierter Volkssouveränität, wie er auch für parlamentarische Systeme charakteristisch ist, erheblichen Erosionen ausgesetzt. Verfahren demokratischer Partizipation, auch demokratische Wahlen, die eine Einwirkung der Bevölkerung auf die Gesetzgebung zum Zweck haben, laufen daher zunehmend leer. Entsprechend erklären Demokratietheorien, die bereits an diese Situation angepaßt sind, die bloße Existenz einer politischen „Öffentlichkeit" zum einzigen Prinzip der Demokratie. Die öffentliche Skandalisierung geschehenen politischen Unrechts und dessen nachträgliche justizförmige Bearbeitung treten an die Stelle präventiver demokratischer Steuerung der Politik. Erst recht befördern aktuelle Bestrebungen, für eine unklar gefaßte ökonomische „Globalisierung" die supranationalen bis weltstaatlichen politisch-institutionellen Entsprechungen zu entwickeln, eine drastische Reduktion rechtsstaatlicher und demokratischer Standards. So sehr sie Fichtes Vision eines „geschlossenen Handelsstaats" entgegen stehen, so sehr gehen sie andererseits mit zentralen Verfassungsprinzipien Fichtes konform: Auch hier wird der Gedanke einer Steuerung des gewaltbewehrten politischen Handelns durch demokratische Gesetzgebung hinfällig und durch beschwichtigende Hinweise auf eine sich konstituierende Weltöffentlichkeit und zu errichtende internationale Strafgerichtshöfe, die begangene Menschenrechtsverletzungen im nachhinein bearbeiten, ersetzt. Indem gleichzeitig in modernen Gesellschaften der steigende Sicherheitsbedarf das demokratische Freiheitspathos aufzehrt und neuerdings auch die weltweite Beförderung ethnischer Nationalismen das Konzept des verfassungspatriotischen Nationalstaats verdrängt, gerät der Kontraktualismus der Aufklärung in die Defensive. – Die vielfach beschworene „Aktualität" Fichtes (z. B. Braun 1991, 26–47) könnte in allen diesen Momenten ihren problematischen Realitätsbezug haben.

Literatur

Althusius, Johannes: Politica, zit. nach der Auswahlausgabe („Grundbegriffe der Politik"), hrsg. von E. Wolf, Frankfurt/Main 1948
Batscha, Z. 1968: Gesellschaft und Staat in der politischen Philosophie Fichtes, Frankfurt/M.
Braun, J. 1991: Freiheit, Gleichheit, Eigentum. Grundfragen des Rechts im Lichte der Philosophie J. G. Fichtes, Tübingen
Erklärung der Menschen- und Bürgerrechte, in: Französische Verfassung von 1791, in: Staatsverfassungen, hrsg. von Günther Franz, Darmstadt 302–307
Fetscher, I. 1976: Immanuel Kant und die Französische Revolution, in: Z. Batscha (Hrsg.), Materialien zu Kants Rechtsphilosophie, Frankfurt/M., 269–289
Fetscher, I. 1986: Johann Gottlieb Fichte, in: Pipers Handbuch der politischen Ideen, hrsg. von ders. u. H. Münkler, München/Zürich, 174–198
Kelsen, H. 1931: Wer soll der Hüter der Verfassung sein?, Berlin-Grunewald
Luhmann, N. 1984: Soziale Systeme, Frankfurt/M.
Magna Charta Libertatum (dt.), in: Quellen zur neueren Geschichte, hrsg. von H. Wagner, Heft 16, Bern 1951.
Maus, I. 1992: Zur Aufklärung der Demokratietheorie. Rechts- und demokratietheoretische Überlegungen im Anschluß an Kant, Frankfurt/M.
Merle, J.-Ch. 1999: L'institutionalisation du droit de résistance chez Fichte, in: J.-C. Zancarini (ed.), Le droit de résistance – XIIe-XXe siècle, Paris
Rawls, J. 1975: Eine Theorie der Gerechtigkeit, Frankfurt/M.
Seidel, H. 1997: Johann Gottlieb Fichte zur Einführung, Hamburg
Siep, L. 1992: Naturrecht und Wissenschaftslehre, in: M. Kahlo/E. A. Wolff/R. Zaczyk (Hrsg.): Fichtes Lehre vom Rechtsverhältnis, Frankfurt/M., 71–91
Sieyès, Emmanuel: Was ist der dritte Stand? in: ders.: Politische Schriften 1788–1790, hrsg. von E. Schmitt und R. Reichardt, München/Wien ²1981
Willms, B. 1967: Die totale Freiheit. Fichtes politische Philosophie, Köln/Opladen

Jean-Christophe Merle

11 Eigentumsrecht (§§ 18–19)

11.1 Die Widersprüche der naturrechtlichen Eigentumstheorie

Fichtes Eigentumsrecht wird in der „Deduktion des Urrechts" (Teil I, 3. Hauptstück, 1. Kap.) begründet („deduziert") und erst ein Jahr später im „angewandten Naturrecht" (Teil II) entwickelt. Um die Einheitlichkeit und die Originalität der Fichteschen Konzeption des Eigentumsrechts zu unterstreichen sowie um ihre Konsistenz zu prüfen, sollen im folgenden die Paragraphen 9 bis 12 und 18 bis 19 untersucht werden. Horstmanns Aufsatz in diesem Band hat den Anfang der Deduktion des Urrechts bis zur freien Bestimmung der Welt durch den Leib kommentiert. Anschließend deduziert Fichte das Eigentumsrecht, sodann das Zwangsrecht.

Der Hintergrund für die Eigentumstheorie des gesamten deutschen Idealismus ist die klassische Naturrechtslehre des Eigentums. Sie läßt sich in vier Punkten zusammenfassen.

1. Das *dominium terrae* aus der Genesis gewährt allen Menschen ein Nutzrecht auf die Natur.

2. Entweder die Sünde oder ihre säkularisierten Äquivalente, d. h. die Selbstsucht, der Ehrgeiz, die Feindschaft, sowie die Unterschiede unter den Menschen hinsichtlich der Talente und des Fleißes etc. machen einen positiven Gemeinbesitz – sprich eine kollektive Benutzung und einen kollektiven Genuß der Erde – unmöglich. Damit wird die Einführung des Privateigentums gerechtfertigt.

3. Das Privateigentum wird gemäß dem Recht des ersten Besitzes (*prima occupatio*) verteilt. Die Bedeutung eines Paradigmenwechsels hatte bekanntlich Lockes Theorie, die als Bedingung für den ursprünglichen Erwerb nicht den bloßen Erstbesitz, sondern die Bearbeitung einer ‚herrenlosen' Sache ansieht. Doch haben das Recht der Erstbesitzes und das von Locke konzipierte Eigentumsrecht etwas gemeinsam, das Proudhon das „Recht des Glücksfalls" (*droit d'aubaine*) nennt, weil der ursprüngliche Erwerb durch Bearbeitung den Erstbesitz voraussetzt. Lockes Theorie unterwirft im Grunde den Erwerb durch Erstbesitz lediglich einer Zusatzbedingung: daß der Erstbesitzer die Sache bearbeite. Aus dem Recht des Erstbesitzes ergibt sich, daß manche Menschen über kein Eigentum verfügen. Dies widerspricht aber dem allen Menschen gewährten Nutzrecht. Die Menschen, die über kein Eigentum verfügen, sind, um ihren Lebensunterhalt zu sichern, entweder auf die Beschäftigung im Dienst von Eigentümern

oder auf Almosen angewiesen; sie haben aber weder einen Anspruch darauf noch die Garantie, daß sie immer zumindest eines von beidem finden werden. Locke fügt allerdings eine berühmte Klausel hinzu, die den Erwerb durch Arbeit in den Fällen in Frage stellt, „wo genug und ebenso gutes den anderen gemeinsam verbleibt" (Locke, Second Treatise, § 27). Doch wird diese Klausel leider nicht weiter erläutert (für eine berühmte Überarbeitung zu einer affirmativen Klausel, vgl. Nozick 1974, Teil II, § 7, „Die Bedingung", 167–170).

4. Um das Schicksal der Eigentumslosen zu lösen, sehen die Naturrechtstheoretiker bestimmte Rechte vor, die sich auf das *dominium terrae* berufen und die Rechte der Eigentümer beschränken. Diese Rechte werden als minimale Rechte, die noch aus dem ursprünglichen Gemeinbesitz abgeleitet sind, gedacht, sozusagen als ‚Restrechte'. Weil sie aber bloße Restrechte sind, wird immer dafür gesorgt, daß sie das Eigentumsrecht möglichst wenig einschränken. Zu diesen Rechten gehören etwa das Notrecht (*ius necessitatis*; vgl. Merle, 1997a), die Errichtung von durch Steuergeldern finanzierten öffentlichen Armen-, Waisen- und Krankenhäusern und die staatliche Festsetzung des Preises von einigen Nahrungs- und Lebensmitteln (Brot, Brennholz usw.). Wenn diese Rechte den Notleidenden von den Eigentümern vorenthalten werden, so darf man von ihnen nicht im *bloßen* Notfall (d. h. wenn bloß Schäden – seien es auch körperliche Schäden – drohen), sondern nur im *äußersten* Notfall (d. h. erst wenn eine unmittelbare Lebensgefahr besteht) Gebrauch machen (vgl. Merle 1997a; Merle 1999). Aus dem *dominium terrae* bleiben also nur winzige Überreste.

Während die Theorie des *dominium terrae* ein gemeinschaftliches Recht der Menschen auf die Benutzung der Ressourcen zuläßt, definiert die der *prima occupatio* ein direktes Verhältnis zwischen einem Menschen und einer Sache ohne Bezug auf eine Rechtsgemeinschaft; erst wenn ein durch dieses direkte Verhältnis entstandenes Eigentumsrecht besteht, tritt die Rechtsgemeinschaft zur Sicherung des Eigentums auf. Das Recht des Erstbesitzes gilt primär; die Rechtsgemeinschaft unter Menschen hat nur eine sekundäre Bedeutung. Im allgemeinen definiert das klassische Naturrecht die individuellen Rechte ohne Bezug auf die Rechtsgemeinschaft.

Eine kopernikanische Revolution führt Kant nicht weniger in der Rechtsphilosophie als in der theoretischen Philosophie durch: „Das Recht ist [...] der Inbegriff der Bedingungen, unter denen die Willkür des einen mit der Willkür des anderen nach einem allgemeinen Gesetze der Freiheit zusammen vereinigt werden kann" (Kant, RL Einl. § B, VI 230). Sechs Monate vor Erscheinen der RL formulierte schon der von der Kantischen Philosophie – zumal vom *Gemeinspruch* und der Friedensschrift – stark geprägte Fichte eine ähnliche Definition des Rechts: „Alles Rechtsverhältnis ist bestimmt durch den Satz: jeder beschränke seine Freiheit durch die Möglichkeit der Freiheit des anderen" (I 3, 411). Gemäß Kants Definition kann nur ein „allseitiger [...] Wille", d. h. das Gesetz der Rechtsgemeinschaft, den Besitz zum peremptorischen Besitz – sprich Eigentum – machen. Aus demselben Begriff des Rechts folgt nach Fichte, daß im Staatsbürgervertrag „jeder Staatsbürger notwendig Eigentum" hat (I 4, 8). Obwohl Hegel den Egalitarismus der Fichteschen Eigentumslehre ansonsten ablehnt, übernimmt er diese Forderung nach einem universalen Recht auf Eigentum: „die Gerechtigkeit [...] fordert [...], daß jeder Eigentum haben solle" (Grundlinien der Philosophie des Rechts, § 49, Zusatz). Bekanntlich zieht Kant diesen Schluß nicht; in der Anwendung seines Rechtsbegriffs übernimmt er vielmehr vom Naturrecht drei Elemente, die diesem Rechtsbegriff m. E. widersprechen.

1. Bei Kant unterscheidet sich der peremptorische Besitz quantitativ keineswegs vom provisorischen Besitz. Letzterer wird wiederum nicht durch eine nähere Bestimmung des Rechtsbegriffs – d. h. durch eine Erörterung der Bedingungen des Zusammenlebens der äußerlichen Freiheiten unter einem Gesetz –, sondern durch das Recht des Erstbesitzes geregelt. An die Stelle des Rechtsbegriffs tritt hier als Prinzip für die Verteilung des Eigentums das bloß physische bzw. zeitliche Antecedens.

2. Dementsprechend wird der Gegenstand des Eigentums von einem Gegenstand der praktischen Vernunft zu einem Gegenstand der theoretischen Vernunft. Kants RL definiert die Gegenstände des Eigentums zunächst als „die äußeren Gegenstände meiner Willkür" (VI 247; s. auch: „Gebrauch ihrer [der Freiheit] Willkür in Ansehung eines Gegenstandes derselben": VI 246). Dies kann in Kants Theorie nicht anderes heißen, als daß mit den Gegenständen meiner Willkür die „Gegenstände meiner Zwecke" gemeint sind (ob das Eigentum dieser Gegenstände an sich angestrebt wird oder ob ich mich dieser Gegenstände als Mittel zu meinen Zwecken bedienen will). Sodann ersetzt Kant diesen Ausdruck durch einen anderen: Aus den ‚äußeren Gegenständen meiner Willkür' wird eine „Sache an sich selbst" (RL, VI 249) und es werden gar „körperliche Dinge (Substanzen)" (VI 250) aus ihnen. Wenn Kant konsequent mit seinem Prinzip umginge, und das Eigentum bzw. den Gegenstand der Willkür als ein Gebrauchsrecht bzw. als ein Recht auf eine Tätigkeit im Gegensatz zu einem Recht auf eine Substanz schlechthin definierte, so dürfte der Erstbesitz keinesfalls als Erwerbstitel gelten.

3. Wenn diese beiden mit Kants Begriff des Rechts unvereinbaren Elemente einmal angenommen sind, so ist zu erwarten, daß Kant – wie schon die Naturrechtstheoretiker – die Errichtung von Armenhäusern als einzige Lösung gegen die Armut der Eigentumslosen vorschlägt, was den Armen keineswegs ein Eigentum, sondern nur die strikte Erhaltung sichert.

11.2 Die Deduktion des Urrechts (§§ 9–12)

In der *Grundlage des Naturrechts* bietet Fichte eine alternative Lösung zu den beiden ersten o. g. Elementen in der „Deduktion des Urrechts" an; die Alternative zum dritten Element befindet sich im „Staatsbürgervertrag" sowie in der „bürgerlichen Gesetzgebung". Wegen des Rechts des Erstbesitzes als Erwerbstitels (erstes Element) führt Kant eine grundsätzliche Veränderung seines Eigentumsbegriffs (zweites Element) durch. Bei Fichte verhält es sich umgekehrt. Weil Fichte dem Eigentumsbegriff treu bleibt, der sich aus seinem eigenen und dem Kantischen Rechtsbegriff ergibt (Alternative zum zweiten Element), wird bei ihm den einzelnen Menschen das Eigentum auf eine Weise zugeteilt, die im Grunde dem Kantischen Rechtsbegriff treuer bleibt, als Kants eigene Theorie dies tut (Alternative zum ersten Element).

Auf den ersten Blick verfährt Fichte genauso wie Kant. Kant behandelt das Mein und Dein im Naturzustand („Privatrecht"); sodann entwickelt er das Mein und Dein im Rechtszustand („öffentliches Recht"). In der Deduktion des Urrechts erinnert Fichte an das Fazit der Deduktion des Rechtsbegriffs und dessen Anwendbarkeit: „Von Rechten kann geredet werden nur unter der Bedingung, daß eine Person, als Person, d. h. als Individuum gedacht, demnach auf andere Individuen", d. h. „auf die durch die Rechte anderer nötigen Beschränkungen" bezogen werden (I 3, 403). Sodann analysiert Fichte diese Definition. Fichtes Abstraktionsverfahren geht von ausdrücklich fiktiven „Urrechten" bzw. von den Bedingungen der Persönlichkeit und von den Kollisionen aus, die sich in diesem Gedankenexperiment zwischen ihnen ergeben. Erst dann werden die Rechte in der Rechtsgemeinschaft und durch ein Gleichgewicht des Rechts auch quantitativ bestimmt. Hier unterscheidet sich Fichtes konstruktivistische Methode für die Verteilung des Eigentums wesentlich vom Kantischen Recht des Erstbesitzes. Kant sagt vom Privatrecht und vom öffentlichen Recht: „Dieses enthält nicht mehr, oder andere Pflichten der Menschen unter sich, als in jenem gedacht werden können; die Materie des Privatrechts ist ebendieselbe in beiden. Die Gesetze des letzteren betreffen also nur dir rechtliche Form ihres Beisammenseins (Verfassung)" (RL, VI 306). Im Gegensatz dazu bestimmt Fichtes Eigentumsvertrag nicht nur die Form, sondern auch die Materie des Eigentums.

Im Rahmen der methodischen Fiktion des Urrechts definiert Fichte das Eigentum als „den mir bekannten, und meinen Zwecken, sei es auch nur in Gedanken, unterworfenen Teil der Sinnenwelt [...]" (I 3, 407). Der Zusatz „sei es auch nur in Gedanken" hebt hervor, daß das Eigentumsrecht weder den Besitz noch irgendwelche anderen physischen Bedingungen voraussetzt. Fichte lehnt etwa „den alten Streit [...], ob das Eigentumsrecht an einem Dinge lediglich durch die Formation desselben, oder ob es schon durch den Willen, dasselbe zu besitzen, begründet werde" ab (I 3, 407). Die zweite These des genannten Streits besteht darin, das Recht des Erstbesitzes (*prima occupatio*) zu behaupten. Wenn Fichte diese These nicht beim Namen nennt, so will er unterstreichen, was diese These mit der angeblich entgegengesetzten These – d. h. Lockes These minus die Klausel, daß nach dem Erwerb durch die Arbeit genug für die anderen bleiben soll – gemeinsam hat. Beide Thesen unterwerfen den Erwerb einer physischen Bedingung: daß die Sache, die man erwerben will, noch ohne Eigentümer, ,herrenlos', ist. Sie fügen noch eine weitere Bedingung hinzu: den Willen, die Sache zu besitzen bzw. – bei Locke – deren Bearbeitung. Anders als Kant schafft Fichte die physische Bedingung ab und präzisiert daher, daß die Zwecke der mir „auch nur in Gedanken" unterworfene Teil der Sinnenwelt sein können. Außerdem ist „der mir bekannte, und meinen Zwecken [...] unterworfene Teil" nicht nur im räumlichen Sinne zu verstehen; der genannte „Teil" muß keine „Sache" (*res*) sein. Außer im „Recht auf die Fortdauer der absoluten Freiheit und Unantastbarkeit des Leibes" besteht das Urrecht insbesondere auch im „Recht auf die Fortdauer unseres freien Einflusses in die gesamte Sinnenwelt" (I 3, 409). Im „öffentlichen Eigentumsvertrag" folgert Fichte daraus, daß das Eigentum eine Freiheitssphäre bezeichnet, die „gewisse Objekte, bestimmt durch die ihm [sc. dem Eigentümer] zugestandene Freiheit" enthält (I 4, 20). Er fährt fort: „So weit demnach die ihm zugestandene Freiheit sich erstreckt, so weit, und nicht weiter, erstreckt sich ein Eigentumsrecht an die Objekte" (I 4, 20). Daraus ergibt sich, das eine und dieselbe Sache durchaus für mehrere Zwecke Verwendung finden kann. Dieselbe Sache kann durchaus mehrere Eigentümer haben, vorausgesetzt daß sich diese Verwendungsweisen miteinander vereinbaren lassen. Dieselbe Sache darf auch bei manchen Verwendungsweisen von allen Menschen zugleich benutzt werden, solange dies nicht physisch unmöglich ist. Hier finden wir eine Rechtfertigung und gleichzeitig eine erweiterte Version dessen, was das Naturrecht unter dem Namen *ius innoxia* (Recht des unschädlichen Gebrauchs) als ein – allerdings nicht einklagbares – Recht anerkennt (vgl. Merle 1997, 54 f.). Der „Teil der Sinnenwelt" ist also nicht als ein Teil der materiellen Sachen (*pars rerum*), sondern als Teil der möglichen Verwendungsweisen (*pars usorum*) der materiellen Sachen zu verstehen.

Mit dieser kopernikanischen Revolution im Begriff des Eigentumsrechts ist eine zweite Revolution verbunden. Sie betrifft die Zuteilung des Eigentumsrechts. Anders als das Naturrecht behandelt das Eigentumsrecht bei Fichte nicht mehr primär die Frage des Erwerbs einer herrenlosen Sache (*res nullius*). Fichtes Konstruktion des Eigentumsrechts geht von dem fiktiven Urrecht auf Eigentum aus, aus dem sich zwangsläufig Kollisionen zwischen den Urrechten bzw. zwischen den Zwecken der einzelnen Individuen ergeben, die erst durch die gegenseitige Begrenzung der Urrechte vermieden werden. Nun besteht schon der Begriff des

Rechts in der gegenseitigen Begrenzung der Freiheiten: „Alles Rechtsverhältnis ist bestimmt durch den Satz: jeder beschränke seine Freiheit durch die Möglichkeit der Freiheit des anderen" (I 3, 411). Doch genügt es, um das Eigentumsrecht zu definieren, in diesem Satz die „Freiheit" durch das „Urrecht" zu ersetzen. Nach Fichtes Definition besteht das Urrecht aus dem „Recht auf die Fortdauer der absoluten Freiheit und Unantastbarkeit des Leibes" und dem „Recht auf die Fortdauer unseres freien Einflusses in die gesamte Sinnenwelt" (I 3, 409). Es besteht offenbar eine Asymmetrie zwischen den beiden Elementen des Urrechts, die die Kollisionen zwischen Urrechten betrifft. Während das erste Urrecht jedem Menschen gewährt werden kann, sobald die Erde alle Menschen ernähren kann, so daß unter dieser Prämisse keine Kollision entsteht, verursacht die unbeschränkte Anerkennung des zweiten Urrechts („das Recht auf die Fortdauer unseres freien Einflusses in die gesamte Welt") für mehr als einen einzigen Menschen notwendigerweise eine Rechtskollision, sobald wir in einer gemeinsamen Welt leben, unabhängig davon, ob Güterknappheit herrscht oder wir uns im Schlaraffenland befinden. Denn unser Einfluß erstreckt sich tatsächlich „auf die gesamte Sinnenwelt". Wie die Katastrophentheorie zeigt, wirkt sich jede unserer Handlungen, wie gering auch immer, auf die ganze Welt aus. Das Problem der Umweltverschmutzung ist ein Beispiel dafür. Außerdem können wir potentiell auch unsere Handlungen auf jeden beliebigen Teil der Welt beziehen wollen. Die Einschränkung der Freiheiten ist daher unvermeidlich: „Durch ein solches unendliches Freisein, wie das [als Urrecht] beschriebene, würde die Freiheit aller, außer Eines einzigen, aufgehoben, und sie selbst sogar ihrer physischen Existenz nach vernichtet, und das Rechtsgesetz würde demnach sich selbst widersprechen" (I 3, 411). Die Einschränkung des Urrechts soll nach Fichte *gegenseitig* und nach einer allgemeinen Regel erfolgen. Genauso wie in der heutigen Theorien der Gerechtigkeit geht das Eigentumsrecht bei Fichte dem die Beziehungen zwischen den Mitgliedern der Rechtsgemeinschaft regelnden Recht nicht voraus; vielmehr gehört das Eigentumsrecht zur Verteilungsgerechtigkeit. Fichte erläutert seine Konstruktion durch ein Öffentlichkeitsgebot: Die Kollision der Urrechte soll durch die öffentliche „Deklaration" der eigenen Ansprüche durch die Individuen sichtbar werden; die gegenseitige Einschränkung erfolgt dann als öffentliche gegenseitige „Anerkennung" der Eigentumsrechte (I 3, 420). Schließlich universalisiert Fichte die Kollision und deren Vermeidung im Gleichgewicht des Rechts dem Raum und der Zeit nach. Diese Lösung soll im Weltmaßstab und für jeden künftigen Erwerb gelten.

Allerdings besteht eine Asymmetrie zwischen Fichtes Behandlung der Eigentumsverteilung innerhalb des Staates und seiner Behandlung der Eigentumsverteilung zwischen den Staaten. Die Kollisionen der durch die äußeren Freiheiten erhobenen Ansprüche werden durch eine dritte, obere Instanz – den Staat als allgemeinen Willen – vermieden. Dagegen erfolgt die Verteilung des Eigentums unter Staaten durch bilaterale Verträge zwischen Nachbarstaaten ohne Vermittlung einer oberen Instanz. Zufolge einer angeblichen Transitivität behauptet Fichte, daß sich auch die nicht benachbarten Staaten durch diese bilaterale Verträge anerkennen. Fichte bietet kein Prinzip der Verteilungsgerechtigkeit unter Staaten an, sondern votiert vielmehr im *Geschloßnen Handelstaat* für eine weitgehende Autarkie. Ich überlasse aber die kritische Untersuchung der internationalen Dimension des Fichteschen Eigentumsrechts, die ich für nicht schlüssig halte, dem Beitrag De Pascales zu Fichtes Völkerrecht in diesem Band (Kap. 14).

11.3 Der öffentliche Eigentumsvertrag (§§ 18–19)

In der „Deduktion des Urrechts" hat Fichte den Begriff des Rechts durch eine gegenseitige Beschränkung der äußeren Freiheiten bzw. durch ein „Gleichgewicht des Rechts" schematisiert. Ein Jahr später vollzieht der zweite Teil der Naturrechtsschrift (§ 18) den letzten Schritt im Anwendungsprozeß: In § 19 soll eine „vollständige Anwendung" erzielt werden. In der „Deduktion des Urrechts" sei der Staatsvertrag bloß „beschrieben" worden; nun gehe es darum, ihn „vollständig zu erörtern" (I 4, 20). Die gegenseitige Beschränkung liefert die Schematisierung des Begriffs des Rechts. Sie bleibt aber eine bloß formale Lösung, solange das Maß der gegenseitige Beschränkung nicht festgesetzt wird.

Erst die Bestimmung dieses Maßes liefert eine Alternative zum Naturrecht und zu Kant bezüglich des Problems der Eigentumslosen.

Durch die Bestimmung dieses Maßes unterscheidet sich Fichte aber auch von den heutigen Theorien der Gerechtigkeit. Als Verteilungsprinzip für das Eigentum nehmen die heutigen Theorien der Gerechtigkeit ein Gleichheitsprinzip an, das die zu verteilenden Güter erschöpft, d. h. vollständig verteilt. Dworkins Gleichheit der Ressourcen, Rawls' Prinzipien der Gerechtigkeit, die utilaristische Maximierung des Glücks, die Gleichheit der Einkommen oder die der Wohlfahrt usw. bilden Kriterien für eine vollständige Verteilung der Güter. Auch Kants RL schematisiert das Recht in einer Weise, die eine solche vollständige Verteilung nahelegt. Kants Schema des Rechts ist das Gerade, das er dem Schiefen entgegensetzt: „die Lage zweier einander durchschneidenden oder zusammenstoßenden Linien, von deren Art es auch nur eine einzige (die Senkrechte) geben kann, die sich nicht mehr nach einer Seite, als der anderen hinneigt, und die den Raum von beiden Seiten gleich abteilt, nach welcher Analogie auch die Rechtslehre das Seine einem jeden (mit mathematischer Genauigkeit) bestimmt wissen will [...]" (RL, VI 233). Der geometrischen Analogie nach scheint es für Kant nur eine einzige richtige Verteilung zu geben. Allerdings folgt Kant in seinem Kapitel über das „öffentliche Recht" dieser Analogie nicht; vielmehr begnügt er sich mit einem Recht auf Selbsterhaltung (vgl. Merle 1999, 205). Fichtes Ausdruck „Gleichgewicht des Rechts" erinnert eindeutig an Kants Schematisierung durch das „Gerade". Fichte fordert sogar ausdrücklich vom „Bürgervertrag", daß er „durchgängig bestimmt und bestimmend" sei. Dennoch folgt auch Fichte in seiner quantitativen Bestimmung des Eigentums dieser Analogie nicht.

Um das Gleichgewicht des Rechts bzw. das Gleichgewicht der nach den individuellen Zwecken erhobenen Ansprüchen quantitativ zu bestimmen, muß Fichte diese Zwecke untersuchen: „Daß ich etwas meinen Zwecken unterworfen habe, ist erster Grund alles Eigentums, zufolge des Begriffs vom Urrechte. – Welchen Zwecken denn? [...] Nur dieser erklärte und anerkannte Zweck in den Sachen wird garantiert, und weiter nichts; und das Eigentum der Objekte erstreckt sich nur auf die Erreichung dieses Zwecks [...]" (I 4, 20 f.).

Zunächst stellt er fest: „Diese Zwecke nun können sogar bei Gebrauch desselben Objekts, sie können sonach bei verschiedenartigen Objekten sehr verschieden sein" (I 4, 21).

Angesichts dieser anthropologischen Feststellung halten die heutigen liberalen Theorien der Gerechtigkeit ein Neutralitätsprinzip für geboten: die gerechte Verteilung darf keinen Zweck bzw. keine Art von Zweck begünstigen; sie soll vielmehr die Verfolgung von verschiedenartigen Zwecken gleichermaßen ermöglichen und befördern.

Fichte entscheidet sich für ein völlig anderes Neutralitätsprinzip, das die Neutralität gegenüber den Zwecken nicht mehr positiv, sondern negativ interpretiert: nur die Zwecke, die alle Menschen verfolgen, dürfen in der Eigentumsverteilung berücksichtigt werden. Fichte formuliert seine ursprüngliche Frage (,Welche Zwecke denn?') um: „Es fragt sich, ob nicht alle möglichen Zwecke des Bürgers doch etwa einem einzigen sich unterordnen lassen" (ebd.). Fichtes Antwort lautet: „Der höchste und allgemeinste Zweck aller freien Tätigkeit ist sonach der, leben zu können" (ebd.).

Fazit: „Leben zu können ist das absolute unveräußerliche Eigentum aller Menschen" (ebd.). Dank des Eigentums, das ihm die Arbeitsmittel geben soll, und dank seiner Arbeit soll also der Mensch leben können. Umgekehrt darf das Eigentum allein den Lebensunterhalt nicht ohne eigene Arbeit garantieren. Aus diesem Grund u. a. haben viele Interpreten seit Marianne Weber (1900), Jaurès (1901/04) und Rickert (1922/23) Fichte als Sozialisten bezeichnet.

Eine Konsequenz dieser Behauptung, daß „leben zu können" der „höchste und allgemeinste Zweck aller freien Tätigkeit" ist, liegt darin, daß dort, wo die Knappheit der Ressourcen derart extrem ist, daß keine Verteilung jedem Menschen mit den nötigen Mitteln zur Selbsterhaltung versorgen kann, auch kein Rechtszustand möglich ist. Könnte jedoch auch in diesem Zustand nicht zumindest ein Protorecht in der Form von Prioritätsregeln für die Versorgung gedacht werden?

Viel strittiger ist Fichtes Annahme, daß dieser allgemeinste Zweck auch der „höchste" sei. Diese Annahme scheint der Deduktion des Urrechts zu widersprechen. Nach der Deduktion enthält das Urrecht „1. das Recht auf die Fortdauer der absoluten Freiheit und Unantastbarkeit des Leibes (d. i., daß auf ihn unmittelbar nicht eingewirkt würde) [negatives Recht; J.-Ch. M.]; 2. das Recht auf die Fortdauer unseres freien Einflusses in die gesamte Sinnenwelt [positives Recht; J.-Ch. M.]". Fichte fügt sogar hinzu: „Ein besonderes Recht der Selbsterhaltung gibt es nicht [...]" (I 3, 409), denn die Selbsterhaltung ist schon im zweiten Element des Urrechts – als dessen Voraussetzung – enthalten. Daß die Selbsterhaltung allein im Eigentumsvertrag zum absoluten unveräußerlichen Eigentum erklärt wird, wirft drei Fragen auf.

1. Warum tritt die Selbsterhaltung nicht bloß als Voraussetzung der Befolgung aller Zwecke, sondern statt dessen als „höchster" Zweck auf?

2. Nehmen wir eine solche Hierarchie unter den Zwecken an. Dürfte dann der höchste Zweck der Freiheit tatsächlich der sein, dem strengen Determinismus der Natur – d. h. dem Hunger und dem Durst – zu gehorchen?

3. Warum werden die anderen Zwecke nicht nur diesem höchsten Zweck untergeordnet, sondern bleiben im Eigentumsvertrag unberücksichtigt? Wenn mehr Güter vorhanden sind, als für die bloße Selbsterhaltung aller Menschen nötig sind, warum verteilt sie der Eigentumsvertrag nicht, d. h. warum begnügt sich Fichte mit einer unvollständigen Verteilung, obwohl er behauptet, eine „vollständige Anwendung der aufgestellten Grundsätze über das Eigentum" durchzuführen zu wollen (I 4, 24)?

11.4 Die moral-teleologische Dimension des Eigentumsrechts

§ 18 liefert zunächst eine Antwort auf die zweite Frage: Die Selbsterhaltung als höchster Zweck bedeutet keinesfalls die ewige Unterwerfung des Menschen unter den Determinismus der Natur. Die Befriedigung des Hungers und des Durstes ist zwar „der letzte Endzweck des Staates, und alles menschlichen Lebens und Triebes" (I 4, 21), doch nur „solange der Mensch bloß unter der Leitung der Natur bleibt, und nicht durch Freiheit sich zu einer höheren Existenz erhebt" (I 4, 21 f.). Die im *System der Sittenlehre* enthaltene „Einteilung des möglichen menschlichen Berufs" präzisiert, was Fichte unter einer „höheren Existenz" versteht. Fichte unterscheidet zwei Kategorien von Berufen voneinander, die beide zur Förderung des Zwecks der Vernunft dienen sollen. Der Zweck der Vernunft ist wiederum die Errichtung einer Gemeinschaft der Vernunftwesen, die weder eine bloß natürliche noch eine bloß rechtliche, sondern eine moralische und schließlich – ähnlich wie in Kants Religionsschrift – eine geistige sein soll. Die erste und obere Kategorie von Berufen, unter die sich die „Gelehrten", die „Staatsbeamten", die „Volkslehrer" und die Künstler subsumieren lassen, übt ihren Einfluß unmittelbar auf die Gemeinschaft aus. Die zweite und untere Kategorie – nach der Einteilung der Physiokraten auch „Produzenten" genannt – üben nur einen indirekten Einfluß auf die Gemeinschaft aus, indem dieser Berufsstand für die physische Erhaltung der Gemeinschaft sorgt, ohne die die Gemeinschaft nicht fortschreiten, und schon nicht bestehen könnte. Im *System der Sittenlehre* achtet Fichte die untere Berufsgruppe keineswegs gering, sondern bezeichnet sie sogar als „erhaben" (I 5, 301), denn sie beherrscht die Natur und befreit uns dadurch von deren Determinismus (vgl. Kloc-Konkolowicz 2009).

Nun enthält die Einteilung der Berufe in der *Grundlage des Naturrechts* (§ 19) nur die untere Berufsgruppe – von den Bauern bis zu den Kaufleuten –, weil das Recht nicht der letzte Schritt im Prozeß des Fortschritts der Gemeinschaft ist. Die Rechtsordnung soll nur für die materielle Erhaltung der Menschen sorgen, nicht aber für ihre geistige Bestimmung. Deshalb steht im Mittelpunkt des § 19 der Übergang vom Reich der Natur in den Rechtszustand. Der Einteilung der Berufe wird eine Darstellung der „Stufen der Organisation" (I 4, 25) vorausgeschickt. Der Mensch steht auf der höchsten Stufe der Organisation, weil er sich erstens – anders als die Pflanzen – nicht von „roher Materie" (I 4, 24), sondern von biologischen – und sogar von höher entwickelten: „artikulierten" – Geschöpfen ernährt, die sich wiederum auch von solchen artikulierten Geschöpfen ernähren, und weil zweitens die Natur die Nahrungsmittel nicht zu ihm bringt, sondern er sie sich selber durch „eigne Tätigkeit" beschafft (ebd.); vor allem aber verfügt der Mensch drittens – anders als die Tiere – über das „Vermögen zur Beförderung und Vermehrung der Organisation" (I 4, 25). In diesem Kontext ist die Selbsterhaltung als Zweck also nicht als Unterwerfung unter den Determinismus der Natur anzusehen, sondern als der erste Schritt im Prozeß der Befreiung vom Determinismus der Natur, weshalb die Bauern „erhaben" sind (zum nicht bloß ästhetischen, sondern praktischen Charakter des Erhabenen bei Fichte, vgl. Merle 1996; vgl. auch über die Beherrschung der Natur *Bestimmung des Menschen*, Buch III: I 6, 267–269). Die Einteilung der Berufe in § 19 folgt der fortschreitenden Befreiung von der Natur. Als erste Klasse schreibt der Bauer der Natur „nichts vor, sondern" er versetzt „sie nur unter die Bedingungen der Anwendung ihrer bildenden Kraft" (I 4, 37). Dagegen setzen die Handwerker als „zweite Klasse" die „Teile ganz nach ihrem eignen Begriffe zusammen, und in ihnen selbst, nicht in der Natur, liegt die bewegende Kraft" (ebd.), weshalb Fichte sie „Künstler" nennt.

Die Rechtsgemeinschaft nimmt also den Platz einer Zwischenstufe zwischen der bloß physischen Gemeinschaft der Menschengattung und der geistigen Gemeinschaft der Vernunftwesen ein. Im System des späten Fichte wird der Fortschritt der Gemeinschaft der Menschen in fünf Stufen thematisiert: die natürliche, die rechtliche, die moralische, die religiöse und die wissenschaftliche Einheit (s. z. B. Anweisung zum seligen Leben, 5. Vorlesung; vgl. Janke 1993, Teil IV; Merle 1992). Die Rechtsgemeinschaft ist also eine Stufe in einem teleologischen Prozeß.

Daß die *Grundlage des Naturrechts* bei der Verteilung des Eigentums *nur* für die Selbsterhaltung sorgt, läßt sich jedoch nicht nachvollziehen, ob man die teleologische Perspektive berücksichtigt oder nicht.

Wenn man diese moral-teleologische Perspektive nicht berücksichtigt, sollte man jedem das gleiche Maß an Eigentum, d. h. der Ressourcen zuteilen, denn jeder hat vom Urrecht her denselben Anspruch auf reale Handlungsfreiheit. In diesem Sinne entwickelt der *Geschloßne Handelstaat* 1800 ein egalitäres Modell, das – anders als die *Grundlage des Naturrechts* – das Eigentum vollständig, d. h. restlos verteilt.

Nun werden auf den höheren Stufen der Gemeinschaft andere Zwecke verfolgt als die bloße Selbsterhaltung. Wer diese anspruchsvolleren Zwecke berücksichtigt, soll an einen wirtschaftlichen Fortschritt denken. Schon in den *Vorlesungen über die Bestimmung des Gelehrten* (1794) wird die immer komplexere Arbeitsteilung anders bei Adam Smith nicht als Ergebnis des Handels, sondern als Pflicht betrachtet: jeder Mensch sollte sich auf den Beruf spezialisieren, für den er am meisten begabt ist, damit der Mensch die Natur zunehmend beherrscht und sich von ihr damit befreit, so daß er sich immer mehr seiner geistigen Bestimmung widmen kann. Das SRL (1812) gibt den Egalitarismus des *Geschloßnen Handelstaats* (1800) zugunsten des wirtschaftlichen Fortschritts teilweise auf (für eine detaillierte Analyse dieser Änderung, vgl. Merle 1997, Teil II, Kap. 2). In der *Grundlage des Naturrechts* soll durch das Eigentumsrecht gesichert werden, daß jeder leben, d. h. sich erhalten kann. Im *Geschloßnen Handelstaat* soll jedem Menschen das Eigentum die Annehmlichkeiten des Lebens als Belohnung seiner Arbeit gewähren. Doch dürfen in der moral-teleologischen Perspektive Fichtes die Bedürfnisse nur befriedigt, nicht vermehrt werden. Deshalb soll in dem SRL der Ertrag des Fortschritts für mehr Freizeit benutzt werden.

Hier richtet sich Fichtes Verteilungsgerechtigkeit nicht nach einer Rawlsschen Neutralität gegenüber den individuellen Vorstellungen des Guten. Nicht soziale Grundgüter, die gleichermaßen zu allen Vorstellungen des Guten und zu allen individuellen Zwecken dienen können, sondern die Befreiung von der Natur steht bei Fichte im Mittelpunkt (vgl. Manz 1992, 231; 2015, 40). Jedoch versorgt der von Fichte thematisierte wirtschaftliche Fortschritt die Individuen mit immer mehr Mitteln zu Zwecken, die in der Fichteschen Rechtsordnung jeder für sich frei setzen darf. In Fichtes Rechtsordnung hindert nichts daran, sich dem

Konsumrausch hinzugeben oder weniger zu arbeiten und weniger zu verdienen, um einfach länger faulenzen zu können, statt seiner geistigen Bestimmung zu folgen. Insoweit steht die Fichtesche Rechtsordnung den heutigen liberalen Theorien der Gerechtigkeit im Ergebnis näher als in ihrer Absicht. Dies ergibt sich daraus, daß Fichte trotz der moral-teleologischen Perspektive, aus der er die Rechtsordnung betrachtet, die Autonomie des Rechts von der Moral in keinem seiner Werke aufgibt. Vom Paternalismus hat Fichte stets versucht die Rechtsordnung fernzuhalten.

Vom Paternalismus ist allerdings der Interventionismus und der Planwirtschaft zu unterscheiden, die er vornehmlich im *Geschloßnen Handelstaat* entwickelt. In dem – 1812, erst nach Fichtes Tod erschienen und daher wenig rezipierten – *System der Rechtslehre* tritt aber an die Stelle des strengen Egalitarismus und der ebenso strengen und oft scharf kritisierten Planwirtschaft des *Geschloßnen Handelstaats* die Freiheit zu sparen und zu investieren, das Privatunternehmen, die Steigerung der Produktivität usw.

Trotz aller Unterschiede zwischen dem jeweiligen wirtschaftlichen Modell der *Grundlage des Naturrechts*, des *Geschloßnen Handelstaat*s und des SRL bleibt eine doppelte Grundforderung der Fichteschen Verteilungsgerechtigkeit stets bestehen: daß einerseits die Handlungssphäre bzw. die reale Freiheit bei allen Menschen gleich ist und daß andererseits gleichzeitig jeder die Produkte seiner Handlung bzw. seiner Arbeit als ein absolutes Eigentum genießen darf. Dies verlangt allerdings, daß das Eigentum an Ressourcen bzw. Arbeitsmitteln nicht denselben rechtlichen Status hat wie das Eigentum an Produkten bzw. Konsumgütern. Letzteres gilt absolut, während ersteres durch das Gleichheitsprinzip bedingt sein soll. Es drängt sich natürlich die Frage nach der produktiven Investition auf. Investiert wird ein absolutes Eigentum; doch wird die produktive Investition als solche dem Gleichheitsprinzip unterworfen. Es entsteht sicherlich eine Spannung, die aber kein Widerspruch ist (vgl. Merle 1997; zur Gegenthese, vgl. Xifaras 2000). Die Produkte einer Handlung dürfen uneingeschränkt genossen werden, solange zu diesem Genuß nicht die Mitwirkung anderer Menschen erforderlich ist, in welchem Fall das Eigentum durch die Rechte dieser anderen Menschen beschränkt werden sollte.

Da die *Grundlage des Naturrechts* weder eine restlose Verteilung der Güter, noch ein vollständiges wirtschaftliches Modell anbietet, entkommt sie größtenteils dieser Schwierigkeit und den daraus entstandenen Polemiken um den *Geschloßnen Handelsstaat*. Dennoch stellt sie das wesentliche Prinzip der Fichteschen Eigentumstheorie dar: Das Eigentumsrecht wird *per definitionem* der Forderung der Verteilungsgerechtigkeit unterworfen. Die soziale Gerechtigkeit wird nicht mehr als eine äußere Einschränkung des Eigentumsrechts aufgefaßt, sondern als dessen immanente Beschränkung begriffen.

Literatur

Batscha, Z. 1981: Die Arbeit in der Sozialphilosophie Johann Gottlieb Fichtes, in: ders.: Studien zur politischen Theorie des deutschen Frühliberalismus, Frankfurt/M., 259–337
Braun, J. 1991: Freiheit, Gleichheit, Eigentum, Tübingen
Buch, M./Losurdo, D. 1991: Fichte – Die Revolution und das Ideal vom ewigen Frieden, Berlin
De Pascale, C. 1988: Droit à la Vie. Nature et Travail chez J. G. Fichte, in: Archives de Philosophie 51, 597–612
James, D. 2010: Fichte's Theory of Property, European Journal of Political Theory 9/2, 202–217
James, D. 2011: Fichte's Social and Political Philosophy: Property and Virtue, Cambridge
James, D. 2015: Radical Distributive Justice: Fichte's The Closed Commercial State, in: C. Boison and M. C. Murray (Hrsg.): Distributive Justice Debates in Political and Social Thought: Perspectives on Finding a Fair Share, London, 39–55
James, D. 2015a: Conceptual Innovation in Fichte's Theory of Property: The Genesis of Leisure as an Object of Distributive Justice, European Journal of Philosophy 23(3) (2015), 509–528
Janke, W. 1993: Vom Bilde des Absoluten, Berlin
Jaurès, J. 1901/04: Histoire Socialiste de la Révolution française, Nachdr. 1969/72, Paris
Kloc-Konkolowicz, J. 2009: Beati Possidentes. Eigentum und Freiheit bei Kant und Fichte, Fichte-Studien 33, 127–143
Manz, H. G. v. 1992: Fairneß und Vernunftrecht, Hildesheim
Marquardt, J. 1991: Der geschloßne Handelstaat, in: Deutsche Zeitschrift für Philosophie, 3/1991, 294–303
Masullo, A. 1986: Fichte, l'Intersoggettività e l'Originario, Neapel, Kap.15
Merle, J.-Ch. 1991: Indolenza e Politica in Fichte, in: Rivista Internazionale di Filosofia del Diritto 1
Merle, J.-Ch. 1992: La déduction du concept de droit chez Fichte, in: Cahiers de Philosophie Politique et Juridique, Heft 21, 61–87
Merle, J.-Ch. 1996: Le tournant de l'esthétique de Kant à Fichte considéré à partir du sublime de la nature, in: Cahiers de la Revue de Théologie et de Philosophie, Heft 18, 557–561
Merle, J.-Ch. 1997: Justice et Progrès, Paris, Teil II
Merle, J.-Ch. 1997a: Notrecht und Eigentumstheorie im Naturrecht, bei Kant und bei Fichte, in: Fichte-Studien, Bd. 11, 41–61
Merle, J.-Ch. 1999: Funktionen, Befugnisse und Zwecke der Staatsverwaltung, in: O. Höffe (Hrsg.), Immanuel Kant. Metaphysische Anfangsgründe der Rechtslehre, Berlin, 195–212
Merle, Jean-Christophe 2016: Fichte's Political Economy and His Theory of Property, in: D. James/G. Zöller: The Cambridge Companion to Fichte, Cambridge
Nozick, R. 1974: Anarchie, Staat, Utopia, übers. v. H. Vetter, München.
Rickert, H. 1922/23: Die philosophischen Grundlagen von Fichtes Sozialismus, in: Logos, Heft 11
Weber, M. 1900: Fichtes Sozialismus und sein Verhältnis zur Marx'schen Doktrin, in: Volkswirtschaftliche Abhandlungen der Badischen Hochschulen, Tübingen/Leipzig, 220–342
Xifaras, M. 2000: La Question Sociale, le Jusnaturalisme et la Propriété, in: Cités 1, 39–61

Alessandro Lazzari

12 „Eine Fessel, die nicht schmerzt und nicht sehr hindert" (§ 20)

Fichtes Begründung des Strafrechts nach den Prinzipien der Wissenschaftslehre

Die im § 20 der *Grundlage des Naturrechts* enthaltene Lehre von der Strafe und ihre Begründung stellen Fichtes doppelten Versuch dar, die Ergebnisse der *Wissenschaftslehre* auf den Bereich des Strafrechts anzuwenden und Stellung zu nehmen in einer Debatte, die seit dem Ende der achtziger Jahre des 18. Jahrhunderts auch im deutschsprachigen Raum Fuß zu fassen beginnt. Eine zweifache Argumentationslinie soll zu diesen Zielen führen. Eine erste, negative, äußert sich kritisch gegenüber Kants absoluter Theorie. In einer zweiten, positiven Argumentation soll hingegen versucht werden, von der *Wissenschaftslehre* und der Deduktion des Rechts aus einige auf Cesare Beccaria zurückgehende und z. T. über ihn hinausreichende Anschauungen eines progressiven Strafrechtsdenkens auf ein philosophisch-systematisches Fundament zu bringen.

Trotz zahlreicher origineller Vorschläge, die ihm einen gewissen Einfluß auf die zeitgenössische Diskussion zugesichert haben (vgl. Zaczyk 1981, 119 f., Anm. 123), wird dieser Versuch den aufgestellten Zielen nicht ganz gerecht. Während Fichtes Kritik an der Kantischen absoluten Theorie, trotz ihrer sehr begrenzten Reichweite, im Ganzen überzeugt, enthält der eigentlich konstruktive Teil seiner Argumentation z. T. erhebliche Schwierigkeiten. Als folgenreich für die Abfassung des § 20 erweist sich daraus vor allem der Umstand, daß aus der von Beccaria übernommenen präventiven Grundausrichtung gerade das Gegenteil desjenigen Moments folgt, welches als Krönung eines humanitären Strafrechtsdenkens begründet werden sollte, nämlich die *Legitimität* der Todesstrafe unter bestimmten Umständen. Fichte entgeht dieser Folgerung im § 20 nur dadurch, daß er den Verhütungsgedanken einem Ansatz der Strafabbüßung unterordnet, dessen rechtstheoretische Voraussetzungen denen des präventiven Charakters seiner Theorie widersprechen.

Damit wird Fichtes Strafrechtslehre zum Reproduktionsort zweier fundamentalen Probleme, die sie z. T. in eigentümlicher Nähe zu Kant erscheinen lassen: Das im Kern seiner Rechtstheorie verankerte gleichzeitige Vorkommen entgegengesetzter Annahmen über den Wirklichkeitsstatus von Rechten und die schwierige Koexistenz zwischen den Forderungen einer nicht absoluten Theorie der Strafe, der grundsätzlichen Ablehnung gewisser Strafen und einer über Beccaria hinausreichenden, den Gedanken der Besserung des Schuldigen begleitenden Tendenz, Strafe überhaupt preiszugeben.

12.1 Fichte und Kant: Zur Kritik der absoluten Straftheorie

Zielscheibe der Fichteschen Kritik ist Kants Straftheorie, wie sie in den §§ D und E der *Einleitung* und im Abschnitt E des zweiten Teils der RL ihren Ausdruck findet, und vor allem der Gedanke des Strafgesetzes als kategorischen Imperativ, wonach eine richterliche Strafe „jederzeit nur darum wider" den Verbrecher „verhängt werden [muß], *weil er verbrochen hat*" (RL, VI 331). Gegen diese Ansichten behauptet Fichte: „Die Strafe ist nicht absoluter Zweck" (I 4, 60), und betont zugleich die Unverständlichkeit der entgegengesetzten Annahme.

Fichte liefert in § 20 keine eigentliche Begründung seiner Gegenthese. Die Behauptungen, es lasse sich bei der Äußerung, die Strafe sei ein absoluter Zweck, „gar nichts denken" (I 4, 60) und der Vorwurf, Kant mache es sich leicht gegen Beccaria, indem er seine absolute Theorie der Strafe auf einen unerforschlichen kategorischen Imperativ stütze (I 4, 76), knüpfen aber an ein Thema an, das Fichte im ersten Teil der *Grundlage des Naturrechts* wiederholt auch in kritischer Absetzung gegen Kantianer wie Schmid (1795) und Jacob (1795) anschneidet: die Bedingtheit des Rechtsgesetzes.

Zum einen ist für Fichte das Rechtsgesetz bedingt, indem es zunächst nur ein Bedingungsverhältnis ausdrückt, das nicht schon von sich aus mit einer Handlungsaufforderung verbunden ist: „*Wenn* eine Gemeinschaft freier Wesen, als solcher, möglich seyn soll, so muß das Rechtsgesez gelten" (I 3, 387). Betrachtet man andererseits das Rechtsgesetz als Imperativ, so wird die Gültigkeit der Handlungsaufforderung „beschränke deine Freiheit so, daß der andere neben dir auch frei seyn könne" (I 3, 387) sowohl durch meinen Willen wie durch das Verhalten der anderen bedingt. Nur ab dem Moment, wo ich mit anderen eine Rechtsgemeinschaft bilden will, und nur solange alle anderen Beteiligten auch bereit sind, sich dem Rechtsgesetz zu unterwerfen, bin ich dazu verpflichtet, meine Freiheit durch den Begriff der Freiheit der anderen einzuschränken. Das Rechtsgesetz verpflichtet auf eine Weise, die *vor* meiner willentlichen Übernahme desselben und meinem damit verbundenen Beitritt zur Rechtsgemeinschaft nicht möglich war. Es ist für mich erst ab dem Moment bindend, da ich es übernommen habe. Dann aber ist es für mich so lange bindend, bis andere Teilnehmer an der Rechtsgemeinschaft dagegen verstoßen, ganz unabhängig davon, ob ich noch gewillt bin, mich daran zu halten. Auf dem Weg der Bestimmung der Anwendungsbedingungen des Rechtsgesetzes (§ 8) spricht Fichte deshalb von demselben als einem Gesetz, das „allgemeingültig und kategorisch gebieten" soll, aber erst „nachdem es einmal übernommen ist" (I 3, 390).

Das Rechtsgesetz ist damit für Fichte in einem anderen Sinne kategorisch als das Kantische Sittengesetz und kann aus diesem Grund weder als ein solcher kategorischer Imperativ verstanden noch aus ihm abgeleitet werden. Das Rechtsgesetz ist nur in der Sphäre, deren Grenzen von meinem Entschluß und von dem der übrigen Beteiligten festgelegt werden, kategorisch gültig, das Sittengesetz hingegen unabhängig davon, daß ich oder andere etwas wollen, beschließen oder tun. Demzufolge kann es aber auch zu keiner Begründung eines kategorischen Imperativs des Strafrechts kommen. Denn eine solche Begründung müßte von einem Rechtsgesetz ausgehen, das die dazu notwendigen Bedingungen nicht erfüllt.

Nun würde Kant freilich Einspruch erheben gegen die hier vorausgesetzte Einschränkung des Strafe auf den Rechtsbereich. Kant könnte auf den bereits in der *Kritik der praktischen Vernunft* ausgedrückten Gedanken eines in der Idee der praktischen Vernunft selbst verankerten unmittelbaren Zusammenhangs zwischen der Übertretung eines sittlichen Gesetzes und ihrer Strafwürdigkeit verweisen[1]. Die Unmittelbarkeit und Notwendigkeit, mit der aus der Übertretung *eines* Sittengesetzes Strafwürdigkeit folgt und Bestrafung folgen soll, hängt für Kant von dem besonderen Rang und Verbindlichkeit *des* Sittengesetzes ab. Weil es ein oberstes Gesetz für unser gesamtes Handeln gibt, welches unbedingt und mit absoluter Notwendigkeit gebietet und *für sich selbst* Gehorsam verdient, macht sich eine Verletzung desselben oder darauf gegründeter besonderer Sittengesetze *für sich selbst* schon der Verhängung einer Strafe als physisches Übel würdig. Dies würde im Hinblick auf Fichtes Kritik heißen: Der Strafgedanke ist ursprünglicher als das Rechtsgesetz, das selbst nur die Anwendung des kategorischen Imperativs auf den Bereich äußerer Handlungen ist (vgl. RL, VI 230 f.). Deshalb hat die Begründung eines kategorischen Imperativs des Strafrechts nicht vom Rechtsgesetz, sondern von diesem Ursprung seinen Ausgang zu nehmen, dem kategorischen Imperativ „als eine unbedingte Verbindlichkeit gewisser Handlungen, ohne die Unterscheidung von äußerer Handlung und innerer Willensbestimmung" (Höffe 1982, 344; vgl. auch RL, VI 222).

Fichtes Antwort auf diesen Einwand enthält den Kern seiner Kant-Kritik. Sie ergibt sich aus der berühmten Verteidigung Beccarias gegen Kant in der *Anmerkung* zur Todesstrafe: „Es ist völlig wahr, daß wir genöthigt sind, zu urtheilen, in einer moralischen Weltordnung, unter einem allwissenden Richter nach moralischen Gesetzen geschehe dem, der nach *dem* Gesetze behandelt wird, das er

---

1 „Endlich ist noch etwas in der Idee unserer praktischen Vernunft, welches die Übertretung eines sittlichen Gesetzes begleitet, nämlich ihre Strafwürdigkeit." (KprV: V 37) Die Strafe muß „als Strafe, d. i. als bloßes Übel, für sich selbst gerechtfertigt sein ... In jeder Strafe als solcher muß zuerst Gerechtigkeit sein, und diese macht das Wesentliche dieses Begriffs aus ... Also ist Strafe ein physisches Übel, welches, wenn es auch nicht als *natürliche* Folge mit dem moralisch Bösen verbunden wäre, doch als Folge nach Principien einer sittlichen Gesetzgebung verbunden werden müßte" (KprV: V 37).

selbst aufstellte, gar nicht Unrecht ... Wer dem weltlichen Oberherrn dieses Recht [das Recht, dem Verbrecher sein Recht anzutun, A. L.] zuschreibt, der ist allerdings ...genöthigt, den Rechtstitel desselben für *unerforschlich* auszugeben, und seine Gewalt von Gott abzuleiten, ihn für den sichtbaren Statthalter desselben, und alle Regierung für Theokratie zu halten. Denn in der jüdischen Theokratie war der Satz: Wer Blut vergießt, des Blut soll wieder vergossen werden, Aug um Auge, Zahn um Zahn, völlig an seinem Orte" (I 4, 77 f.). Fichte bestreitet nicht überhaupt die Straf*würdigkeit* einer Handlung, die gegen das Sittengesetz verstößt. Ebenfalls unproblematisch ist für ihn die entsprechende Strafvollstreckung in einer moralischen Weltordnung unter einem göttlichen Richter. Doch allein in diesem Rahmen ist die Auffassung der Strafe als Zweck an sich selbst sinnvoll. Fichte bestreitet, daß aus der Strafwürdigkeit einer Handlung in einer moralischen Weltordnung dem *weltlichen* Regenten das Recht, die Strafe zu vollstrecken, zukommt, wenn er seine Autorität nicht erwiesenermaßen von Gott herleitet. Denn nur in Gott ist ursprünglich die Autorität gegeben, Verstöße gegen das Sittengesetz zu bestrafen.

Fichtes Haupteinwand gegen Kants absolute Theorie der Strafen behauptet damit die Unmöglichkeit, in innerweltlichen Verhältnissen Strafe allein aus der Übertretung eines sittlichen Gesetzes heraus zu begründen. Eine Strafrechtsbegründung für Menschen muß deshalb anders ansetzen. Sie kann keinen anderen Ausgangspunkt haben, als den durch das Rechtsgesetz bestimmten Rahmen dieser innerweltlichen Verhältnisse selbst, ein bedingter Rahmen, in dem die Möglichkeit eines im Kantischen Sinne kategorischen Imperativs des Strafrechts nicht mehr gegeben ist (vgl. Zaczyk 1981, 107 f.).

Mit dieser Argumentation trifft Fichte den Kern von Kants absoluter Straftheorie. Es ist aber dennoch nicht zu übersehen, wie beschränkt insgesamt diese Kritik ausfällt. Von den drei Hauptmomenten der Kantischen Theorie, das *spezielle Vergeltungsmoment* (Verstöße gegen das Rechtsgesetz müssen dem Täter mit einem Übel (Schmerz) *vergolten* bzw. als gerechten Lohn für seine Tat *zurückgezahlt* werden; RL § 49 E: VI 332 f.), das *allgemeine Vergeltungsmoment* (Allein der eines Verbrechens Schuldige darf bestraft oder mit einem Schmerz belegt werden; RL, VI 331 f.) und die *Gleichheit als Prinzip des Strafmaßes* („was für unverschuldetes Übel du einem Anderen im Volk zufügst, das thust du dir selbst an" ; RL, VI 332), trifft Fichtes Kritik nur das erste. Gegen das zweite und dritte Moment finden sich in der *Grundlage des Naturrechts* nicht nur keine Einwände, sondern zahlreiche Stellen, die auf eine grundsätzliche Anerkennung derselben deuten. Selbst die spezielle Vergeltungsthese der Kantischen Theorie wird von Fichtes Kritik nicht insgesamt, sondern lediglich in einem besonderen Punkt ihrer Begründung getroffen. Fichte ist durchaus der Meinung, Strafe müsse ein Übel sein, das dem Täter zuzufügen ist (I 3, 327; I 4, 69; I 4, 71 f.). Fichte ist ebenso der Meinung, die Strafausübung müsse in einem bestimmten Sinne *aufgrund* oder *wegen* der begangenen Straftat erfolgen (I 4, 64). Doch wie schon im Fall der allgemeinen Vergeltung und des gleichen Strafmaßes gilt auch für die spezielle Vergeltung: Sie rechtfertigt sich nicht aus einer dem Unrecht *an sich* anhängenden Strafwürdigkeit, sondern als Mittel zur Erreichung eines selbst nicht absoluten Zwecks innerhalb eines spezifisch rechtlichen Rahmens: bei Fichte ein Zustand, in welchem die gegenseitigen Rechte aller vor allen garantiert sind (I 4, 59).

12.2 Fichte und Beccaria: Zur Begründung einer präventiven Theorie

Fichtes Theorie der Strafen erhält ihre Grundausrichtung durch den von Beccaria übermittelten Präventionsgedanken (Beccaria 1988, § 12, 83 f; § 41, 167). Sie ist aber zugleich keine reine Präventionstheorie. Von vornherein ist in § 20 der Verhütungs- bzw. Abschreckungsansatz engstens mit einem „humanitären" Interesse verbunden, vor allem im Hinblick auf die wirkliche Ausübung, die Strafe so mild wie nur möglich zu gestalten und an der Besserung des Schuldigen zu orientieren. Dieses Interesse bildet in § 20 einen Rahmen, der selbst nicht mehr auf Präventionsüberlegungen zurückführbar ist und den Bereich absteckt, innerhalb dessen sich der präventive Ansatz entwickeln soll. Zentral in dieser Grenzziehung ist für Fichte die Annahme, wonach ein Rechtsverhältnis durch eine Straftat derart beschädigt wird, daß der Schuldige gegenüber dem Staat und seinen Mitbürgern keinerlei Rechte mehr geltend machen kann (I 4, 59). Ihr zufolge macht sich der Schuldige durch seine Tat eines Weiterlebens im Staat unwürdig und dieser ist berechtigt, ihn öffentlich für gänzlich rechtlos bzw. vogelfrei zu erklären und ihn damit aus sich auszuschließen (zur Kritik dieser Annahme vgl. Zaczyk 1981, 68 ff., 100 ff., 108 ff.).

Unter der Voraussetzung eines grundlegenden Interesses des Staats an der Erhaltung seiner Bürger (I 4, 60), erlaubt diese strenge Annahme Fichte, seine Straftheorie als eine Theorie zu entwickeln, nach der es „in jeder Rücksicht zweckmäßig [ist,] in allen Fällen, wo die öffentliche Sicherheit dabei bestehen könnte, an die Stelle der der Strenge nach allerdings durch jedes Vergehen verwirkten Ausschliessung andere Strafen zu setzen" (I 4, 60). Fichte spricht in diesem Zusammenhang von *Abbüßung* der Ausschließungsstrafe durch eine andere, mildere Strafe. Sämtliche durch präventive, insbesondere Abschreckungsüberlegungen bestimmte Strafen gelten als Abbüßung und befinden sich diesseits der äußersten vom Staat gegen Verbrecher zu treffenden Maßnahme: die öffentliche Erklärung der Rechtlosigkeit eines Schuldigen.

Während sich in § 20 der präventive Ansatz einer Strafbegründung immer schon innerhalb dieser Grenzen bewegt, ist der Grund, weshalb Fichte seine Theorie überhaupt auf den Verhütungsgedanken aufbaut, in ausführlichen Überlegungen des ersten Teils der *Grundlage des Naturrechts* enthalten. Die wichtigsten, diesen Ansatz bestimmenden Aussagen, d. i.: 1) Die Strafe ist Mittel für den Endzweck des Staats, die öffentliche Sicherheit; 2) Die einzige Absicht der Bestrafung ist die, daß durch die Androhung derselben das Vergehen verhütet werde; 3) Der Zweck des Strafgesetzes ist der, daß der Fall seiner Anwendung gar nicht vorkomme (I 4, 60 f.), haben allesamt dort ihren Ursprung.

Die präventive Ausrichtung der Fichteschen Straftheorie geht auf den nicht explizit gemachten Gedanken zurück, daß das Fortbestehen einer Rechtsgemeinschaft als einziges Fundament einer rechtmäßigen Zwangsausübung übrig bleibt, ist einmal die absolute Vergeltung ausgeschieden. Eine Rechtsgemeinschaft kann nicht länger existieren, ohne daß ihren Mitgliedern prinzipiell ein Zwangsrecht gegen den Autor widerrechtlicher Handlungen zugestanden wird. Das Fortbestehen einer Rechtsgemeinschaft, in welcher jedes Mitglied auf das rechtmäßige Handeln aller anderen zählen kann – Fichte spricht in diesem Zusammenhang von „Treue und Glauben" (I 3, 424 f. u. ö.) –, wird damit zugleich zum letzten Bezugspunkt in der Bestimmung von Natur und Grenzen legitimen Zwangs. Eine Zwangsausübung bis zur „völligen Genugthuung" (I 3, 393) hat deshalb nicht die Befriedigung von Rachegelüsten sondern die Wiederherstellung von Treue und Glauben nach begangener Verletzung des Rechtsgesetzes zum Ziel. Neben der Entrichtung von Schadenersatz bedeutet dies vor allem, und soweit es mit dem friedlichen und vertraulichen Zusammenleben der Bürger kompatibel ist, die Gewährleistung der Sicherheit, daß derartige Verstöße nie mehr vorkommen werden, d. h. die *Verhütung* solcher Vergehen für die Zukunft.

Diese Theorie besagt nicht einfach, der Staat dürfe jedes beliebige Mittel zur Wahrung der öffentlichen Sicherheit und zur Verhütung von Straftaten einsetzen. Die Mittel zur Erreichung des „Endzwecks des Staates" sind von vornherein durch seine eigene Natur und durch die Anwendbarkeit des Verhütungsgedankens beschränkt. So gesteht Fichte im Laufe der Deduktion des Zwangsrechts dem geschädigten A gegen B nur dann ein Zwangsrecht zu, wenn er selbst dem Rechtsgesetz unterworfen ist *und* wenn B gegen das Rechtsgesetz verstößt (I 3, 391; dazu kritisch Zaczyk 1981, 69 f.), und begrenzt entsprechend die Quantität des so legitimierten Zwangs (I 3, 393). Legitim ist nach Fichte soviel Zwang, wie der Staat benötigt, um das sichere Fortbestehen einer *Rechtsordnung* zu gewährleisten. Die Bestrafung Unschuldiger zu Verhütungszwecken ist hier genauso ausgeschlossen wie – aus heutiger Perspektive heraus – zu Vorbeugungszwecken unternommene Kontrollen und Beobachtungen, die zutiefst in die Privatsphäre des Einzelnen eindringen, weil sie, als Gesetzgebung, vielmehr als zur Garantie der Rechtsordnung, zur Auflösung derselben und des ihr zugrunde liegenden gegenseitigen Vertrauensverhältnisses führen (vgl. auch I 4, 64).

Auch die besondere Gestalt, welche der Verhütungsgedanke nach Fichte im Bereich des Strafrechts annimmt, die *Abschreckung von Verbrechen* und der Gedanke der *Verhältnismäßigkeit der Strafen* richten sich nach Motiven Beccarias (vgl. Beccaria 1988, § 27, 121 und § 28, 126 f.) und gründen bereits in Argumentationen des ersten Teils der *Grundlage des Naturrechts*. Fichtes Theorie der Strafe wird hier (§§ 13–15) und später in § 20 (I 4, 60 f.) konsequenterweise zunächst als eine Theorie der Strafandrohung und erst sekundär als eine der Vollstreckung bestimmt. Ganz auf dieser Linie ist für Fichte das Zwangsgesetz ein Prinzip, wonach „aus jeder Verletzung des Rechts, für den Verletzenden unausbleiblich, und mit mechanischer Nothwendigkeit, so daß er es ganz sicher voraussehen könne, die gleiche Verletzung seines eignen Rechts unausbleiblich erfolge" (I 3, 430; vgl. dazu die zutreffende Kritik bei Zaczyk 1981, 86–89), ein Prinzip also, das sich an den Willen selbst richtet und durch bloße Androhung einer Strafe die unrechtmäßige Intention vernichtet.

In den Fällen, wo sich das Zwangsgesetz anwenden läßt, geschieht dem Fichteschen Ansatz zufolge die Rechtfertigung der Strafvollstreckung nicht unabhängig von ihrer Androhung, obwohl sie erst bei Fehlschlagen der letzteren stattfindet. Wenn das Vorkommen des Verbrechens auch zeigt, daß für diesen Fall die angedrohte Strafe ihren Verhütungszweck verfehlt hat, so ist dennoch aus Rücksicht auf diesen Zweck gerade diese und keine andere Strafe auszuführen. Der einzige Grund, eine auf ein Verbrechen angedrohte Strafe auch auszuführen ist der, daß sie angedroht wurde; die angedrohte Strafe muß aber im gegebenen Fall allein deswegen notwendigerweise vollstreckt werden, weil anderenfalls ihr Abschreckungseffekt verloren ginge (vgl. Beccaria 1988, § 27, 120). Die besondere Absicht ihrer Vollstreckung ist dann, „die übrigen Bürger, und ihn selbst [den Verbrecher; A. L.] für die Zukunft von dem gleichen Vergehen abzuhalten" (I 4, 61)[2].

---

2 R. Zaczyk kritisiert in diesem Zusammenhang zu Recht, daß „die Begründung für die Androhung einer Strafe nicht auch ihre wirkliche Vollstreckung mit umfassen kann" (Zaczyk 1981, 119), und daß „die wirkliche Anwendung von Zwang ... einer zusätzlichen Ableitung, die sich mit derjenigen des Zwangsgesetzes nicht deckt" (Zaczyk 1981, 106) bedarf. Zaczyk irrt aber in der Annahme, die Passage „Da diese Absicht nicht erreicht worden ..." (I 4, 61, Z. 8–10) zeige Fichtes Einsicht in die Notwendigkeit gerade dieser zusätzlichen Ableitung (Zaczyk 1981, 106, 119). Die hier vorgelegte Begründung der Vollstreckung nach begangenem Unrecht setzt zwar neu an, doch wird der Begründungszusammenhang des Zwangsgesetzes gerade nicht verlassen: die Strafe am Schuldigen ist nun deshalb zu vollstrecken, damit die übrigen Bürger und sogar er selbst in Zukunft von demselben Vergehen abgehalten werden. Die Momente der „Abbüßung" und „Besserung" verkörpern in § 20 nicht – wie Zaczyk behauptet (Zaczyk 1981, 119) – Fichtes

Analog verhält es sich mit dem „materielle[n] Princip positiver Strafen im Staate" (I 4, 61), dem Prinzip der Verhältnismäßigkeit oder Gleichheit der Strafe: Es ist für Fichte nur deshalb gültig, weil durch es allein der Abschreckungsgedanke realisiert werden kann, oder, in anderen Worten, weil es der *Geist* dieses Prinzips ist, „dem ungerechten Willen, oder der Unbesonnenheit, ein hinlängliches Gegengewicht" zu geben (I 4, 61).

Daß sich in gewissen Fällen das Zwangsgesetz nicht anwenden läßt und die Androhung einer Strafe des gleichen Verlustes nicht greift, bedeutet aber nicht schon von sich aus die Notwendigkeit einer Preisgabe des Abschreckungsgesichtspunkts. So kann im Fall der völligen Mittellosigkeit des Schuldigen wegen der Unmöglichkeit einer materiellen Gegenleistung die Androhung eines *andersartigen* Verlusts (Zwangsarbeit) an Stelle der Androhung des *gleichen* Verlusts treten. Die Strafe der Ausschließung sowie der Ersatz für den angerichteten Schaden würden hier in Form einer *Abarbeitung* abgebüßt werden (I 4, 67).

In gewissen anderen Fällen, wo das Vergehen nicht um eines besonderen materiellen Vorteils, sondern um des Schadens selbst willen oder als unmittelbare Auflehnung gegen das Gesetz und die Macht mit Bosheit und Gewalt erfolgt, ist aber die Abschreckung durch Verlustandrohung gänzlich unanwendbar. In diesen Fällen wird der Abschreckungsgedanke preisgegeben, ohne aber den Abbüßungsansatz zu verlassen. Der Schuldige wird vor die Wahl gestellt: entweder mit dem Staat einen zweiten Abbüßungsvertrag einzugehen (I 4, 68) und unter der Bedingung der eigenen Besserung während einer bestimmten Zeit in einer geschlossenen Anstalt zu leben, oder sofort und für immer als gänzlich rechtlos vom Staat verbannt zu sein. Er erhält die Möglichkeit, selbst die Strafe für das begangene Unrecht zu bestimmen, und damit eine letzte Chance, die Auschließung abzubüßen. Geschieht die Besserung nicht innerhalb der vorgesehenen Zeitspanne oder verweigert der zu Bessernde die weitere ihm als „Rechtswohlthat" (I 4, 68) angebotene Behandlung, wird er als unverbesserlich aus dem Staat ausgeschlossen (I 4, 71).

Erst in wenigen besonders schlimmen Fällen kann auch die Abbüßung nicht mehr stattfinden. Der Autor eines absichtlichen vorbedachten Mordes (I 4, 72)

Neuansatz einer auf den Vollstreckungsaspekt zentrierten Strafbegründung. Vielmehr gilt hier das Zwangsgesetz selbst als eine Form der Abbüßung: Wo es bzw. das Prinzip positiver Strafen im Staat anwendbar ist, da braucht es zu keiner Ausschließung kommen, sondern es „kann der Abbüßungsvertrag gelten" (I 4, 61). Dort wo das Zwangsgesetz angewendet werden kann, ist die zur Vollstreckung kommende Strafe mit der für diesen Fall angedrohten identisch. Nur in den Fällen, wo eine böse Gesinnung, Gewalt und Unbändigkeit (I 4, 69) angenommen werden müssen und das Zwangsgesetz nicht mehr anwendbar ist, wird der Schuldige vor die Wahl zwischen der Ausschließung und einem zeitlich beschränkten Aufenthalt in einer Besserungsanstalt gestellt.

befindet sich beispielsweise jenseits dieser Grenze. Er ist vom Staat auszuschließen, ohne eine Besserungsfrist in Erwägung zu ziehen. Nicht aber wegen einer schon aus der Natur des Verbrechens ersichtlichen Unverbesserlichkeit, sondern weil der Staat nicht das Recht hat, jemanden zu zwingen, mit einem Mörder Umgang zu haben und dadurch möglicherweise das eigene Leben in Gefahr zu bringen (I 4, 72).

Fichte hält sich hier konsequent an den Rahmen, innerhalb dessen er von Beginn des § 20 an seine Begründung des Strafrechts eingeschlossen hatte, doch nicht nur hinsichtlich der Anwendungsgrenzen des Abbüßungsgedankens. Dieser Rahmen ist von entscheidender Bedeutung für die Gestaltung des gesamten letzten Teils des Strafrechtsparagraphen, in welchem Fichte die Todesstrafe als illegitim zurückweist und Beccaria gegen entsprechende Einwände Kants verteidigt. In ihm sind nämlich zugleich die Grenzen festgelegt, innerhalb deren sich staatliche Strafmaßnahmen legitimerweise halten müssen. Was in der einen Perspektive für den Schuldigen das Äußerste ist, hinsichtlich dessen eine Abbüßung stattfinden kann oder nicht, ist in anderer Perspektive für den Staat das äußerste legitim gegen ihn Auszurichtende. Weil nach Fichte ein Rechtsverhältnis durch die Straftat auf eine Weise aufgelöst wird, daß nicht lediglich der Schuldige gegenüber dem Staat und seinen Mitbürgern, sondern auch diese ihm gegenüber keine Rechte mehr haben (I 4, 59 und 72 f.), ist der Staat gegen letzteren über die Erklärung der Rechtlosigkeit hinaus zu keinen Maßnahmen *berechtigt*: „Was der Staat darüber hinaus noch thut, dazu hat er aus dem Vertrage kein Recht, und da es ausser demselben, gar kein positives, bestimmtes, und bestimmbares Recht giebt, überhaupt kein Recht" (I 4, 73).

Die Verhängung der Todesstrafe von seiten des Staates ist für Fichte deshalb nicht aufgrund des unzureichenden ihr zukommenden Verhütungs- und Abschreckungswerts illegitim (vgl. hingegen Beccaria 1988, § 28, 125 ff.). Ihre Illegitimität als Strafe ergibt sich aus der Auflösung des Vertrags. Ist diese einmal durch ein Verbrechen bewirkt worden, hat der Staat das Recht, die Rechtlosigkeit und die Ausschließung des Schuldigen aus der Gesellschaft, d. h. seinen *bürgerlichen* Tod (I 4, 74), nicht aber seinen *physischen* Tod herbeizuführen. Denn mit dem Verbrechen wird durch die Auflösung jeglichen Rechtsverhältnisses zwischen dem Täter und dem Staat zugleich die einzig mögliche Rechtsgrundlage für die Todesstrafe zerstört. Der Tod des Verbrechers kann zwar zufällig aus einer Notwehrhandlung von Staatsbeamten erfolgen; diese ist aber gerade wegen ihrer Zufälligkeit im Gesetz unmöglich festzuhalten (I 4, 74). Er ist „gar nicht Strafe, sondern nur Sicherungsmittel. Dies giebt uns die ganze Theorie der Todesstrafen. Der Staat, als solcher, als Richter, tödtet nicht, er hebt bloß den Vertrag auf, und dies ist seine öffentliche Handlung" (I 4, 74).

12.3 Abbüßung oder Abschreckung?

Fichtes Zurückweisung der Legitimität der Todesstrafe stellt nicht lediglich eine bedingungslose Übernahme des wichtigsten Gedankens Beccarias und des zugleich größten Anliegens der fortschrittlicheren Partei der strafrechtlichen Aufklärung dar. Sie liest sich auch als Krönung eines Versuchs, über Beccaria insofern noch hinauszugehen, als die Forderung, grausame Strafen überhaupt zu bannen und die Bestrafung vor allem an der Besserung des Verbrechers zu orientieren, nun scheinbar ein philosophisches Fundament jenseits des bloßen Humanitätsgefühls bekommen hat. Wie dies schon vor zwei Jahrhunderten geschehen ist[3], könnten einige Ideen und Vorschläge dieses Versuchs auch zu heutigen Diskussionen zur Strafrechtsbegründung durchaus Interessantes und z. T. Provokatives beitragen[4]. Fragt man aber nach der Erfüllung der Begründungsansprüche, nach der Stringenz der vom Rechtsgedanken aus, nach der Methode der Wissenschaftslehre durchgeführten Deduktionen, so kommt es zu erheblichen Zweifeln am Gelingen des Unternehmens. Die meisten Schwierigkeiten – von denen hier nur ein paar und im Vorübergehen erwähnt werden konnten – sind von Hösle (1989, allerdings nur im Hinblick auf Einzelfälle), Verweyen (1975) und vor allem von Zaczyk (1981) erörtert worden. Auch das fundamentale Problem der Fichteschen Strafrechtsbegründung, das nun abschließend vorgestellt werden soll, findet sich bereits bei den beiden letztgenannten Autoren in mehr oder weniger deutlicher Form. Seine besondere Bedeutung für das Fichtesche Unternehmen wird von ihnen allerdings übergangen.

Es handelt sich um eine Schwierigkeit, die etwas verdeckt wird durch den Umstand, daß *beide* Grundpfeiler der Fichteschen Straftheorie, die Gedanken der Abbüßung und der Abschreckung, weitgehend mit der diffusen Forderung nach einer humaneren Strafordnung in Einklang stehen. Sie besteht auch nicht bloß darin, daß der Abschreckungsansatz von vornherein in Grenzen eingeschlossen ist, die selbst nicht mehr auf Abschreckungsüberlegungen zurückgeführt werden können. Ein derartiger „gemischter" Ansatz erscheint in vielen Punkten gerade einleuchtend und der Vielfalt der zu berücksichtigenden Aspekte angemessen. Problematisch für Fichtes Argumentation ist vor allem die Inkompatibilität der

---

[3] Fichtes Strafrechtsbegründung hat sehr wahrscheinlich einen nicht unerheblichen Einfluß auf die psychologische Theorie des kantianischen Juristen Paul Johann Anselm Feuerbach gehabt. Vgl. hierzu Zaczyk 1981, 120 und die dort angegebene Literatur.

[4] Man denke hier z. B. an die sicher z. T. auch gegen Beccaria gerichtete Zurückweisung lebenslänglicher Haftstrafen (I, 4, 75; dazu Beccaria 1764, § 28, 123–133'), an Fichtes besondere Rezeptivität für die Bedingungen der Besserung eines Verbrechers (z. B. – und paradoxerweise – Freiheit, I 4, 70 f.) und an die Rolle des Staats in der Erstattung von Schadenersatz (I 4, 79).

rechtstheoretischen Annahmen, die im ersten Teil der *Grundlage des Naturrechts* den präventiven Teil von Fichtes Straftheorie und in § 20 den einschränkenden Rahmen desselben begründen.

Fichtes Deduktion des Zwangsrechts und die gesamte darauf aufgebaute Begründung eines präventiven Strafrechts beruht auf der Annahme, daß auch *nach* einem Verbrechen von einem Rechtsverhältnis zwischen Opfer und Täter gesprochen werden kann. Denn wenn die Mitglieder einer Rechtsgemeinschaft das Recht haben auf die Garantie, daß andere in Zukunft nicht gegen ihre Rechte verstoßen werden, dann müssen auch diejenigen Maßnahmen rechtmäßig sein, welche für diese Garantie notwendig sind. Daß die zu Verhütungs- bzw. Abschreckungszwecken angedrohten Strafen bei entsprechender Unrechtshandlung auch wirklich vollstreckt werden, ist aber eine Bedingung, die notwendigerweise erfüllt sein muß, soll es zu einem Abschreckungseffekt und dadurch zur Verhütung von Straftaten kommen. In einer konsistenten Präventionstheorie der Strafe, wo Delikte durch Androhung von Strafen verhindert werden sollen, muß deshalb vorausgesetzt werden, daß auch *nach* einem Verbrechen zwischen Opfer und Täter bzw. zwischen dem Staat und demselben ein Rechtsverhältnis besteht.

Mit der Behauptung, Verhütung, Abschreckung und Abbüßung könnten im Staat von vornherein nur innerhalb der durch die Ausschließung bestimmten äußersten Interventionslinie stattfinden, zieht Fichte in § 20 eine Grenze, die von einer entgegengesetzten rechtstheoretischen Annahme ausgeht. Gerade das Gegenteil der Tatsache, daß *nach* einem Verbrechen zwischen Opfer, Täter und Staat noch ein Rechtsverhältnis besteht, muß hier zur Bestimmung der Ausschließung als äußerste Grenze staatlichen Zwangs vorausgesetzt werden. Denn zu einer solchen Begrenzung des Abschreckungsgedankens kann es in diesem Zusammenhang nur kommen, wenn durch die Straftat selbst das Rechtsverhältnis zwischen Täter und Staat zerstört wird, wenn es also überhaupt unsinnig wird, nach dem Verbrechen von Rechten des einen gegenüber dem anderen zu sprechen. Der Staat kann nichts weiter tun, als von der neuen Situation Kenntnis zu nehmen und öffentlich „den Vertrag für aufgehoben erklären" (I 4, 72).

Auch diese zweite rechtstheoretische Annahme hat ihren Grund im ersten, fundamentalen Teil der *Grundlage des Naturrechts*, namentlich in den Thesen der bloß bedingten Anerkennung des Rechtsgesetzes und der Unmöglichkeit eines rechtlichen Verhältnisses zwischen Menschen „ausser in einem gemeinen Wesen, und unter positiven Gesetzen" (I 3, 432). Ihr gleichzeitiges Vorkommen mit ihrem Gegenteil in § 20 ist deshalb nicht einfach als das Produkt eines Interesses zu verstehen, eine unzweckmäßige Argumentationsentwicklung durch fremde, von außen hereingetragene Elemente zu „korrigieren", sondern als die Zuspitzung einer in Fichtes Rechtslehre tief angelegten Schwierigkeit[5]. Die Bedeutung dieser Prämisse gerade für Fichtes Übernahme des wichtigsten Gedankens Beccarias, die Ablehnung der Todesstrafe, ist dennoch nicht zu übersehen. Nur durch sie kann in diesem Kontext ein gesetzlich verankertes Recht des Staates, einen Verbrecher aus irgendwelchen Gründen zu töten, grundsätzlich, aus vernünftig-rechtlichen und nicht bloß empirischen Überlegungen abgelehnt werden. Denn nur durch sie kommt Fichte dazu, der Konsequenz zu entgehen, die im präventiven Ansatz seiner Straftheorie enthalten ist: die Rechtfertigung der Todesstrafe für die Fälle, in welchen ihre Androhung von schlimmen Straftaten tatsächlich zurückschrecken würde. Damit erscheint es aber nicht nur wahrscheinlich, daß Fichtes Rückgriff auf seine Theorie der Abbüßung und ihre vorrangige Stellung in § 20 mit der zumindest partiellen Einsicht in die Schwierigkeiten verbunden ist, die einer grundsätzlichen Ablehnung der Todesstrafe im Weg stehen, wenn man von einem präventiven Strafbegründungsansatz ausgeht. Gerade in dem einzigen Punkt, in dem er es für nötig hält, Beccaria gegen Kantische Einwände offen in Schutz zu nehmen, gerät Fichte damit in eine eigentümliche Nähe zu Kants Forderung, auch im Bereich des Strafrechts und seiner Begründung Nützlichkeitserwägungen gegenüber gewissen grundlegenden kategorischen Annahmen immer eine untergeordnete Bedeutung zuzumessen.

Literatur

Beccaria, C. 1988: Über Verbrechen und Strafen. Frankfurt/M. (Übers. der Aufl. von 1766; erste Aufl. 1764)
Hösle, V. 1989: Was darf und was soll der Staat bestrafen? Überlegungen im Anschluß an Fichtes und Hegels Straftheorien, in: ders. (Hrsg.): Die Rechtsphilosophie des deutschen Idealismus, Hamburg, 1–55
Höffe, O. 1982: Kants Begründung des Rechtszwangs und der Kriminalstrafe, in: R. Brandt (Hrsg.): Rechtsphilosophie der Aufklärung. Symposium Wolfenbüttel 1981, Berlin/New York, 335–375
Jacob, L. H. 1795: Philosophische Rechtslehre oder Naturrecht. Halle
Schmid, C. Chr. E. 1795: Grundriß des Naturrechts. Frankfurt/Leipzig (Nachdr.: Brüssel 1973)
Verweyen, H. 1975: Recht und Sittlichkeit in J. G. Fichtes Gesellschaftslehre. Freiburg/München
Zaczyk, R. 1981: Das Strafrecht in der Rechtslehre J. G. Fichtes, Berlin

---

[5] Vgl. hierzu Zaczyk 1981, 68 f. Die Gegenüberstellung zwischen beiden rechtstheoretischen Annahmen scheint der zweier wichtigen Behauptungen über das Urrecht genau zu entsprechen: „Es gibt keine Urrechte des Menschen" und „Urrechte des Menschen müssen als Fiktion zum Behuf der Wissenschaft notwendig gemacht werden" (vgl. I 3, 403 f.). Es ist zu erinnern, daß Fichte bereits in der Revolutionsschrift von 1793 seine Abbüßungstheorie *in nuce* vertritt und zugleich, nicht zufälligerweise, gerade hier die Todesstrafe explizit ablehnt (I 1, 264 f.).

David Archard
13 Family Law (First Annex)

For Fichte any legal or positive rights regulate a set of relationships whose essential character is determined independently of and prior to the according of those rights. The account of positive rights is a transcendental one; it is the search for the necessary conditions presupposed by an actual, or desired, state of affairs. The law of marital or of parent–child relationships is no exception. The character of any such law must conform to what may already have been 'deduced' as to the character of those relationships which it governs. In general Fichte's political theory has at its heart the view that the possibility of a constitution presumes the necessity of community, where the freedom of each is limited so that all may be free. In the First Appendix he similarly regards the possibility of family law as presupposing the necessary nature of the relationships within that family.

These relationships comprise two sets – that between husband and wife, and that between parents and their children. Some of what Fichte has to say is traditional and outdated. This is specially true of his views on the division of gender roles; other comments of his are strikingly modern, such as his understanding of marriage as a relationship of love. Throughout the Appendix, however, what is noteworthy is his understanding of marriage and the family in abstract philosophical as opposed to sociological or psychological terms.

He begins his discussion of marriage by insisting that it is absolutely not a simple juridical association like the state; it is a 'natural and moral association' (I 4, 95). In this regard Fichte differs little from other philosophers. There is a long philosophical tradition of regarding the relations between the sexes as natural and non-conventional. The family, within which these relations find their inevitable expression, is to be found in both nature and conventional civil society. Yet its form in the latter is determined by its character in the former. If parents enjoy a natural authority over their children, or the husband displays a natural superiority to his wife, then these relations of inequality will be reproduced within a society which may, nevertheless, claim to be organised around principles of formal equality. In this way the inequities of the private subvert the egalitarian pretensions of the public. This kind of claim represents a familiar feminist critique of an understated presumption of a great deal of writing in political philosophy (defended most notably by Pateman 1988. See also Brennan and Pateman 1979 and Pateman 1980).

In consequence, it is interesting to see how Fichte 'deduces' the character of the natural relationship between the sexes. His argument proceeds as follows: (1) the propagation of the human species, as of many other species in nature, is effected by the division of that species into two sexes seeking the satisfaction of the sexual impulse for its own sake (I 4, 95–96); (2) the terms of this division are that one sex, the male, behaves in a uniquely active fashion and the other, the female, in a uniquely passive fashion (I 4, 97); (3) given this division into active and passive the male can propose to itself, whereas the female cannot, the satisfaction of its sexual impulse as an end (I 4, 97); (4) thus the woman's sexual impulse, in order to seek satisfaction, must appear to the woman to be one to activity and can only appear under another form, that of active love for the man (I 4, 97–98); (5) such love is directed to the satisfaction of the man, but the woman is not a mere means to that end, she is a means to her own end that of the 'satisfaction of her heart' (I 4, 101).

Before assessing the merits of this particular argument it is worth comparing Fichte's with other philosophical views on sex. In the first place Fichte claims that human beings seek sexual satisfaction for its own sake rather than as a means to the reproduction of their species. That end, the 'nature's end', is realised as a natural consequence, 'without any further help', of what humans do seek, namely sexual satisfaction (I 4, 95–96). Such a view contrasts most obviously with the dominant Judeo-Christian Tradition, given expression in the writings of Saint Augustine and Thomas Aquinas, which regards sex as a means to, and only permissible as a means to, procreation. Whereas for Fichte reproduction is the by-product of the sexual pleasure sought, in the Christian Tradition sexual pleasure is the unsought by-product of the procreation which is aimed at (for a useful commentary on this Tradition see Belliotti 1993, ch. 2, 25–55: "The Natural Law: Judeo-Christianity").

Another contrast is with Kant. Kant shares with the Christian Tradition a distaste for 'unnatural' sex. This is sex 'contrary to the ends of humanity' ("wider die Zwecke der Menschheit") which are 'to preserve the species without debasing the person' ("die Erhaltung der Arten ohne Wegwerfung seiner Person") (Kant, *Lectures on Ethics*, part B VII, § 11: "Von den criminibus carnis"). But Kant also regards the satisfaction of sexual desire as a wrongful objectification of the other. Sexual activity is only acceptable within an agreed relationship whose parties contract to exchange rights to their whole person. This is marriage: 'Matrimony is an agreement between two persons by which they grant each other reciprocal rights, each of them undertaking to surrender the whole of their person to the other with a complete right of disposal over it' ("Das Matrimonium bedeutet einen Vertrag zweier Personen, wo sie sich wechselseitig gleiche Rechte restituieren und die Bedingungen eingehen, daß ein jeder seine ganze Person dem anderen ganz übergibt, so daß ein jeder ein völliges Recht auf die ganze Person des anderen hat"; Kant, Lectures on Ethics, part B VII, § 10: "Von den Pflichten gegen den Körper in Ansehung der Geschlechtsneigung"). For Kant only marriage, and its mutual devotion, can constrain and thereby redeem sexual interaction. Marriage is the only means by which the sexual impulse can properly be expressed. For Fichte marriage is the expression of and outgrowth from sexual activity, even if in women it assumes the form of love for the man. Marriage is not a means to any sexual end. 'Marriage is the *perfect union* of two persons of each sex that is grounded upon the sexual drive and has itself as its own end' (I 4,104).

Nevertheless, Fichte's understanding of female sexuality is thoroughly traditional. A woman's impulse to sexual satisfaction can never be represented to herself as that; it can only take the form of an impulse to love him whose impulse to sexual satisfaction through her can be represented as such. This echoes a familiar picture of woman as naturally chaste creatures, or at the least creatures who are best brought up to subdue their own sexual feelings, to conceal them behind a veil of modesty. As Jean-Jacques Rousseau argues, "even if it could be denied that a special sentiment of chasteness was natural to woman, would it be any the less true that in society … they ought to be raised in principles appropriate to it? If the timidity, chasteness, and modesty which are proper to them are social inventions, it is in society's interest that women acquire these qualities…" (Rousseau, Letter to M. d'Alembert, 25) It is inappropriate for women sexually to express themselves; rather it is for them to submit themselves to the man they love. Fichte does not regard this as a socialised virtue of the woman. For women to behave thus conforms to nature and reason.

Others have sought a justification for the 'naturalness' of woman's loving and passive subjugation to male sexuality in biology and the allegedly inevitable differences in temperament and character which follow from one's particular physiological constitution. But Fichte employs a transcendental argument from the necessity of the species reproducing itself through two connecting halves. The necessity for two halves is given by the following argument (I 4, 96): A species which is self-identical would never change into anything else; it would be pure Being. Yet a continually changing species would lose its identity and be mere endless Becoming. Thus the species must have another existence besides itself yet remain the species. But Fichte offers no further argument to show why the requirement of otherness within identity can only be met by a literal division of the species into two sexes rather than by a division which is able to coexist within any one member of the same species.

Nothing in his general argument shows that if there must be a division it should be into an active and a passive sex, nor that each gender should be exclusively one or the other, nor that male and female are necessarily active and passive respectively. It is consistent with Fichte's argument that each member of the species should be both active and passive in some appropriate measure, or that each might assume, perhaps at different times, the distinct yet complementary reproductive roles. Fichte's sole reason for thinking that the female sex is purely passive is given in the following claim: 'The system of the totality of conditions for generating a body of the same species had to be fully united somewhere and – once set into motion – had to develop in accordance with its own laws.' (I 4, 97) This points towards a particular understanding of what is biologically distinctive about women. This is that they merely provide the place, the womb, wherein the new human can develop of its own accord. The active process of creating the possibility of such development is due to the male.

Here Fichte's view conforms to a popular cultural metaphor of the seed and the field: paternity is represented as primary, dynamic, essential and creative, whereas maternity is seen as purely passive, receptive, inessential and empty (For the Gonja the mother is "like a basket, simply holding the baby", cf. Goody 1982, 9; see also O'Brien 1981, ch. 1, 19–64: "The dialectics of reproduction"). This view of paternity is one that has been called "monogenetic": man alone is the creator of the child – and is consistent with prevailing monotheistic religion (cf. Delaney 1986).

Nothing in Fichte's supposedly philosophical deduction of male sexual activity and female sexual passivity establishes its required conclusion. Nothing that is besides traditional non-philosophical prejudices and the effort to rationalise them.

Fichte does regard the marriage as an affective union of two loving parties. In this he endorses a modern understanding of the institution. Most histories of marriage and the family trace a shift from arrangements made for economic or strategic advantage – to secure adjoining lands, to cement a peace between previously warring groups – to ones in which love is the predominant motive for union. In fact Fichte believes that whereas the woman loves the man as the form, the only form, in which her sexual impulse can manifest itself, the man at first feels only a sexual impulse. His love for the woman is a "imparted and derived" tendency, developed through the union with the loving woman (I 4, 100). Real love in the man "does not precede the marriage in any case, but arises only as a result of it." (I 4, 109).

Nevertheless, for Fichte marriage is an affective union of two individuals. Indeed it is only that. It is not an institution or custom by and through which such affection can be socially acknowledged and regularised. It is just the union of two people for its own sake and for ever. It is as if Fichte were distinguishing between marriage – the ideal union in love of man and woman – and the socially sanctioned state of matrimony which follows some agreed ceremony. That ceremony merely functions, by its exchange of vows, to confirm that the parties to the marriage have freely entered into it. The "ceremony does not constitute the marriage, rather it only bestows advance juridical recognition upon a marriage that will be entered into only later" (I 4, 112). It is concluded in the first night's consummation whereby the woman submits for the first time to her man and displays that love for him which defines the very relationship (I 4, 112).

When marriage in general is understood in this way it follows that any particular marriage ceases to be one when it is no longer characterised by the mutual love which should define its constitutive relationship. The law of divorce, for Fichte, merely serves to recognise the actuality of marital breakdown not to define its legal possibility. In most Western jurisdictions certain forms of behaviour by either party – such as most notably adultery or cruelty – provide grounds for separation or divorce. They justify the legal dissolution of the marriage. For Fichte, by contrast, such forms of behaviour merely display the lack of a marriage which the law can do more than formally acknowledge. If the relationship which ought to exist between married parties does not exist then the marriage is already non- existent: "*spouses divorce each other out of free will, just as they become united out of free will*" (I 4, 122).

In contemporary debate on marriage there are those, particularly on the moral right, who lament the fact that divorce is easier now and who see the law as properly functioning to protect and preserve marriage. Fichte is clearly on the other side: "This union is entered into freely and cannot be coerced; *if* it ceases to exist, than being coerced into *external fidelity* ... cannot be rightful, but is contrary to right" (I 4, 121).

Of the relationship between husband and wife within the marriage Fichte's views are thoroughly traditional. The woman surrenders her possessions and her will to her husband. Thereafter there is a single entity or person, husband-and-wife, whose public actions are those of the husband alone. Marriage comprises the "most limitless subjection to her husband's will ... The wife does not belong to herself, but to her husband" (I 4, 113). Although as a wife she enjoys, in private, a distinct and particular existence she thereby disappears from the public sphere. Her public status is vicarious, it appears only in and through that of her husband: "He is her natural representative in the state and in society as a whole. This is her relationship to society, her *public* relationship" (I 4, 130).

Within the household she may influence the vote that is cast for the whole unit but the vote is cast by the husband alone. She is ineligible for public office since she cannot deny marriage as the destiny of her gender and upon marriage she submits herself to her husband. Being an independent official would be inconsistent with her wifely role, and being subject to her husband would be inconsistent with the independence of her official role. Such reasoning on Fichte's part conforms to the tradition of political philosophy criticised by feminism which accords women a status within the private sphere of the family at the expense of excluding them from the public (Pateman 1988).

There is also evidence of Fichte's sympathy for the "double standard" whereby sexual impropriety is more thoroughly disparaged in the woman than it is in the man (cf. Thomas 1959). Thus, adultery on the part of the wife destroys the whole marital relation and her own character, whereas it need not be the same if the husband is guilty (I 4, 116–117). The woman who seeks sexual gratification for its own sake betrays her nature. And she who does so for money, the prostitute, should be without civic status. Her profession is dishonourable and cannot be professed. If she does profess it she should not be believed (Fichte cites the just rule of law, *Propriam turpitudinem confidenti non ereditur*, "One who confesses to his own vice is not to be believed." Either way she is disqualified since "[w]hoever cannot declare his occupation to the state has no civil rights" (I 4, 120–121). Fichte, in common with most law on this matter, penalises the prostitute and not her male clients.

In one enlightened passage Fichte does argue that a woman, upon divorce, should receive back more than simply that sum which she contributed on marriage to the jointly owned estate. She is entitled, argues Fichte, to her proportion of the common product of the marriage. If she contributed a third of the common marital property on entering the marriage she should receive a third of whatever that common property is when leaving it. (I 4, 127–128) Upon separation at least the woman is recognised as an having been an equal partner to her husband.

Fichte's comments upon the relationship between parents and children are sketchy and insubstantial. As with that between husband and wife he views the parent–child relation as deducible from nature and morality. Rights regulate what may be so deduced; they do not constitute the character of that relationship. In claiming this Fichte attacks those who consider the whole relation as a juridical one, including those, for instance, who would argue that children are the property of their father in consequence of the act of producing them. (I 4, 136–137). Fichte's target here may be John Locke. Locke defended the labour theory of property acquisition whereby an individual justly owns what he "hath mixed his Labour with" (Locke, Second Treatise, § 5). Yet he sought also to show that parents do not own their offspring even though they have produced them (Locke, Second Treatise, § 52–54). It is generally recognised that his arguments to show this are not satisfactory (see, for instance, Nozick 1974, 287–289).

For Fichte there is no 'natural' right of parents over their own children. Rather there is a duty to educate children established by nature and guaranteed by the state. It is from *this* prior duty that parental sovereignty is derived (§ 53: I 4, 154). This priority thesis is strikingly modern and informs much contemporary thinking about parent-child relationships (cf. Blustein 1982). For it suggests that any rights that parents have over their children are conditionally possessed and derive their warrant from the existence of a foundational duty to educate. This duty must be successfully discharged by parents.

Fichte does insist that natural parents have an innate impulse to care for their offspring – even if this is original in the mother and derivative in the man. The father loves his child in consequence of his love for its mother (I 4, 139). Remembering that a husband's love of his wife is in itself a "imparted and derived" tendency this makes paternal affection an attenuated emotion indeed.

Yet Fichte gives no real indication of how the state is to act as guarantor of this primary duty of child care, should parents fail in their love. A long Tradition maintains that the state is *parens patriae*, "parent of the nation", or parent in the last instance, responsible for ensuring the minimum welfare and minimal upbringing of its young. Fichte does speak of a basic duty of education and maintains that the state has a right to proscribe anything, such as for instance, treating the child as the parent's saleable property, which would cancel out that education (§ 54: I 4, 145). However, whilst he insists that the state should oblige parents to educate their own children (I 4, 142), he also maintains that the state cannot involve itself in the educational choices parents make for their children. It can, for example, create public schools but it cannot compel parents to use them (I 4, 144–145).

The purpose of education is to bring children into the state of citizenship. In ensuring that children are educated the state thereby secures the conditions of its own future possibility. In an important section (§ 44: I 4, 141) Fichte makes precise that a child's education consists in the cultivation of its powers and the acquisition of a moral sense. The first end requires a limitation of the child's exercise of its freedom in any way that conflicts with its health and life. Here Fichte appears to favour a 'caretaker thesis', favoured by many contemporary liberal philosophers, to the effect that a child's future interests as an adult are best served by the limitation of its liberty, the scope and form of such limitation being defined by the nature of these later interests (I set out and evaluate the arguments for the 'caretaker thesis' in Archard 2015, ch. 5: "Liberation or Caretaking?").

However, Fichte also insists that the moral development of the child cannot be achieved through any constrained or artifical education for 'morality develops out of the human being himself'. More precisely Fichte thinks that a child's capacity for morality is realised through living with parents who are themselves moral. Here he echoes an earlier significant claim about true marriage. In his discussion of marriage he claimed that *only* in the union of the two sexes is to be found an impulse to virtue. "There is no moral education of humankind, if it does not begin from … reproducing the natural relation between the two sexes" (I 4, 104). This claim is significant for the following reasons.

It is too little acknowledged within political philosophy that a state must secure the conditions of its own continued possibility by the moral education of its future citizens into the required virtues of civic membership. The family is the obvious site for such an education. Yet for most political philosophers whilst the state is an artificial, conventional creation, the family is a natural and enduring feature of human existence. The problem then arises of how to ensure that what is independent of and somehow preexists the creation of the state is still consistent with its artifical nature. One solution may be to usurp the educative role of the family by collectivising the upbringing of children. Such is Plato's proposal in the *Republic*. Or one might simply trust, given that parents will naturally rear their own offspring, that the family can supply the state with the citizens it needs. Locke seems to have favoured this view (Gutman 1987, ch. 1, counterposes Plato's "family State" to Locke's "State of families").

No such problem arises for Fichte for whom institutions – such as marriage, family and the constitution of the state – should, and can only, conform to a pre-given and necessary nature. The morality of citizens is that which it is natural to acquire within a moral, that is natural family. However a different kind of problem presses. This is that what Fichte takes to be morally given, whether at the political or familial level, follows from what he can show to be "natural", that is transcendentally deduce. His understanding of the relationship between the sexes – which betrays a traditional inegalitarian view of women – must in consequence subvert the claims of a community founded upon such a relationship to be just. A morality learnt in the midst of a family whose constitutive relationships are inequitable cannot itself be a just one. Nor can the citizens who develop morally in such a family acquire the sense of true justice needed to underpin a fair society (this line of thinking informs Moller Okin's critique of Rawls's *A Theory of Justice* whose Part III accords an important role in moral education to the family; see Moller Okin 1989). Whatever Fichte gains by insisting that juridical and political forms are determined by what can be shown to be natural he loses by his constrained and prejudicial understanding of what is natural.

Bibliography

J. G. Fichte; Foundations of Natural Right, ed. by F. Neuhouser, transl. by M. Baur, Cambridge 2000
I. Kant: *Lectures on Ethics*, trans. P. Heath and J. B. Schneewind, Cambridge 1997

Archard, D. 2015: Children, Rights and Childhood, London
Belliotti, R. A. 1993: Good Sex, Perspectives on Sexual Ethics, Lawrence, Kansas
Blustein, J. 1982: Parents and Children. The Ethics of the Family, Oxford
Brennan, T./Pateman C. 1979: Mere Auxiliaries to the Commonwealth. Women and the Origins of Liberalism, in: Political Studies, XXVII/2, 183–200
Delaney, C. 1986: The Meaning of Paternity and the Virgin Birth Debate, in: Man 21, 494–513
Goody, E. N. 1982: Parenthood and Social Reproduction, Fostering and Occupational Roles in West Africa, Cambridge
Gutman, A. 1987: Democratic Education, Princeton, NJ

Heinz, M./Kuster, F., 1998: 'Vollkommene Vereinigung': Fichtes Eherecht in der Perspektive feministischer Philosophie, in: Deutsche Zeitschrift für Philosophie 46/5, 823–839
Moller Okin, S. 1989: Justice, Gender and the Family, New York
Nozick, R. 1974: Anarchy, State, and Utopia, Oxford
O'Brien, M. 1981: The Politics of Reproduction, London
Pateman, C. 1980: The Disorder of Women. Women, Love, and the Sense of justice, in: Ethics 91 (October), 20–34
Pateman, C. 1988: The Sexual Contract, Cambridge
Rousseau, J.-J.: Politics and the Arts. A *Letter to M. d'Alembert* on the Theatre, trans. A. Bloom, Ithaca, N.Y. 1968
Thomas, K. 1959: The Double Standard, in: Journal of the History of Ideas, 20 (April), 195–216

Carla De Pascale
14 Das Völkerrecht (Zweiter Anhang)

14.1

Der zweite Anhang der *Grundlage des Naturrechts* befaßt sich mit den Beziehungen zwischen den Staaten und der Regelung von möglicherweise zwischen ihnen auftretenden Konflikten. Die Analyse entwickelt sich betont parallel zu der das innere Staatsrecht betreffenden Untersuchung. Die wenigen Unterschiede rühren alle aus der Besonderheit des Themas, das auf der Schnittlinie zwischen einer Wiederaufnahme des antiken *Jus gentium* naturrechtlicher Tradition und der aktuellen Debatte des ausgehenden 18. Jahrhunderts über die Werte des Kosmopolitismus, die in Kants Schrift *Zum ewigen Frieden* (1795) einmündete, angesiedelt ist. Diese Debatte erfuhr eine Phase der Wiederbelebung, doch auch der tiefgreifenden Wandlung.

Die Abhandlung gründet auf zwei Voraussetzungen, deren erste schon in den Anfangszeilen dargelegt wird, während die zweite an keiner Stelle ausdrücklich erwähnt wird, obgleich sie für Fichtes Argumentation von wesentlicher Bedeutung ist und aus theoretischer Sicht letztlich als die wichtigere von beiden zu betrachten ist. Die erste, ausgesprochene, Voraussetzung betrifft den „Rechtsbegriff", der in den ersten vier Paragraphen der *Grundlage des Naturrechts* „deduziert" und in § 4 genauer erläutert wird. Er ist das Fundament, auf dem der gesamte Staat als Ort des gesicherten Zusammenlebens der Menschen konstruiert wird. Da der Staat die Einrichtung ist, die den Staatsbürgervertrag, Gewähr für die Freiheit und die Sicherheit, verkörpert, kommt ihm die Funktion der Vermittlung aller wechselseitigen Beziehungen zwischen den Bürgern zu. Folglich wird in diesem theoretischen Rahmen, in dem der Rechtsbegriff das Fundament ist, die Möglichkeit einer außerstaatlichen Beziehung zwischen Individuen nicht einmal in Erwägung gezogen: Es ist nie der Fall, daß zwei (oder mehr) Individuen nicht beschließen, sich „zumindest zum Anfang eines Staats" zu vereinigen, und erst recht nicht, daß ein einzelnes Individuum nicht in die Wirkungssphäre des Staates gezogen wird, sobald es zu einem ersten Kontakt mit einem anderen Individuum kommt, das schon Bürger jenes Staates ist.

Interessant ist Fichtes allgemeine Formulierung der Frage, die dem Autor offensichtlich auch geeignet scheint, die zu behandelnden Probleme hervorzuheben, die wohl auf Kant zurückgehen, doch von Fichte von einem anderen Ansatzpunkt aus angegangen werden (die Titel der beiden Teile des Anhangs – *Völkerrecht* und *Weltbürgerrecht* – entsprechen den Themen des zweiten und des dritten Definitivartikels der Schrift *Zum ewigen Frieden*). Diese Formulierung wählt als

Ausgangspunkt der Untersuchung die zwischenstaatlichen Beziehungen, die nicht als Beziehungen zwischen staatlichen *Anstalten*, sondern als Beziehung zwischen *Bürgern* verschiedener Staaten aufgefaßt werden. Und das ist deshalb von Bedeutung, weil es ein Indiz für eine Auffassung ist, die dem Staat die Rolle eines „abstrakten Begriffs" zuweist (während Kant vom Staat als „moralischer Person" spricht: Frieden, VIII 344) und in dem rechtlichen Verhältnis, das sich zwischen den Bürgern verschiedener Staaten einstellt, das Fundament der rechtlichen Beziehung zwischen diesen Staaten erkennt: „Der Staat an sich ist nichts, als ein abstrakter Begriff; nur die Bürger als solche sind wirkliche Personen." (Anhang § 4, Coroll. 1[1]). Und in der Tat stellt sich das Problem der zwischenstaatlichen Beziehungen nur dort, wo zwischen Bürgern verschiedener Staaten wahrhaftig wechselseitige Beziehungen bestehen und somit eine gegenseitige Einwirkung vorliegt – wodurch allein ein tatsächliches rechtliches Verhältnis begründet wird (Anhang § 3: I 4, 152).

Ein Mechanismus, wie der zu Anfang beschriebene, bei dem das Bürgereines-Staates-Sein wie eine Art Magnet wirkt, der jedes Individuum, das in seinen Wirkungsbereich gerät, anzieht, müßte letztlich zu einer allmählichen und fortschreitenden Vereinigung der Menschen in einem einzigen Staat führen. Es ist der „Kosmopolitismus" im reinen Zustand, den wir auf diese Art erhalten müßten (Anhang § 1: I 4, 151). Doch Fichte, wiewohl Autor einer Abhandlung über das Staatsrecht „nach Principien der Wissenschaftslehre", weiß sehr gut, daß, wenn es nicht zulässig ist, die Theorie den Konditionierungen der greifbaren Realität zu beugen, es auch nicht legitim ist, daß die Theorie über alle Konditionierungen hinwegsieht und eine ausschließlich ‚ideale' Situation umreißt.

Die zweite und nicht genannte der beiden Voraussetzungen, auf die sich dieser zweite Anhang stützt, gründet eben auf dieser Erkenntnis. Da die Staaten, die tatsächlich existiert haben oder noch existieren, das Ergebnis des Zufalls oder der Gewalt sind[2], geht die von Fichte vorgelegte Konstruktion des inneren Staatsrechts vom wirklichen Menschen aus, von seiner zusammengesetzten Natur eines nicht nur vernünftigen, sondern auch sinnlichen Wesens. *Auf dieser Grundlage* versucht er, die beste der möglichen politischen Welten zu entwerfen, um die geschichtliche Wirklichkeit im Namen der von der Theorie gestellten Ansprüche

---

[1] Fichte, SRL, II 13, 287, Völkerrecht, § 6: „die rechtliche mystische Persönlichkeit" hat der Staat in sich nur zufolge des „Bürgervertrages". Etwas ähnliches kann man im *Jus Gentium* von Wolff lesen: „personae morales" sind die „Gentes" (*Praefatio*, b 2; § 9 *Prolegomena*: „singulae Gentes, seu civitates particulares").
[2] „Nothstaaten" (GNR § 21), die in *Die Bestimmung des Menschen* als „sonderbare Verbindungen, die das vernunftlose Ohngefär zusammengebracht hat", beschrieben werden (I 6, 272).

zu verändern³. Und gleichermaßen ist es eine Tatsache, daß die konkret gegebene internationale Lage durch die gleichzeitige Existenz einer Vielzahl von Staaten gekennzeichnet ist. Man braucht nicht eigens die Tatsache hervorheben, daß es sich bei dieser Koexistenz nicht immer um eine friedliche Koexistenz handeln muß.

Der Theorie kommt erneut die Aufgabe zu, die Kluft zwischen einem Kosmopolitismus, der als das unmittelbare Resultat einer theoretisch aufgestellten Prämisse erscheint, und einer Sachlage zu überbrücken, die durch Zersplitterung und nicht selten durch Konflikte gekennzeichnet ist. Bei der Formulierung des Problems fällt der Theorie das Eingeständnis nicht schwer, daß es durchaus möglich ist, daß sich unabhängig und ohne voneinander zu wissen Menschen zu vereinzelten Gruppen zusammengeschlossen und so verschiedene Staaten errichtet haben – ein Vorgang, der durch die Größe der Erdoberfläche und deren Gestalt begünstigt wurde. Im Gegenteil, dieser Sachverhalt spricht für die Theorie, da dieser konkrete Vorgang direkt und ausdrücklich beweist, daß der Staat keine „willkürliche Erfindung" ist (Anhang § 2: I 4, 151).

Der gegenseitige Einfluß, den die Bürger der verschiedenen Staaten aufeinander ausüben, muß „bewußt" sein (Anhang § 3: I 4, 152); und dies erinnert an ein Hauptthema, das der Autor in der *Grundlage des Naturrechts* entwickelt hat (und zwar lange vor Hegels *Phänomenologie des Geistes*), nämlich die Frage der „Anerkennung" und der hiermit in Zusammenhang stehenden Rolle der „Erkenntnis". Beim Verhältnis zweier Individuen ist der Moment der Anerkennung derjenige, in dem sich zwischen zwei Wesen, die in erster Linie vernünftige Wesen sind, eine Beziehung herstellt, die durch Intelligenz und Freiheit charakterisiert ist; und es ist auch der Moment, in dem jedes dieser beiden Individuen der Tatsache gewahr wird, daß ihm ein vom anderen anerkannter individueller Freiraum zugestanden wird. Abgesehen von und vor dem bloß rechtlichen Verhältnis trägt die in diesem Verhältnis implizite „Erkenntnis" (GNR § 7: I 3, 384), d. h. die Tatsache, daß ein anderes Vernunftwesen meine Existenz zur Kenntnis nimmt, dazu bei, daß ich mich selbst als vernünftiges und freies Wesen erkenne: Das, worauf sich zunächst mein Erkenntnisvermögen richtete, erwies sich seinerseits als ein erkenntnisfähiges Wesen und in diesem Mich-Erkennen hat es mich in meiner Individualität bestätigt und mich mithin weiter bestimmt.

Den allgemeinen Vorgang des gegenseitigen Sich-Erkennens und jenen besonderen des gegenseitigen Sich-Anerkennens (als wesentliches Element bei der Konstruktion des rechtlichen Verhältnisses) findet man wieder auf Ebene

---

3 Zur Errichtung des *Vernunftstaats* bedarf es jedoch stets des Antriebs durch den *Notstaat* (z. B. *Sittenlehre*, I 5, 215).

der Beziehungen zwischen Bürgern verschiedener Staaten; jedoch mit einem grundlegenden Unterschied: Im ersten Fall war die Anerkennung ein konstitutives Element des Rechtsbegriffs und eine wesentliche Etappe auf dem Weg zum Staatsbürgervertrag, und zwar in dem Sinn, daß sich die „problematische" Bedingung, welche die Rechte vor dem Vereinigungsvertrag kennzeichnete, nach Abschluß des Vertrags in eine Bedingung der wechselseitigen, durch die Gegenwart des Oberherrn garantierten Sicherheit verwandelte. Bei der Beziehung zwischen Staaten haben wir es hingegen erneut mit einer Situation zutun, die durch das Fehlen von Garantien charakterisiert ist[4]. Oder besser ausgedrückt: Die legislative Redundanz, die aus den verschiedenen Gesetzessystemen und Verfassungen, auf die sich jeder Staat bezieht, rührt, hat die gleiche Wirkung, wie die Rechtlosigkeit: mehrere Rechte widersprechen sich (Anhang § 6: I 4, 154) und heben sich gegenseitig auf (Anhang § 4: I 4, 152). Bei diesen Rechten handelt es sich selbstverständlich um ‚historische' Rechte, von denen keines Anspruch auf eine Vorrangstellung hat.

Daher bedarf es eines „gemeinschaftlichen Richters", der nur durch einen Vertrag neuen Typs eingesetzt werden kann, den die Staaten miteinander abschließen, die Beziehungen zueinander pflegen wollen – d. h. an erste Stelle aneinander angrenzende Staaten (Anhang § 4 und Coroll. 2 und 1: I 4, 152 f.), doch dann auch nicht benachbarte Staaten, die beschließen, sich in einem „Bund" (Anhang § 16: I 4, 160) zu vereinigen, auch wenn in diesem Fall der Vertrag eine besondere Gestalt annimmt. Wie jeder beliebige sonstige Vertrag setzt dieser Vertrag, der „ausdrücklich geschlossen werden" muß und „nicht schon im Staatsbürgervertrage" liegt (Anhang § 4, Coroll. 3: I 4, 153), die gegenseitige Anerkennung (Anhang §§ 5 und 6: I 4, 153 f.) der betroffenen Staaten voraus und muß den Bürgern der beteiligten Staaten bekannt gemacht werden. Wie schon beim inneren Staatsrecht, ist die Öffentlichkeit des Gesetzes eine Bedingung dafür, daß es von den Bürgern aller beteiligten Staaten respektiert wird und seine Übertretung für strafwürdig erklärt werden kann (Anhang § 4, Coroll. 3: I 4, 153).

Auch im Rahmen des Völkerrechts gibt es eine Übertragung des Rechts zu urteilen: Hier geschieht das gleiche wie beim inneren Staatsrecht, wo der einzelne dieses sein Recht auf den Oberherrn übertragen hat (Anhang § 5: I 4, 153). Doch in diesem Fall hat das Gesetz der Analogie keine Gültigkeit mehr, da es verlangte, daß das Recht zu urteilen, dessen der einzelne enthoben wurde, in der gleichen Weise auf einen gemeinschaftlichen und ‚höheren' Richter übertra-

---

[4] Hegel wird sich in den §§ 71, 331 und 333 der *Grundlinien der Philosophie des Rechts* in völlig analoger Weise über die Anerkennung äußern (wobei er es im § 333 nicht unterläßt, die „Zufälligkeit" zu unterstreichen, mit der der Begriff des ewigen Friedens behaftet ist).

gen würde, wie es beim inneren Staatsrecht dem Gemeinwesen anvertraut wird. Andererseits gibt es in einer Beziehung zwischen Staaten, die im wesentlichen die Züge einer bilateralen Beziehung bzw. einer Mehrzahl von bilateralen Beziehungen hat, keine Macht, die höher ist als die staatliche Autorität selbst, und die Institution eines „einzigen" oder „gemeinschaftlichen" Richters entsteht nur beim Zusammentreffen und im Einverständnis zwischen den Obrigkeiten der jeweiligen Staaten: „Jeder Staat hat ... das Recht, über die Legalität eines anderen Staates, mit dessen Bürgern die seinigen in Verbindung kommen, zu urteilen" (Anhang § 5: I 4, 153) und beide Staaten „müssen sich anheischig machen, die Ungerechtigkeit, die durch einen ihrer Mitbürger einem Bürger des anderen Staates widerfahren wäre, zu bestrafen und gut zu machen, ..." (Anhang § 4: I 4, 152 f.). Schon Kant hatte im 2. Anhang von *Zum ewigen Frieden* festgestellt, daß man außerhalb eines rechtlichen Zustands nicht eigentlich von einem „Völkerrecht" sprechen könne (VIII 383 und 385).

Die Vermengung der von einer staatlichen Institution nach innen und der von der gleichen Institution nach außen ausgeübten Obrigkkeit könnte die „Unabhängigkeit" eines Staates ernsthaft gefährden. Die Rettung aus dieser Gefahr wird in einer klaren Demarkationslinie gesehen, die festlegt, wie weit ein Staat bei der Kontrolle der Legalität eines anderen Staates gehen darf: Das Urteil muß sich auf die Frage beschränken, „ob der benachbarte Staat zu einem äußeren legalen Verhältnis tauge" (Anhang § 5: I 4, 153). Ein Urteil über seine innere Verfassung steht ihm hingegen nicht zu (im Gegensatz zu dem, was Saint-Pierre im *Projet* fordert). Insgesamt ist also, wie in § 12 des Anhanges (I 4, 157) festgestellt wird, die Anzahl der Klauseln des zwischen den Staaten abgeschlossenen Vertrags ziemlich gering. Über die Einhaltung dieser vertraglichen Bestimmungen wachen Gesandte, die ersucht sind, sich strengstens an ihr Mandat zu halten, um nicht die Unabhängigkeit des Gaststaates zu verletzen, für den sie wiederum „heilig und unverletzlich" sind. Die Gesandten haften für ihre Handlungen rechtlich gegenüber dem Staat, dessen Bürger sie sind und an den sie auch die Abgaben entrichten müssen. Folglich sind sie in dem Staat, der sie beherbergt, von allen Auflagen befreit (Anhang §§ 10 und 11: I 4, 156 f.).

So wie beim inneren Staatsrecht die in zeitlicher Folge ersten Rechte, die geschützt werden, die Eigentumsrechte sind, und aus dem gleichen Grund, aus dem der Eigentumsvertrag der erste Schritt bei der Konstruktion des Staatsbürgervertrags ist, wird auch beim Völkerrecht an erster Stelle der Schutz der Eigentumsrechte der Bürger der Staaten, welche ein Übereinkommen miteinander getroffen haben, gewährleistet. Auch hier besteht die vorrangige Bedingung des Eigentumsrechts in der Grenzziehung und in der Bestimmung der Grenzen der Ausübung der an das Eigentum von Grund und Boden oder die Ausbeutung natürlicher Ressourcen gebundenen Rechte (Anhang § 8 – I 4, 155 –, der an den in den Paragraphen §§ 18 und 19 – I 4, 161 f. – der GNR behandelten Teil und an dessen Voraussetzungen in § 17 – I 4, 160 f. – anschließt).

Doch unterminiert eine grundlegende Schwäche die beschriebenen zwischenstaatlichen Beziehungen, die an erster Stelle auf das Fehlen von apriorischen Rechtsgründen, die den Rechten der einzelnen Staaten eine unanfechtbare Rechtmäßigkeit verleihen (Anhang § 8: I 4, 155), zurückzuführen ist, und an zweiter Stelle auf die Notwendigkeit einer „Übereinkunft" (Anhang § 9: I 4, 155 f.), welche den wechselseitigen guten Willen voraussetzt, jedoch nicht in der Lage ist, den bösen Willen auszuschließen (Anhang § 12: I 4, 157) – und das gilt erst recht, wenn die Inhalte, auf die sich die Übereinkunft erstreckt, zahlenmäßig begrenzt sind. All das führt dazu, daß die Streitigkeiten schließlich auf Grundlage des „Naturrechts" (Anhang § 8: I 4, 155) behandelt und entschieden werden: eben jenes Rechts, das die noch nicht durch die Herrschaft des Staates geordneten und geregelten Beziehungen zwischen den Personen beherrschte, und eben jenes selben Rechts, auf das man gar nicht umhin kann sich zu berufen, wenn es um das Verhältnis zwischen Staaten geht, die keinerlei dritte Instanz, keinen höheren „Richter" anerkennen. Diese Schwäche ist Vorbotin des Krieges zwischen den Staaten, gerade so, wie sie die Quelle möglicher Konflikte zwischen den einzelnen Individuen war. Hier schlägt Fichte, nicht anders als Kant, eine Lehre erneut vor, welche die gesamte naturrechtliche Tradition begleitet hatte und bis zu Hegel reicht.

14.2

Es ist von Bedeutung, daß in diesem *Zweiten Anhang* nie vom Frieden im allgemeinen gesprochen wird und daß der erste Hinweis auf den „Ewigen Frieden" erst im 20. Paragraphen zu finden ist. Im Gegensatz zur Schrift *Zum ewigen Frieden*, die an den Diskurs mit Vorgängern anknüpft, die Entwürfe zum gleichen Thema verfaßt haben (Rousseau, Saint-Pierre), und zum eigenen Ausgangspunkt die Bestimmung dessen macht, was *nicht* geschehen soll, will man den Krieg fernhalten (so nennt Kant die Präliminarartikel „Verbotgesetze"), behandelt Fichte das Thema Frieden im abschließenden Teil einer Abhandlung über das innere Staatsrecht. Beim Übergang zur Prüfung der Beziehungen zwischen den Staaten trifft er zuerst auf die Möglichkeit des Konflikts und erkennt in der rechtlichen Verfassung die Lösung des Problems. Anschließend befaßt er sich mit der Frage nach deren Realisierbarkeit. In Einklang mit der Behandlung des zwischenstaatlichen Rechts als „Kriegsrecht" ergibt sich die Frage des Friedens aus den Analysen, die sich mit dem Krieg befassen: *e contrario* wird über die „Erhaltung des Friedens" nachgedacht, der gleichwohl als „letzter Zweck" der Menschheit gepriesen wird (Anhang § 20: I 4, 162; gleichermaßen der Schluß der *Staatslehre* 1813). Man kann hiermit nicht behaupten, daß der Autor das Thema geringschätzt; der ewige Frieden ist das Endergebnis eines Prozesses, der seine ersten Anfänge eben in den in diesem Teil der *Grundlage des Naturrechts* beschriebenen Beziehungen hat: nur dank der allmählichen Erweiterung des Völkerbunds, die Fichte am Ende vorschlägt, wird es möglich sein, die Grundlagen für einen künftigen Frieden zu schaffen. Und doch ist das „Kriegsrecht", das als solches schon im Anfang die einzige Art von Beziehung zwischen Staaten negiert, die es verdiente, als „rechtmäßig" bezeichnet zu werden, seinerseits eben ein „Recht", das letztlich einen sehr großen Anwendungsbereich und eine beinahe universelle Gültigkeit hat. Nichtsdestoweniger kann man in den letzten Zeilen von § 20 des Anhanges (I 4, 162) eine weitere Kehre in der Theorie feststellen, die schließlich jenen aus rechtlicher Sicht positiven Bedeutungsgehalt einschränkt, den der Autor dem Krieg zugeschrieben hatte, und die vielleicht ein Reflex jenes Widerspruchs zwischen Recht und Moral ist, der sein ganzes Denken durchzieht: Der Krieg ist das Mittel zur Erhaltung des Friedens, doch letzerer ist der Endzweck. Darüber hinaus hatte Fichte in seiner Rezension (1796) von *Zum ewigen Frieden* der „Hauptidee" Kants, daß die Verwirklichung des ewigen Friedens eine Forderung der Vernunft selbst sei, ohne Abstriche beigepflichtet und das Kriegsrecht als eine vollkommen *ungereimte* „Zusammensetzung" bezeichnet (I 3, 221 u. 226). Doch damit nicht genug: Die Verhinderung der Möglichkeit eines Krieges stellt gerade den Zweck der Einrichtung eines Staates dar und der Krieg ist schlechthin „widerrechtlich" (GNR § 12). Und außerdem findet man in den Schriften Fichtes ziemlich oft beschwörende Worte gegen den Krieg, angefangen beim *Beitrag* (I 1, 247 f.) über *Die Bestimmung des Menschen* (I 6, 269 ff.; und eben auf eine Stelle aus diesen Seiten beziehen sich Hegels ironische Bemerkungen in *Glauben und Wissen* zu Fichtes Theorie: vgl. Sämtliche Werke I, 421) bis zum Vorschlag, den Handelsstaat in seine natürlichen Grenzen einzuschließen, eben um Konflikte zwischen den Staaten zu verhindern (GHS: I 7, 117).

Das Kriegsrecht wird wirksam, sobald sich ein Staat weigert, die Souveränität eines anderen Staates und die Rechte seiner Bürger anzuerkennen (analog bei Hegel, Rechtsphilosophie, § 334); und dies deshalb, weil es sich beim Recht auf Anerkennung um ein „Zwangsrecht" handelt (Anhang § 6: I 4, 154). Der Anerkennung der wechselseitigen Rechte kommt bei Fichte eine derart zentrale Rolle zu, daß er sie mit der Voraussetzung für den Frieden gleichsetzt (für den es nach Kants Auffassung hingegen einer „republikanischen Verfassung" des Staates bedarf: Frieden, VIII 351). Auch hinsichtlich der Verletzung der Rechte eines fremden Staates gibt es eine deutliche, wenn auch nicht explizite Parallele zum inneren Staatsrecht. So wie dort ein beliebiges Vergehen gegen das Gesetz unverzüglich den Verlust der Rechtsfähigkeit des betreffenden Bürgers nach sich zieht (GNR § 20), so geschieht dies auch hier. Mit dem einzigen Unterschied allerdings, daß auf zwischenstaatlicher Ebene nicht die Möglichkeit besteht, auf jenen „Abbüßungsvertrag" zurückzugreifen, der auf innerstaatlicher Ebene eine Alternative zu einer derart drastischen Maßnahme bietet.

Das Kriegsrecht tritt außerdem immer dann in Kraft, wenn ein Staat mit benachbarten Völkern in Berührung kommt, die keiner Obrigkeit unterworfen sind; gegenüber derartigen Völkern berechtigt das Sicherheitsrecht sowohl zu dem Versuch, sie zu nötigen, sich eine rechtliche Verfassung zu geben, so daß sich die innere Sicherheit auch nach außen überträgt, als auch zu ihrer Unterwerfung (Anhang § 7: I 4, 154). Gewiß, dieses Recht auf die Unterwerfung von Völkern, die selbst keiner Obrigkeit unterworfen sind, wird vom Autor, der fürchtet, bei seinen aufgeklärten Lesern negative Reaktionen hervorzurufen, als ein Element bezeichnet, daß lediglich um der systematischen Vollständigkeit der Theorie willen erforderlich sei. In Wirklichkeit handele es sich nicht um einen „Satz", der geeignet sei, „eroberungssüchtigen Mächten" Vorteile zu verschaffen. Doch ist dies nur deshalb nicht der Fall, weil es in der historischen Wirklichkeit kein Volk gäbe, das nicht zumindest einen „Anführer zum Kriege" habe. Das Beispiel der „fränkischen Republikaner"[5], die trotz ihrer unsicheren und wandelbaren inneren Ordnung schon einige Schlachten gewonnen hatten, bietet Fichte eine nützliche Bestätigung seiner Lehre und ist insgesamt von drohender Bedeutung für die Zukunft der Stabilität in Europa (Anhang § 7: I 4, 154; gleichermaßen Hegel, Rechtsphilosophie, § 331 Zusatz).

Das Kriegsrecht, das so wie jedes Zwangsrecht „unendlich" ist[6] und dessen Zweck die Unterwerfung der Bürger des bekriegten Staates ist, verlangt nichts weniger als die Vernichtung dieses Staates (Anhang § 13: I 4, 157 f.; anders bei Kant, Frieden, VIII 346 f.). Hierbei handelt es sich jedoch im wesentlichen um die Vernichtung einer *Obrigkeit*, die gleichzeitig verlangt, die Zivilbevölkerung und ihre Güter zu respektieren (analog argumentiert Hegel in Rechtsphilosophie, §§ 338 und 339). Denn erstens ist der Krieg eine Beziehung zwischen bewaffneten Mächten und der unbewaffnete Bürger soll hierin nicht verwickelt werden; und zweitens sind die Teile des Staatsgebiets des bekriegten Staats, die der kriegführende Staat schon erobert hat, nunmehr sein Besitz und die hier lebenden Bürger seine Untertanen: Und niemals würde ein Staat das vernichten wollen, was ihm selbst gehört (Anhang § 14: I 4, 158).

---

5 Nicht „französische" sondern „fränkische": Will Fichte vielleicht andeuten, daß die Republikaner von einem freiheitlichen Geist getrieben waren, wie die alten Franken?
6 Insofern es ein Zwangsrecht ist, d. h. ein Recht, das gegenüber denen geltend gemacht wird, die sich weigern, das Gesetz anzuerkennen (GNR § 8).

Fichte hebt hier den Gegensatz zwischen den Vorschriften der Vernunft und den aktuellen, zur Gewohnheit gewordenen Verhaltensweisen hervor. Die zerstörerische Wut, die in den aktuellen Kriegen über das feindliche Territorium und dessen Bevölkerung herfällt, bezeugt, daß die Kriege gar nicht geführt werden, um dauerhaft ein Staatsgebiet zu erobern, und folglich jeder rechtlichen Rechtfertigung entbehren. Auch die Praxis, Kriegsgefangene zu machen, ist Teil dieser ‚barbarischen' Auffassung vom Krieg, während der mittlerweile übliche Einsatz von „Scharfschützen" nur als „Mord" bezeichnet werden kann. Die Vorbehalte Fichtes gegenüber den Neuerungen der Kriegführung, die sich eben gegen Ende des 18. Jahrhunderts durchsetzten, geben ihm Gelegenheit zu einigen vorgezogenen Betrachtungen ethischer Natur, die er später in *Das System der Sittenlehre* entwickeln wird. Da der Staat nicht das Recht hat zu töten, und er also auch nicht den Befehl hierzu geben kann (so ist die Todesstrafe für Fichte nicht eigentlich eine Strafe, sondern ein „Sicherungsmittel", das der Staat nicht gegen einen seiner Bürger, sondern gegen einen Menschen anwendet, der schon als vom Bürgervertrag ausgeschlossen erklärt wurde und dessen „physische Macht" als „Naturgewalt" der physischen Macht des Staates unterlegen ist: GNR § 20: I 4, 74), ist es der Zweck des Krieges, den bewaffneten Feind zu entwaffnen, nicht ihn zu töten. Wie im § 23 der *Sittenlehre* erklärt werden wird, ist es niemals erlaubt, vorsätzlich zu töten, und das Töten ist eine bloße Konsequenz des Rechts auf Selbsterhaltung, insofern es sich hierbei zugleich um eine „allgemeine unmittelbare" Pflicht handelt.

Aber weshalb ist der Frieden und nicht der Krieg „das einzige rechtmäßige Verhältnis der Staaten"? Weil der Krieg, um als ‚gerecht' bezeichnet werden zu können, stets den Sieg der gerechten Sache garantieren müßte. Der Staat, der die Rechtmäßigkeit vertritt, müßte auch die höhere Gewalt unter den Staaten haben (Anhang § 15: I 4, 159 f.) – ebenso wie beim inneren Staatsrecht, wo die *Übermacht* auch die Inhaberin der Legalität ist. Hier scheint sich Fichte der antiken Doktrin vom gerechten Krieg widersetzen zu wollen, indem er die Auffassung vertritt, daß im Völkerrecht die aufeinandertreffenden Gewalten bloße physische Gewalten sind, wie es stets der Fall ist, wenn man sich außerhalb der rechtlichen Ordnung bewegt. Damit das Recht und nicht das Unrecht siegreich ist, bedarf es der Allianz mehrerer Mächte; und dies ist der Weg, den Fichte mit seiner Idee des „Völkerbunds" beschreitet. Selbstverständlich muß er in einer „wissenschaftlichen" Abhandlung nicht hinzufügen, daß sich auch Mächte vereinigen könnten, die ungerechte Ziele verfolgen; denn er sucht das wirksamste Mittel zur Durchsetzung des *Rechts* und sein aktueller Vorschlag gründet wahrscheinlich auf der schon im Kontext des inneren Staatsrechts in Hinblick auf den Gemeinwillen dargelegten Gedanken, daß der mächtigste von allen der freie Mensch ist und daß es nichts gibt, das mächtiger ist als mehrere freie Wesen (GNR § 8). In ähnlicher

Weise wird es hier den mehreren für das Recht eintretenden Mächten gelingen, die unrechtmäßige Macht zu besiegen.

Der Völkerbund bindet stärker als der zwischen zwei oder mehr Staaten in Anschluß an die gegenseitige Anerkennung abgeschlossene Vertrag; der umfassendere Vertrag, auf dem der Völkerbund basiert, begründet einen „positiven Schutz", der sehr viel wirksamer ist als eine einfache wechselseitige Willenserklärung, sich der Verletzung der Rechte anderer zu enthalten (Anhang § 16: I 4, 160), da er im Bedarfsfall das direkte Eingreifen der Mitgliedsstaaten der Allianz impliziert. Der Völkerbund sieht außerdem die Einrichtung eines Bundesgerichts (Anhang § 17: I 4, 161) und einer bewaffneten Macht vor, die in der Lage ist, die Ausführung der „Rechtsurteile" des Bundesgerichts zu gewährleisten (Anhang § 18: I 4, 162). Da es sich bei letzteren um Kriegshandlungen handelt und zu hoffen ist, daß man nicht oft auf sie zurückgreifen muß, schlägt Fichte vor, auf eine stehende Bundesarmee zu verzichten (auch Kant hatte sich im 3. Präliminarartikel von *Zum ewigen Frieden* für die Abschaffung der stehenden Heere ausgesprochen: VIII 345). Fichte ist viel daran gelegen, den Unterschied zwischen dem von ihm vorgeschlagenen „Völkerbund" und einem „Völkerstaat" deutlich zu machen. Der grundlegende Unterschied zwischen beiden Einrichtungen ist durch die vollkommene Freiwilligkeit gegeben, die ersteren auszeichnet. Im Falle der Errichtung eines Völkerstaats sähe es sich jeder Staat dem Zwang unterworfen, ihm beizutreten (in dieser Weise hatte schon eine Vielzahl von Vertretern des Naturrechts argumentiert, während sich Saint-Pierre dafür ausgesprochen hatte, die Staaten zum Eintritt in den Staatenkongreß zu zwingen) – ganz genau so wie bei der Einrichtung jeden Staats im allgemeinen. Schon in *Über den Gemeinspruch* (1793) hatte Kant von der Wahl zwischen einer „weltbürgerlichen Verfassung" (aus theoretischer und terminologischer Sicht ein Synonym für die „staatsbürgerliche Verfassung") und einer „*Föderation* nach einem gemeinschaftlich verabredeten *Völkerrecht*" gesprochen und wegen der jeder universellen Monarchie innewohnenden Gefahren des Despotismus für letztere gestimmt (VIII 310 f.; vgl. auch Frieden, VIII 367). Er hatte auch die Idee des Gleichgewichts der Kräfte als lächerlich bezeichnet (VIII 312) – eine Idee, die zu neuen Ehren kommen sollte: zuerst durch die Feder von konservativen Intellektuellen wie Friedrich von Gentz und später, nach dem Sturz Napoleons, durch Metternich, der im Namen des Gleichgewichts der europäischen Mächte handelte. Fichte teilte mit Kant die Abneigung sowohl gegen diese Idee als auch gegen die universelle Monarchie. Der 2. Definitivartikel von *Zum ewigen Frieden* schrieb einen „Föderalism freier Staaten" als Grundlage des Völkerrechts vor, auch wenn Kant ihn als „Surrogat" der Weltrepublik (oder „civitas gentium"; bei Wolff: „civitas maxima") bezeichnete, die gleichwohl eine nur regulative Idee darstellte (VIII 357). In gleicher Weise wünscht sich Fichte eine fortschreitende Ausdehnung des Bunds, bis er den gesamten Erdball umfaßt (Anhang § 20: I 4, 162).

Aus dieser Perspektive verbessern sich die Chancen auf einen Sieg des Rechts, auch wenn die Wissenschaft der Menschen niemals eine absolute Rechtssicherheit garantieren kann. Und die Wissenschaft kann uns auch nicht die Frage beantworten, wie es möglich sei, daß selbst dieser begrenzte Bund, von dem bisher die Rede war, „stets gerecht spreche" (Anhang § 15: I 4, 160). Sie kann die beste Art und Weise suchen, den Bund zu organisieren, sie kann die Gründe darlegen, warum es sich hierbei um den derzeit vorteilhaftesten Vorschlag handelt (Anhang §§ 16–19), doch sie kann nicht die „absolute Unmöglichkeit eines ungerechten Richterspruchs des Völkerbundes" (Anhang § 19: I 4, 162) garantieren, gerade so, wie die Rechtslehre nicht die Unmöglichkeit eines Irrtums oder der Ausübung eines bösen Willens seitens des „höchsten Richters" in seinem Staat gewährleisten konnte (siehe auch die *Reden an die deutsche Nation*, SW, VII 364, über die Unmöglichkeit, ihn zu „zwingen, ohne Ausnahme das Recht zu sehen und zu wollen"). Die Garantie hierfür hätten wir nur, wenn die „reine Vernunft" und nicht ein endliches Wesen der höchste Richter wäre. Selbst beim inneren Staatsrecht ist man, auch nachdem das Ephorat zur Kontrolle der Rechtmäßigkeit des Wirkens der Oberherrschaft eingesetzt und nachdem überdies die Gemeine zur aktivsten Teilnahme bei der Beurteilung des Wirkens des Herrschers und der Ephoren ermahnt wurde, noch nicht vor jedem Fehler und jeder Gefahr sicher. Doch der Autor ist zuversichtlich hinsichtlich der Ergebnisse seiner Konstruktion, die weniger für den tatsächlichen Gebrauch als vielmehr zur Bezeugung der Absicht eines Staates, rechtmäßig zu Werke zu gehen, entworfen wurde. Während dieser derart komplexe und teilweise unnatürliche Mechanismus in den Staaten, die nicht über ihn verfügen, erforderlich ist, hat er dort, wo er vorhanden ist, das Ziel, sich überflüssig zu machen (dies ist die Schlußfolgerung von GNR § 16).

Im späteren *System der Rechtslehre* (1812) scheint Fichtes Vertrauen gegenüber institutionellen Lösungen geringer zu sein, nachdem er sich von der Wirkungslosigkeit einer Institution wie das Ephorat überzeugt hat und zu bezweifeln scheint, daß es tatsächlich eine Garantie dafür geben kann, daß „der Beste" herrscht (SRL, 149, 13, 281). Parallel zu dieser Auffassung hatte sich eine Vorstellung von den vom Recht des Stärkeren beherrschten zwischenstaatlichen Beziehungen entwickelt, die er am deutlichsten in der Schrift *Über Machiavelli als Schriftsteller* dargelegt hatte und die man schon in der Rekonstruktion der Geschichtsphilosophie in den *Grundzügen des gegenwärtigen Zeitalters* erkennen konnte. Hinsichtlich der Beziehungen nach außen beschrieb Fichte das politische Verhalten des *Principe* schon anders als das des „Regenten", das er nicht mehr als ein Jahr zuvor in den Vorlesungen *Über das Wesen des Gelehrten* umrissen hatte.

Nachdem der Unterschied zwischen *Völkerbund* und *Völkerstaat* geklärt ist, bedarf es zum Abschluß noch einiger Worte zu der schwierigen Beziehung zwischen diesen beiden Begriffen sowohl bei Fichte als auch bei Kant. Die Idee einer Weltrepublik ist Fichtes Auffassung auch jenseits des in § 1 des Anhanges Gesagten nicht fremd; die Begriffe „Vernunftstaat" oder „Culturstaat", die an die Idee einer möglichen Auslöschung des Staats gebunden sind, belegen, daß das allgemeine Thema der zwischenstaatlichen „Grenzen" nach und nach seine zentrale Stellung verliert. Das Bild eines komplexen politischen Denkens wird um ein weiteres durch Fichtes Anhängerschaft an die einheitliche Lösung in der Debatte über die künftige Verfassung des deutschen Staates bereichert. Doch diese Komplexität löst sich ein wenig auf, wenn wir an eine der tragenden Säulen seiner politischen Philosophie denken, die schon in der Rezension von *Zum ewigen Frieden* deutlich sichtbar wird. Hier mehr als sonst zeigt sich Fichte skeptisch gegenüber Kants Vertrauen in die Zweckmäßigkeit, die in der „Natur" sowohl dann zum Ausdruck käme, wenn sie die Völker trennt (durch die Sprache und die Religion: ein Thema, das bei Hegel wieder anklingt), als auch dann, wenn sie sie vereinigt (z. B. durch den „Handelsgeist" und die Macht des Geldes: Wiederaufnahme eines Themas aus dem 18. Jahrhundert und Vorwegnahme einer entscheidenden Stelle aus der Rede *De la liberté des anciens comparée à celle des modernes* von B. Constant). Und noch weniger glaubt er an eine künftige und beinahe mechanische Etablierung der rechtmäßigen Verfassung auf innerstaatlicher Ebene: die Menschen haben bisher nicht gezeigt, daß sie die sich aus ihr ergebenden Vorzüge begriffen haben, und es gibt gute Gründe für die Ansicht, daß dies auch in Zukunft nicht der Fall sein wird (vgl. auch SRL, II 13, 289 f.). Doch liegt es nicht am mangelnden Verständnis. Es ist die Ungerechtigkeit, die zu groß ist, als das zur Abhilfe eine ‚natürliche' Entwicklung ausreiche; es bedarf einer politischen Tätigkeit, welche die sozialen Verhältnisse nach jenem Schema des „angewandten Naturrechts" organisiert, das Fichte im Jahr 1797 darlegt[7]. In analoger Weise muß man auf Ebene des Rechts das bloß *formale* Gesetz, das bestimmt, daß die eigene Freiheit zu begrenzen sei, überschreiten; man muß sich zu den Inhalten des Gesetzes äußern, darüber, in welchem Umfang und zu welchem Zweck die Freiheit zu begrenzen sei. Erst dann gestattet eine geordnete innere Organisation des Staates vernunftbestimmte Beziehungen nach außen.

---

[7] Schon Saint-Just hatte in seinen Anmerkungen zu *Institutions républicaines* seine Überlegungen zum Fehlen von Sanktionen bei den Beziehungen zwischen den Staaten mit seinen Betrachtungen zur inneren Lage eines Staates in Verbindung gebracht, indem er z. B. die Ausdehnung des Bodens in Beziehung zur Größe der Bevölkerung setzte.

Und dann kann man auch von einer Weltrepublik sprechen, ohne daß dieser Begriff das Gespenst eines großen despotischen Staates heraufbeschwört.

Vielleicht hat der Begriff des Weltbürgerrechts, der das Werk abschließt (Anhang §§ 21–24) – davon abgesehen, daß er an das Kantische Thema des Rechts auf Hospitalität jenseits der geregelten zwischenstaatlichen Beziehungen gemahnt – eben die Funktion, den vom „Urrecht" ausgehenden argumentativen Kreis zu schließen und daran zu erinnern, daß dem Menschen ein „ursprüngliches Recht" auf die Behauptung der eigenen Rechtsfähigkeit zur vernunftgemäßen Gestaltung seiner Beziehungen mit seinesgleichen anhaftet.

Literatur

Buhr, M./Losurdo D. 1991: Fichte, die französische Revolution und das Ideal vom ewigen Frieden, Berlin

Castel, C. I. (Abbé de Saint-Pierre) 1713: *Projet* pour rendre la paix perpétuelle in Europe, 2 Bde., hrsg. v. S. Goyard-Fabre, Paris

Constant, B. 1819: De la liberté des anciens comparée à celle des modernes, in: Cours de politique constitutionnelle, hrsg. v. E. Laboulaye, 2 Bde., Genf/Paris 1982, Bd. 2

De Pascale, C. 2010: Le droit cosmopolitique comme synthèse du droit, in: Kervégan, J.-F. (dir): Raison pratique et normativité chez Kant. Droit, politique et cosmopolitique, Lyon, 199–211

Ikäheimo, H. 2014: Fichte on Recognizing Potential Person und De Pascale, C.: Kommentar, in: Seelman, K., Zabel, B. (Hrsg.): Autonomie und Normativität, Tübingen, 44–68

Saint Just, L. A. L. 1831: Fragments sur les Institutions républicaines. Ouvrage posthume, in: Oeuvres complètes, hrsg. von M. Duval, Paris 1984

Schottky, R. 1981: Internationale Beziehungen als ethisches und juridisches Problem bei Fichte, in: Hamacher, K. (Hrsg.): Der Transzendentale Gedanke. Die gegenwärtige Darstellung der Philosophie Fichtes, Hamburg, 250–277

Verweyen, H. J. 1975: Recht und Sittlichkeit in J. G. Fichtes Gesellschaftslehre, Freiburg/München, 321–338

Vlachos, G. 1948: Fédéralisme et raison d'état dans la pensée internationale de Fichte, Paris

Wolff, Ch. 1749: Jus Gentium, in: Gesammelte Werke, Bd. 25, hrsg. v. M. Thomann, Hildesheim/New York 1972

Auswahlbibliographie

1 Ausgaben

Grundlage des Naturrechts nach Principien der Wissenschaftslehre von Iohann Gottlieb Fichte. Iena und Leipzig, bei Christian Ernst Gabler. 1796 (Druckfehlerverzeichnis beigebunden S. 230)

Grundlage des Naturrechts nach Principien der Wissenschaftslehre. Zweiter Theil oder Angewandtes Recht von Iohann Gottlieb Fichte. Iena und Leipzig, bei Christian Ernst Gabler. 1797

Johann Gottlieb Fichte's Sämtliche Werke hrsg. von I. H. Fichte, Dritter Band: Zweite Abtheilung, A. Zur Rechts- und Sittenlehre, Erster Band, 1–385 (Nachdruck: Fichtes Werke, hrsg. von I. H. Fichte, Bd. III, Berlin 1971, 1–385)

Fichtes Werke. Auswahl in sechs Bänden hrsg. von F. Medicus, Zweiter Band (Philosophische Bibliothek, Bd. 128, Verlag Felix Meiner), Leipzig 1908, 1–389

Johann Gottlieb Fichte, Grundlage des Naturrechts nach Prinzipien der Wissenschaftslehre hrsg. von F. Medicus, Verlag von Felix Meiner (Philosophische Bibliothek, Bd. 256), Leipzig 1922 (Nachdruck mit Einleitung und Register von Manfred Zahn, Hamburg 1960; Zweiter, verbesserter und mit bibliographischen Hinweisen ergänzter Nachdr. Hamburg 1967; Dritter Nachdruck mit überarbeitetem Quellennachweis und Personenregister, Hamburg 1979; Unveränderter Nachdr. Hamburg 1991)

Fichte-Gesamtausgabe der Bayerischen Akademie der Wissenschaften hrsg. von R. Lauth, H. Jacob und H. Gliwitzky, Reihe I: Werke, Bd. 3: Grundlage des Naturrechts nach Principien der Wissenschaftslehre, hrsg. von R. Lauth und H. Jacob unter Mitw. von R. Schottky, Stuttgart-Bad Cannstatt 1966; Bd. 4: Grundlage des Naturrechts nach Principien der Wissenschaftslehre. Zweyter Theil oder Angewandtes Naturrecht, hrsg. von R. Lauth und H. Gliwitzky und Mitw. von R. Schottky, Stuttgart-Bad Cannstatt 1970

2 Klassische Werke und Interpretationen

Althusius, J.: Politica, zit. nach der Auswahlausgabe: Grundbegriffe der Politik, hrsg. von E. Wolf, Frankfurt/Main 1948

Beccaria, C.: Über Verbrechen und Strafen, Frankfurt/M. 1988 (Übers. der Aufl. von 1766; erste Aufl. 1764)

Breazeale, Daniel 2013: Thinking through the Wissenschaftslehre, Oxford University Press.

Castel, C. I. (Abbé de Saint-Pierre): 1713: Projet pour rendre la paix perpétuelle in Europe, 2 Bde., hrsg. v. S. Goyard-Fabre, Paris

Constant, B. 1819: De la liberté des anciens comparée à celle des modernes. In: Cours de politique constitutionnelle, hrsg. v. E. Laboulaye, 2 Bde., Genf/Paris 1982, Bd. 2

Dilthey, Wilhelm 1890: Beiträge zur Lösung der Frage vom Ursprung unseres Glaubens an die Realität der Außenwelt und seinem Recht, in: Gesammelte Schriften, Bd. V 1, Stuttgart ⁶1957

Duns Scotus: Ordinatio, ed. Vaticana, Rom 1950 ff.

Erhard, J. B. 1976: Apologie des Teufels (1795), in: ders.: Über das Recht des Volks zu einer Revolution und andere Schriften, hrsg. von H. G. Haasis, Frankfurt/M.
Erklärung der Menschen- und Bürgerrechte. Französische Verfassung von 1791, in: Staatsverfassungen, hrsg. von Günther Franz, Darmstadt 1975, 302–307
Hegel, G. W. F.: Sämtliche Werke, Jubiläumsausgabe, Stuttgart-Bad Cannstatt 1965
Hobbes, Th.: Leviathan, hrsg. von Iring Fetscher, Neuwied/Berlin 1966
Hoffbauer, J. Ch. 1793: Naturrecht aus dem Begriffe des Rechts entwickelt, Halle
Hufeland, G. 1790: Lehrsätze des Naturrechts und der damit verbundenen Wissenschaften, Jena
Jacobi, F. H. 1787: David Hume über den Glauben, oder Idealismus und Realismus. Ein Gespräch, in Werke, Bd. II, Leipzig: Gerhard Fleischer, 1815
James, David 2013: Fichte's Social and Political PhilosophyProperty and Virtue, Cambridge University Press
Jaurès, J. 1892: Les Origines du Socialisme Allemand, Paris, frz. Übers. v. Jaurès' lat. Diss. v. A. Veber, Paris 1960
Kant, I.: Gesammelte Schriften, hrsg. von der Königlich Preußischen Akademie der Wissenschaften, Berlin 1902 ff.
Kelsen, Hans 1931: Wer soll der Hüter der Verfassung sein?, Berlin-Grunewald
Lassalle, F. 1862: Die Philosophie Fichtes und die Bedeutung des deutschen Volksgeistes, Berlin
Léon, X. 1922: Fichte et son Temps, Bd. 1, Paris
Locke, J. 1689: Second Treatise, in: Two Treatises of Government, hrsg. von Peter Laslett, Cambridge 1960; dt. Zwei Abhandlungen über die Regierung, übers. v. W. Euchner, Frankfurt a. M. 1967
Luhmann, N. 1984: Soziale Systeme, Frankfurt/M.
Magna Carta Libertatum (dt.), in: Quellen zur neueren Geschichte, hrsg. von H. Wagner, Heft 16, Bern 1951
Rawls, J. 1975: Eine Theorie der Gerechtigkeit, übers. von U. Wolf, Frankfurt/M.
Reinhold, K. L. 1790: Neue Darstellung der Hauptmomente der Elementarphilosophie, § XV, in: ders. Beyträge zur Berichtigung bisheriger Mißverständnisse der Philosophen, Bd. I, Jena, J. M. Mauke
Renouvier, J. 1843/47: Fichte. In: J. Raynaud (Hrsg.), Encyclopédie nouvelle, Paris
Rickert, H. 1922/23: Die philosophischen Grundlagen von Fichtes Sozialismus. In: Logos, Heft 11
Rousseau, J.-J.: Le Contrat Social, ed. Pléiade Bd. III; dt. Vom Gesellschaftsvertrag oder Grundsätze des Staatsrechts, hrsg. von Hans Brockard, Stuttgart 1977
Saint Just, L. A. L.: Fragments sur le Institutions républicaines. Ouvrage posthume, Paris, 1831
Schlegel, F.: Rezension der vier ersten Bände von F. J. Niethammers Philosophischem Journal. 1797, in: Kritische Friedrich-Schlegel-Ausgabe, hrsg. v. E. Behler u. U. Struc-Oppenberg, Darmstadt 1975
Schmalz, Th. 1792: Das reine Naturrecht, Königsberg
Schmoller, G. 1865: Johann Gottlieb Fichte. Eine Studie aus dem Gebiete der Ethik und der Nationalökonomie, in: B. Hildebrand (Hrsg.), Jahrbücher für Nationalökonomie und Statistik, Bd. V, Jena, 1–62
Sieyès, Emmanuel: Was ist der dritte Stand? in: ders.: Politische Schriften 1788–1790, hrsg. von E. Schmitt und R. Reichardt, 2. Aufl. München/Wien 1981
Weber, M. 1900: Fichtes Sozialismus und sein Verhältnis zur Marx'schen Doktrin, in: C. J. Fuchs/G. v. Schulze-Gävernitz/M. Weber (Hrsg.), Volkswirtschaftliche Abhandlungen der Badischen Hochschulen, Bd. IV, Tübingen/Leipzig, 220–342

Wolff, Ch. 1749: Jus Gentium, in: Gesammelte Werke, Bd. 25, hrsg. v. M. Thomann, Hildesheim/ New York, 1972

3 Über die GNR im allgemeinen

Batscha, Z. 1970: Gesellschaft und Staat in der politischen Philosophie Fichtes. Frankfurt/M.
Bourgeois, B. 1986: L'idéalisme Allemand et le Droit de l'Homme. In: Etudes Philosophiques, 161–178
Bourgeois, B. 1990: Fichte et les Droits de l'Homme, in: ders.: Philosophie et Droits de l'Homme. De Kant à Marx, Paris, 49–71
Bouveresse, J. 1967: L'Achèvement de la Révolution Copernicienne et le Dépassement du Formalisme: la Théorie du Droit Naturel ‚Réel' de Fichte, in: Cahiers pour l'Analyse, 6/1967, 103–138
Breazeale, D. 1991: Why Fichte Now? in: Journal of Philosophy, LXXXVIII/10, 524–543
Buzzi, F. 1988: Legge, coscienza e libertà in J.G.Fichte (1794–1797), in: Rivista Internazionale di Filosofia del Diritto, 65, 4/3, 399–424
Cesa, C. 1987: Zwischen juristischem Sozialismus und sozialistischer Religion. Die Diskussion über Fichte in Italien zu Beginn des 20. Jahrhunderts, in: L. Berthold (Hrsg.): Zur Architektonik der Vernunft. Manfred Buhr zum sechzigsten Geburtstag, Berlin, 233–243
Cesa, C. 1995: La posizione sistematica del diritto, in A. Masullo – M. Ivaldo (Hrsg.): Filosofia trascendentale e destinazione etica. Indagini su Fichte , Mailand, 239–260
De Pascale, C. 1995: Etica e Diritto. La Filosofia pratica de Fichte e le sue ascendenze kantiane, Bologna, deut. Übersetzung: „Die Vernunft ist praktisch". Fichtes Ethik und Rechtslehre im System (2003)
De Pascale, C. 1999: Fichtes politische und Rechtsphilosophie in der Deutung Richard Schottkys, Fichte-Studien 16, 323–350
De Pascale, C. 2010: Le droit cosmopolitique comme synthèse du droit, in: Kervégan, J.-F. (dir): Raison pratique et normativité chez Kant. Droit, politique et cosmopolitique, Lyon, 199–211
Druet, P.-Ph. 1975: Métaphysique, Droit et Politiqque chez Fichte. In: Revue de Métaphysique et de Morale 80, 254–261
Duso, G. 1984: Il Patto Sociale in Fichte e nella Critica Hegeliana al Diritto Naturale, Padua
Duso, G. 1999: La Philosophie Pratique de Fichte: De la Forme Juridique à la Pensée de la Pratique, Fichte-Studien 16, 191–212
Espagne, M. 1990: Die Rezeption der politischen Philosophie Fichtes in Frankreich, Fichte-Studien 2, 193–222
Ferry, L. 1981: Sur la Distinction du droit et de l'Ethique dans la Première Philosophie de Fichte, in: Archives de Philosophie du Droit, Heft 26, 287–301; engl. Übers: The Distinction between Law and Ethics in the Early Philosophy of Fichte, in: The Philosophical Forum, 1987/88, 182–196
Ferry, L. 1989: [Art.] Fichte, in: F. Furet und M. Ozouf (Hrsg.): A Critical Dictionary of the French Revolution, übers. von A.Goldhammer, Cambridge, 933–937
Fetscher, I, 1986: Johann Gottlieb Fichte. In: I.Fetscher und H.Münkler (Hrsg.): Pipers Handbuch der politischen Ideen, Bd. 4, 174–199
Gilson, B. 1991: L'Essor de la Dialectique Moderne et la Philosophie du Droit (Kant, Fichte, Hegel), Paris

Guéroult, M. 1971: La Doctrine Fichtéenne du Droit, in: Revue de Théologie et de Philosophie, Heft 4, 209–220. Nachdr. in: ders: Etudes sur Fichte, Hildesheim-New York 1974, 60–71

Hammacher, K. 1979: Über Erlaubnisgesetze und die Idee sozialer Gerechtigkeit im Anschluß an Kant, Fichte, Jacobi und einige Zeitgenossen, in: K. Hammacher und A. Mues (Hrsg.): Erneuerung der Transzendentalphilosophie im Anschluß an Kant und Fichte. Reinhard Lauth zum 60. Geburtstag, Stuttgart-Bad Cannstatt, 121–141

Ikäheimo, H. 2014: Fichte on Recognizing Potential Person und De Pascale, C.: Kommentar, in: Seelman, K. und Zabel, B. (Hrsg.): Autonomie und Normativität, Tübingen, 44–68

Ivaldo, M. 1987: Il Sistema del Diritto di Fichte. Per una Rilettura del Fondamento del Diritto Naturale, in: Rivista di Filosofia Neoscolastica Heft 79, 580–60

Maesschalck, M. 1996: Droit et Création Sociale chez Fichte, Louvain

Manz H.-G. v. 1992: Fairneß und Vernunftrecht. Rawls' Versuch der prozeduralen Begründung einer gerechten Gesellschaftsordnung im Gegensatz zu ihrer Vernunftbestimmung bei Fichte, Hildesheim

Masullo, A. 1986: Fichte , l'Intersoggettività e l'Originario, Neapel

Merle, Jean-Christophe 2008: Le fondement du droit naturel de Fichte, in: L. L. Christians u. a. (Hrsg.): Droit naturel: relancer l'histoire?, Brüssel, 509–539

Neuhouser, F. 1990: Fichte's Theory of Subjectivity, Cambridge

Neuhouser, F. 1993: Fichte and the Relationship between Right and Morality, in: D. Breazeale und T. Rockmore (Hrsg.): Fichte. Historical Context and Conternporary Controversies, Atlantic City, N. J., 158–180

Oncina Coves, F. 1997: Wahlverwandtschaften zwischen Fichtes, Maimons und Erhards Rechtslehren, Fichte-Studien 11, 63–84

Philonenko, A. 1976: Theorie et Praxis dans la Pensée morale et Politique de Kant et de Fichte en 1793, Paris

Radrizzani, I. 1989: La Place du Droit dans la première Philosophie de Fichte selon Alain Renaut, in: Revue de Théologie et de Philosophie, Heft 121, 79–89

Renaut, A. 1986: De la Philosophie comme Philosophie du Droit (Kant ou Fichte), in: Bulletin de la Société Française de Philosophie, Heft 80, 81–131

Renaut, A. 1986: Le Système du Droit, Paris

Renaut, A. 1992: Fichte. Le Droit sans la Morale? In: Archives de Philosophie, Heft 55, 221–242

Renaut, A. 1996: Fichte, in: Ph. Raynaud/S. Rials: Dictionnaire de Philosophie Politique, Paris, 247–251

Riedel, M. 1977: Fichtes zweideutige Umkehr der naturrechtlichen Begriffsbildung, in: Zeitschrift für philosophische Forschung 31/1, 5–18

Schmidt, H. 1977: Politische Theorie und Realgeschichte. Zu Johann Gottlieb Fichtes praktischer Philosophie (1793–1800), Frankfurt/M. u. a.

Schottky, R. 1962: La Grundlage des Naturrechts de Fichte et la Philosophie Politique de l'Aufklärung, in: Archives de Philosophie, Bd. 25, Hefte 3–4, 441–483

Schottky, R. 1967: Kommentar zu Auszügen aus Fichtes Grundlage des Naturrechts, in: ders.: Texte zur Staatstheorie, München, 88–108

Siep, L. 1979: Rezension von Verweyen 1975, in: Philosophische Rundschau, Bd. 26, 120–128

Siep, L. 1992: Praktische Philosophie im Deutschen Idealismus, Frankfurt/M., Kap. 2–3

Stadler, Ch. 2003: Der Transzendentalphilosophische Rechtsbegriff und seine systematische Begründungsleistung, in: Fichte-Studien 24, 19–48.

Verweyen, H. 1975: Recht und Sittlichkeit in J. G. Fichtes Gesellschaftslehre, Freiburg i. Br./ München, 2. Abs., 1. Kap., 81–140
Weischedel, W. 1973: Der frühe Fichte, Stuttgart
Wood, Allen W. 2016: Fichte's Ethical Thought, Oxford
Wood, Allen W 2016: Fichte's Philosophy of Right and Ethics, in: D. James/G. Zöller, The Cambridge Companion to Fichte, Cambridge
Zöller, G. 1983: J. G. Fichte. Jenenser Naturrecht und Sittlichkeit, in: K. Bärthlein (Hrsg.): Zur Geschichte der Philosophie, Bd. 2, Würzburg, 55–62

4 Zur Deduktion

Bartuschat, W. 1992: Zur Deduktion des Rechts aus der Vernunft bei Kant und Fichte, in: Kahlo u. a. 1992, 173–193
Baumanns, P. 1972: Fichtes ursprüngliches System. Sein Standort zwischen Kant und Hegel, Stuttgart
Bernstein, J. M. 2007: Recognition and Embodiment (Fichte's Materialism), in: E. Hammer (Hrsg.): German Idealism: Contemporary Perspectives, London, 183–205
Breazeale, D. 2001: Fichte's Philosophical Fictions, in: D. Breazeale/T. Rockmore (Hrsg.): New Essays on Fichte's Later Jena Wissenschaftslehre, Evanston, Illinois (im Druck)
Cesa, C. 1992: Zur Interpretation von Fichtes Theorie der Intersubjektivität. In: Kahlo u. a. 1992, 53–70
Düsing, E. 1986: Intersubjektivität und Selbstbewußtsein, Köln
Düsing, E. 1991: Das Problem der Individualität in Fichtes früher Ethik und Rechtslehre, in: Fichte-Studien, Bd. 3, 29–50
Düsing, E. 1997: Individuelle und soziale Bildung der Ich-Identität. Fichtes Konzeption im Horizont moderner Alternativen, Fichte-Studien 11, 113–134
Eidam, H. 1996: Fichtes Anstoß. Anmerkungen zu einem Begriff der Wissenschaftslehre von 1794, Fichte-Studien 10, 191–208
Frank, M. 1991: Fragmente einer Geschichte der Selbstbewußtseins-Theorien von Kant bis Sartre, Nachwort zu: ders. (Hrsg.): Selbstbewußtseins-Theorien von Fichte bis Sartre, Frankfurt/M., 413–599
Grondin, J. 1994: Leibniz and Fichte, in: D. Breazeale/T. Rockmore (Hrsg.): Fichte. Historical Contexts/Contemporary Controversies, Atlantic Highlands, N. J., 181–190
Haerlin, P. 1988: Postulato e Principio di Diritto, in: Rivista Internazionale di Filosofia del Diritto Bd. 65, 4/2, 220–248
Henrich, D. 1967: Fichtes ursprüngliche Einsicht, Frankfurt/M.
Inciarte, F. 1970: Transzendentale Einbildungskraft. Zu Fichtes Frühphilosophie im Zusammenhang des Transzendentalen Idealismus, Bonn
Janke, W, 1990: Anerkennung. Fichtes Grundlegung des Rechtsgrundes, in: Helmut Giradt (Hrsg.): Selbstbehauptung und Anerkennung. Spinoza – Kant – Fichte – Hegel, Sankt Augustin, 95–119; Nachdr. in: Kant-Studien 82/2 (1991), 197–218
Janke, W. 1993: Vom Bilde des Absoluten. Grundzüge der Phänomenologie Fichtes, Berlin
Kahlo, M./Wolff, E. A./Zaczyk (Hrsg.), 1992: Fichtes Lehre vom Rechtsverhältnis. Die Deduktion der §§ 1–4 der Grundlage des Naturrechts und ihre Stellung in der Rechtsphilosophie, Frankfurt/M.

Lauth, R. 1962: Le Problème de l'Interpersonalité chez J.G. Fichte, in: Archives de Philosophie, Bd. 25, Hefte 3–4, 325–344

Lauth, R. 1971: Fichtes Verhältnis zu Jacobi unter besonderer Berücksichtigung der Rolle Friedrich Schlegels in dieser Sache, in: K. Hammacher (Hrsg.), Friedrich Heinrich Jacobi. Philosoph und Literat der Goethezeit, Frankfurt/M., 165–197.

Lauth, R. 1984: Die transzendentale Naturlehre Fichtes nach den Prinzipien der Wissenschaftslehre, Hamburg

López-Domíngez, V. 1999: Die Idee des Leibes im Jenaer System, Fichte-Studien 16, 273–296

Mather, R. 2003: On the Concepts of Recognition, Fichte-Studien 23, 85–104

Merle, J.-Ch. 1992: La déduction fichtéenne du concept du droit de 1795 à 1812, in: Cahiers de philosophie juridique et politique, Heft 21, Caen, 81–87

Moggach, Douglas 1996: Fichte's Theories of Intersubjectivity, in: The European Legacy: Toward New Paradigms, 1/6, 1934–1948

Philonenko, A. 1966: La Liberté Humaine dans la Philosophie de Fichte, Paris

Radrizzani, I. 1993: Vers la Fondation de l'Intersubjectivité chez Fichte, Paris

Rivera de Rosales, J. 1999: Die Begrenzung. Vom Anstoß zur Aufforderung, Fichte-Studien 16, 167–190

Robert R. W. 1992: Recognition. Fichte and Hegel on the Other, Albany, New York

Schrader, W. H. 1972: Empirisches und absolutes Ich. Zur Geschichte des Begriffs Leben in der Philosophie J. G. Fichtes, Stuttgart-Bad Cannstatt

Schüssler, I. 1991: Conscience de Soi et Volonté. A Propos de la Détermination de la Raison Finie dans le Fondement du Droit Naturel de Fichte, in: Revue de Théologie et de Philosophie, Heft 123, 315–332

Schüssler, I. 1997: Die Deduktion des Begriffs des Rechts aus Prinzipien der Wissenschaftslehre (J. G.Fichte: Grundlage des Naturrechts §§ 1–4), Fichte-Studien 11, 23–40

Siep, L. 1979: Anerkennung als Prinzip der praktischen Philosophie, Freiburg/München

Siep, L. 1992: Naturrecht und Wissenschaftslehre. In: Kahlo u. a. 1992, 71–92

Siep, L. 1993: Leiblichkeit bei Fichte, in: K. Held/J. Hennigfeld (Hrsg.): Kategorien der Existenz. Festschrift für Wolfgang Janke, Würzburg, 107–120

Soller, A. K. 1995: Rezension von Kahlo u.a. 1992, Fichte-Studien 7, 233–240

Soller, A. K. 1997: Fichtes Lehre vom Anstoß. Nicht-Ich und Ding an sich in der Grundlage der gesamten Wissenschaftslehre. Eine kritische Erörterung, Fichte-Studien 10, 175–190

Verweyen, J. 1975: Recht und Sittlichkeit in J. G. Fichtes Gesellschaftslehre, Freiburg i. Br., §§ 7–10

Villacanas, J. L. 1999: Gibt es bei Fichte eine transzendentale Anthropologie? Fichte-Studien 16, 373–390

Wildt, A. 1982, Autonomie und Anerkennung, Hegels Moralitätskritik im Lichte seiner Fichte-Rezeption, Stuttgart

Wildt, A. 1992: Recht und Selbstachtung, im Anschluß an die Anerkennungslehren von Fichte in Hegel. In: Kahlo u.a. 1992, 127–172

Wood, Allen W. 2016: Fichte's Ethical Thought, Oxford, Kap. 3: Freedom and Intersubjectivity. The Conditions of Action

Zaczyk, R. 1995: Rezension von Manz 1992, Fichte-Studien 7, 240–246

Zöller, Günter 1998: Die Individualität des Ich in Fichtes zweiter Jenaer Darstellung der Wissenschaftslehre (1796–99), in: in: Revue Internationale de Philosophie 2006/4, 641–663.

5 Über die Anwendung

Batscha, Z. 1972: Die Arbeit in der Sozialphilosophie Johann Gottlieb Fichtes, in: Archiv für Sozialgeschichte, Heft 12, 1–54
Batscha, Z. 1981: Studien zur politischen Theorie des deutschen Frühliberalismus, Frankfurt/M., 259–337
Braun, J. 1991: Freiheit, Gleichheit, Eigentum: Grundfragen des Rechts im Lichte der Philosophie J. G. Fichtes, Tübingen
Buch, M./Losurdo, D. 1991: Fichte – Die Revolution und das Ideal vom ewigen Frieden, Berlin
Cesa, C. 1984: Diritto e Diritto Penale in J.G. Fichte. A Proposito di un Libro Recente (Rezension von Zaczyk 1981), in: Studi Senesi 96/3, 508–517
Cesa, C., 1985: Tra Libertà e Sicurezza. Un Caso Esemplare: J. G. Fichte, in: Teoria politica 1/1, 73–93
Cesa, C. 2001: Fichte, la souveraineté et le peuple, in: G. M. Cazzaniga/Y. Ch. Zarka (dir.): Penser la Souveraineté à l'epoque moderne et contemporaine, 2 voll., Pise/Paris, 439–443
Cosmopolitismus und Nationalidee, 1990: Fichte-Studien, Bd. 2
De Pascale, C. 1988: Droit à la Vie. Nature et Travail chez J. G.Fichte, in: Archives de Philosophie, 51, 597–612
De Pascale, C., im Druck: Fichte and the echo of his internationalist thinking in Romanticism, in: Kadelbach, S./Kleinlein, T./Roth-Isigkeit, D. (Hrsg.): System, Order and International Law – The Early History of International Legal Thought, Oxford
Duso, G. 1987: Libertà e Stato in Fichte. La Teoria del Contratto Sociale, in: ders.: I1 Contratto Sociale nella Filosofia Politica Moderna, Bologna, 272–309
Heinz, M./Kuster, F. 1998: ‚Vollkommene Vereinigung': Fichtes Eherecht in der Perspektive feministischer Philosophie, in: Deutsche Zeitschrift für Philosophie, 46/5, 823–839
Hösle, V. 1989: Was darf und was soll der Staat bestrafen? Überlegungen im Anschluß an Fichtes und Hegels Straftheorien, in: V. Hösle (Hrsg.): Die Rechtsphilosophie des Deutschen Idealismus, Hamburg, 1–55
Jakl, Bernhard 2011: Der Staat und der Bürgervertrag. Fichtes Grundlegung der politischen Gemeinschaft, in: G. Zöller: Der Staat als Mittel zum Zweck: Fichte über Freiheit, Recht und Gesetz, Baden-Baden, 47–66
Köhler, M, 1992: Zur Begründung des Rechtszwangs ün Anschluß an Kant und Fichte, in: Kahlo u. a. 1992, 93–126
Manz, H. G. von 1992: Fairneß und Vernunftrecht. Rawls's Versuch der prozeduralen Begründung einer gerechten Gesellschaftsordnung im Gegensatz zu ihrer Vernunftbestimmung bei Fichte, Hildesheim
Merle, J.-Ch. 1991: Indolenza e politica in Fichte, in: Rivista internazionale di filosofia del diritto, 1/1991
Merle, J.-Ch. 1995: La réception du Projet de paix perpétuelle par Fichte: la critique dun Kant prisonnier du droit des gens, in: Robinson (Hrsg.): Proceedings of the Eighth International Kant Congress, Milwaukee
Merle, J.Ch. 1997: Justice et Progrès. Contribution à une Doctrine du Droit Social, Paris
Merle, J.-Ch. 1997: Notrecht und Eigentumstheorie im Naturrecht und bei Fichte, Fichte-Studien 11, 41–61
Merle, J.-Ch. 1999: Le droit de résistance chez Fichte, in: M. Crampe-Casnabet/J.-C. Zancarini/ Ch.-Y. Zarka (Hrsg.): Le Droit de Résistance dans la Pensée Politique, Paris
Merle, J.-Ch. 2001a: Fichte's economic model and theory of property, in: G. Zöller (Hrsg.): The Cambridge Companion to Fichte, Cambridge (im Druck)

Merle, J.-Ch. 2001b: Fichte's theory of punishment: Out-Kanting Kant in criminal law, in:
    D. Breazeale/T. Rockmore (Hrsg.): New Essays on Fichte's Later Jena Wissenschaftslehre,
    Evanston, Illinois (im Druck)
Merle, Jean-Christophe 2003: Fichtes Begründung des Strafrechts, in: Fichte-Studien 24, 73–84
Merle, Jean-Christophe 2006: Fichte, ein Machiavellist dem Kantischen Erlaubnisgesetz
    zufolge, in: U. Baumann (Hrsg.): Fichte in Berlin. Spekulative Ansätze einer Philosophie
    der Praxis, Hannover-Laatzen, 163–175
Oesterreich, H. 1935: Freiheitsidee und Rechtsbegriff in der Philosophie von Johann Gottlieb
    Fichte, Jena
Oncina Coves, F. 1992: La Criteriología Fichteana del Derecho. Corporeidad y Eforato. In:
    Estudios Filosóficos, Bd. 118, 475–522
Oncina Coves, F. 1999: Das Tempo in Fichtes Jenaer Rechtsphilosophie: Der Zeitrhythmus des
    Rechtsgesetzes, in: Fichte-Studien, Bd. 16, 213–236.
Philonenko, A. 1982: Souveraineté et Légitimité chez Kant et Fichte, in: ders.: Etudes
    Kantiennes, Paris, 89–96
Renaut, A. 2000: L'Etat fichtéen: Sur quelques apories du républicanisme, in: Goyard-Fabre, S.
    (Hrsg), L'Etat moderne 1715–1848, Paris
Schottky, R. 1981: Internationale Beziehungen als ethisches und juridisches Problem bei Fichte,
    in: K. Hammacher (Hrsg.): Der Transzendentale Gedanke. Die gegenwärtige Darstellung
    der Philosophie Fichtes, Hamburg, 250–277
Schottky, R. 1995: Staatliche Souveränität und individuelle Freiheit bei Rousseau, Kant und
    Fichte, in: Fichte-Studien 7, 119–142
Schrader, W. H. 1976: L'Etat et la Société dans la Grundlage des Naturrechts de 1796 de J. G.
    Fichte, in: Archives de Philosophie 39/1, 21–34
Schröder, H. 1977: Die Eigentumslosigkeit und Rechtlosigkeit der Frau in der patriarchal-
    bürgerlichen politischen Theorie, dargestellt am Beispiel von J. G. Fichtes Grundlage des
    Naturrechts, Göttingen
Schröder, H. 1979: Die Rechtlosigkeit der Frau im Rechtsstaat. Dargestellt am Allgemeinen
    Preußischen Landrecht am Bürgerlichen Gesetzbuch und an J. G. Fichtes Grundlage des
    Naturrechts, Frankfurt/M./New York
Verweyen, J. 1975: Recht und Sittlichkeit in J. G. Fichtes Gesellschaftslehre, Freiburg i. Br.,
    §§ 11–14
Weiß, Michael Bastian 2011: Der Staat und die bürgerliche Gesetzgebung. Fichtes Theorie der
    öffentlichen Gewalt, in: G. Zöller: Der Staat als Mittel zum Zweck: Fichte über Freiheit,
    Recht und Gesetz, Baden-Baden, 67–90.
Willms, B. 1967: Die totale Freiheit. Fichtes politische Philosophie, Köln/Opladen
Zaczyk, R. 1981: Das Strafrecht in der Rechtslehre J. G. Fichtes, Berlin
Zaczyk, R. 1992: Die Struktur des Rechtsverhältnisses (§§ 1–4) im Naturrecht Fichtes, in: Kahlo
    u. a. 1992, 9–27
Zöller, G., von Manz, H. G. (Hrsg.), 2006: Praktische Philosophie in Fichtes Spätwerk, Fichte-
    Studien, Bd. 29.

Personeregister

Althusius, J. 136–137
Anselm von Canterbury 120
Archard, D. 175
Augustinus 170

Barni, J. 15
Bartuschat, W. 6
Batscha, Z. 15, 131
Baumanns, P. 57
Beccaria, C. 123, 157 ff., 161, 163, 165 f., 168
Belliotti, R. A. 170
Bergk, J. A. 24
Blustein, J. 174
Bonaparte, N. 188
Brandt, R. 28
Braun, J. 141
Breazeale, D. 16
Brennan, T. 169

Calvin, J. 136
Cassirer, E. 74
Castel de Saint-Pierre, Ch. I. 183 f., 188
Cesa, C. 9
Constant, B. 190
Cotta, J. F. 3

Delaney, C. 172
De Pascale 149
Dilthey, W. 49
Druet, P. Ph. 15
Duns Scotus 120
Dworkin, R. 149

Erhard, J. B. 4–6, 32

Fetscher, I. 125, 127
Feuerbach, L. 64
Feuerbach, P. J. A. 24, 166
Frank, M. 63 f.

Gabler, Chr. E. 11
Gentz, F. v. 188
Gonja 172

Goody, E. N. 172
Grondin, J. 51
Gutman, A. 176

Habermas, J. 64, 71 f.
Hammurabi 119
Hegel, G. W. F. 1 f., 8, 13, 38, 58, 64, 71, 128, 145, 162, 181 f., 184 ff., 190
Henrich, D. 64
Herz. M. 84
Hobbes, Th. 10, 32, 115 ff., 126
Hoffbauer, J. Ch. 2
Höffe, O. 159
Hölderlin, F. 12
Horstmann, R.-P. 143
Hösle, V. 118, 166
Hufeland, G. 2

Inciarte, F. 54

Jacob, L. H. 158
Jacobi, J. G. 47, 53
Janke, W. 54, 153
Jaurès, J. 15, 150
Jescheck, H.-H. 118

Kahlo, M. 59
Kant, I. 1–4, 6 f., 8–21, 23 f., 26–31, 33–35, 41, 43 f., 48 f., 52, 54 f., 60, 76 f., 82–84, 106, 113, 116–118, 121–127, 129 f., 132, 134–136, 138–141, 144–150, 152–160, 165 f., 168, 170, 179 f., 183–186, 188, 190 f.
Kelsen, H. 137
Kersting, W. 4, 59, 114

Lassalle, F. 14
Lauth, R. 53
Leibniz, G. W. 51
Léon, X. 6, 15
Lévinas, E. 58, 70
Locke, J. 32, 114, 123, 129 f., 134 f., 140, 143, 147, 174, 176
Luhmann N. 139

Machiavelli, N. 189
Maesschalck, M. 8 f., 16, 113
Maimon, S. 3 f., 49
Manz, H.-G. 16, 153
Marx, K. 14
Mead, G. H. 64, 71
Menke, Ch. 64
Merle, J.-Ch. 136, 139
Metternich, K. Fürst v. 188
Moller Okin, S. 176

Neuffer, Ch. L. 12
Neuhouser, F. 59
Niethammer, F. I. 3
Nozick, R. 144, 174

O'Brien, M. 172

Pateman, C. 173
Philonenko, A. 3, 7
Plato 176
Pothast, U. 64
Proudhon, P.-J. 143

Radrizzani, I. 7
Rawls, J. 16, 127, 149, 153, 176
Reinhold, K. L. 3, 6, 47, 53–55
Renaut, A. 7 f., 15 f., 51
Renouvier, J. 14
Rickert, H. 13, 150
Rousseau, J.-J. 32, 121, 125, 129 f., 133–136, 139 f., 171, 184

Saint-Just, L. A. L. 190
Schlegel, F. 3 f., 57, 64

Schmalz, Th. 2, 5
Schmid, C. Chr. 158
Schmoller, G. 14
Schopenhauer, A. 76
Schrader, W. 55
Schulze, G. E. 49, 54
Seidel, H. 125, 131
Shannon, Th. A. 120
Siep, L. 8, 10 f., 13, 35 f., 41, 58–60, 63, 69, 128
Sieyès, E. 138
Smith, A. 153
Spinoza, B. de 4, 45
Stern, D. N. 71

Tieftrunk, J. H. 14
Thomas v. Aquin 170
Thomas, K. 173

Verweyen, H. 15, 46, 113, 166

Waibel, V. 3, 12
Weber, M. 14, 150
Weischedel, W. 57 f.
Wildt, A. 58
Williams, R. R. 58
Willms 15, 140
Wolf, J.-C. 118
Wolff, Ch. 1, 180, 188
Wolff, E. A. 59
Wolter, A. 120 f.

Xifaras, M. 154

Zaczyk, R. 10, 59, 118, 157, 160–163, 166, 168

Sachregister

Abbüßungsvertrag 10, 11, 122, 126, 130, 133, 186

absolutes Ich, Ichheit, Tathandlung 1, 7, 36, 38, 41, 47, 55, 59, 62, 77, 90, 93, 102, 103, 133, 134, 139, 142, 198

Absolute Rechte 5

Absolutismus, Despotie 15, 148, 151, 155, 207, 210

Abstraktion, Fiktion 2, 105 f., 146, 168, 180

Analyse 106, 109 ff., 114, 123, 125, 128, 153, 179

Anarchie 14, 155

Anerkennung 13, 31 f., 44, 55, 58, 70, 73, 75, 79, 81, 83, 86, 97, 106 f., 115, 121 f., 160, 167, 181 f., 185, 188, 197 f., 207, 209

Anstoß 66, 69

Anthropologie 1, 10, 23, 77 f., 101, 115 f., 115–117, 150

Anwendbarkeit des Rechts 89, 96, 100, 114

Anwendung, angewandtes Recht 1, 13, 16, 47, 59, 76, 89, 99 f., 103, 113, 122, 129, 139, 145, 149, 151 f., 159, 162

Arbeit 13, 16, 121, 138, 140, 144, 147, 150, 153, 160

Arbeitsteilung 153

Armenhäuser 144, 145, 146

Artikulation 91–97, 152

Ästhetik 43, 76, 152

Aufforderung 8 f., 22, 47, 51, 57 f., 63, 66–72, 85, 97, 98, 101, 114, 158

Aufklärung 125, 166

ausführende Gewalt, Exekutive, Regent 129, 131–139, 160, 189

Außenwelt, empirische Welt, Sinnenwelt, Lebenswelt 22, 36, 41 f., 45 f., 48 f., 51–53, 58, 78, 89 f., 93–95, 97, 101, 103, 106–110, 112, 146–148, 151

Besserungstheorie 158, 162, 164, 166

Bestimmbarkeit, plastische Offenheit 97, 101, 109

Bestimmung des Menschen 8 f., 12, 152

böser Wille, guter Wille 117–121, 164, 184, 189

bürgerliche Gesetzgebung 7, 146

Bürgertugend 10, 175

Deduktion, Deduktion des Rechts, transzendentale Deduktion, deontische Deduktion 1, 3 f., 6–9, 11–13., 16, 19–21, 23, 25 f., 30–33, 45–47, 49, 50 f., 54, 57, 59 f., 62 f., 66, 70, 75 f., 77–84, 86 f., 100, 103, 114, 123, 141, 143, 146, 149, 172, 174, 176

Demokratie 125 f., 130 f., 135 f., 138 f., 141

Dialogphilosophie 58

Dominium Terrae 143 f.

Egoismus 10, 14, 33 f., 140

Ehe, Eherecht 12, 169–176

Eigentumsrecht 2, 11, 15 f., 111, 115, 119, 126 f., 129, 143–154

Eigentumsvertrag 125 f., 128–130, 146 f., 149, 151, 183

Einbildungskraft 53 f., 127

endliches vernünftiges Wesen 1 f., 5, 7, 11, 13, 22 f., 31, 35–38, 43, 46 f., 50 f., 52 f., 57 f., 59, 69, 76–79, 82 f., 89, 95 f., 101, 106, 111

Entfernung aus der Gesellschaft 31

Ephorat 10, 14 f., 125, 131, 135–138, 189

Erlaubnisgesetz 4 f., 20, 26–31, 100

Erstbesitz (*prima occupatio*) 11, 143 f., 147

Erwerb eines Eigentums 114, 146–148, 174

Erziehung 69, 174 f.

Fahrlässigkeit 117, 119

Familie, Familienrecht 12, 172 f., 175 f.

Form und Stoff bzw. Materie 52, 91, 93–98, 146

Fortschritt 3, 152 f

Freiheit 5 f., 8–13, 15 f., 21–24, 29–32, 36, 57, 59, 61, 64, 66–71, 78–82, 84–86, 93, 97, 104–106, 110, 114, 132, 141

Frieden 180, 185

Gegenseitigkeit, Wechselseitigkeit 5 f., 8–11, 22, 25, 31–33, 46, 70–72, 75, 79, 81,

85 f., 97, 99, 103 f., 113, 115 f., 119, 122, 126–128, 132, 134, 136, 139, 147–149, 161, 163, 170, 180–182, 188
Gemeinbesitz 143 f.
gemeiner Menschenverstand 48, 50–52
Gerechtigkeit 35, 120, 134, 145, 148–150, 154, 190
Geschlechter 169–171, 175 f.
Gesellschaftsvertrag 3, 128, 133 f.
Gesetzgebung, gesetzgeberische Gewalt 129–131, 134–137, 139 f., 162
Gestalt 96–98
Gewalt 28
Gewaltmonopol 126, 134 f.
Gewaltenteilung 14, 130, 135 f.
Gleichgewicht des Rechts 5, 146, 148–150
Gleichheit 14, 154, 169, 176

Handlungssphäre 8, 44, 79, 86, 90 f., 99, 154, 181
Hemmung, Widerstand 92, 95
hypothetische Rechte 3

Ich s. absolutes Ich Idealismus 45–50, 64
Individuum, Individualität 3, 9, 15, 21 f., 32, 47, 59, 65 f., 68, 75, 80–82, 85 f., 89 f., 96, 113–115, 126–128, 146
Intersubjektivität, Interpersonalität 6–8, 11 f., 15 f., 22, 46 f., 57–60, 62, 64–66, 69–72, 75 f., 78 f., 81, 86 f.

kategorischer Imperativ, hypothetischer Imperativ 2, 4 f., 9–11, 23, 25, 29, 30 f., 41, 68 f., 114, 123, 158–160
Kinderrechte 10, 174 f.
Kommunikation 67–69, 71, 76, 96
Kontraktualismus, Vertragstheorie 32, 115, 125–128, 130–132, 134 f., 137–139, 141
Körper 96, 108 f.
Kosmopolitismus, Weltbürgerrecht 141, 148 f., 179–181, 191
Krieg, Kriegsrecht 114, 184–188
Kultur 3, 9
künftige Generationen 134

Legalität 117, 183, 187

Leib 2, 52, 71, 89, 91–97, 100 f., 107–110, 112, 114 f., 143
Liberalismus 15 f., 150, 154, 175,
Liebe 169–173, 175

Machtmissbrauch 10, 121, 135
Materie 89, 91, 93–98, 100 f., 146, 152
Mechanismus 1, 10, 13, 15, 33, 67, 90 f., 112, 116, 118, 127, 163, 180, 189 f.
Menschenrechte 16, 141
Minderheitenrechte 139
Misstrauen 117
Monolog, Solipsismus 57 f., 72, 81
Moral, Moralität 3–6, 12, 15, 19 f., 23–25, 28–31, 33, 41, 70, 83, 113, 117 f., 120, 140, 152–154, 159 f., 169, 173–176, 185

Nachahmung, nachbilden 95 f.
Naturrecht 1–4, 6–16, 19–21, 23 f., 26, 29, 31 f., 35–38, 40 f., 76, 103, 111 f., 123, 125, 140, 143–147, 149, 152–154, 179, 181, 184 f., 188, 190
Naturzustand 31 f., 114–116, 123, 146
Neutralitätsprinzip 150, 153
Nicht-Ich 1, 38, 42, 78 f., 85
Notstand, Notrecht (*ius necessitatis*), Ausnahmezustand 137 f., 144, 165
Nutzrecht 143 f.

Objekt 40, 42 f., 46 f., 48–51, 53 f., 60 f., 63–67, 83–87, 91, 107 f.
Öffentlichkeit, Publizität 139, 141, 148, 182
Organ, niederes Organ, höheres Organ 92, 94–96
Organismus, Teleologie 92, 97, 127, 133, 151, 153 f.

Person, empirisches Ich 90–92, 94–97, 104–112
Pflicht, Verbindlichkeit 2–6, 9–11, 23–26, 28–33, 115, 126, 159
Planwirtschaft 13, 154
Polizei 139 f.
praktische Philosophie, praktische Vernunft, praktische Tätigkeit 4 f., 7, 21 f., 27–31, 37, 52, 60 f., 86 f., 90, 107, 145
Präreflexives 64, 71

Prävention, Präventionstheorie 118 f., 130, 139 f., 161, 167
Prozeduralismus 141, 133, 137
Psychoanalyse 70 f.

Realität 50, 108 f.
Recht, Rechte 84, 87, 104 f., 113 f., 148, 179
Recht des unschädlichen Gebrauchs (*ius innoxia*) 147
Rechtsverletzung 104, 110, 114 f., 117–119, 123, 134, 141, 127, 158 f., 161–163, 185
Reflexion 21, 37 f., 62–65, 77, 139
Religion, Zivilreligion 8 f., 12, 152 f.
Republikanismus 14, 136, 185
Retributivismus 118 f., 157–160
Revolution 3
Richter, richterliche Gewalt 114, 121, 123, 136, 139, 141, 165, 182 f., 188

Schema 65, 90, 149
Schutzvertrag 125 f., 128, 188
Selbstbeschränkung 79, 85, 97–99, 110, 149, 148, 190
Selbsterhaltung 150–153, 187
Selbsttätigkeit 37–40, 42, 52, 60 f., 64 f., 66–71, 79, 83
Selbstbewußtsein 1, 19, 21–23, 35–40, 43 f., 46, 48 f., 50, 57–60, 62–66, 68–71, 79, 87, 100
Sexualität 171 f.
Sicherheit, Unsicherheit 115–117, 120, 122 f., 130, 134, 139–141, 161 f., 179, 182, 186, 189
Sinn 48, 93, 94
Sittenlehre, Sittengesetz 1, 4, 8 f., 20, 23–29, 46, 108 f., 151 f., 159 f.
Skeptizismus 49, 54
Souveränität 126, 129
Sozialismus 13 f., 150
Spontaneität 21, 41, 59, 62, 75, 93
Staatsbürgervertrag 7, 10, 125, 128 f., 132, 145 f., 179, 182
Strafrecht 10–12, 118–123, 130, 135, 139 f., 157–166
strenges Recht (*ius strictum*) 9

Subjekt, Subjektivität 36–44, 47, 49 f., 54, 57–72, 75–87, 91, 98

theoretische Philosophie, theoretische Vernunft, theoretische Tätigkeit 4 f., 8, 21 f., 31, 33, 39 f., 43 f., 49, 61 f., 70 f., 84 f., 105, 144
Todesstrafe 159, 165 f., 168, 187
Totalitarismus 15 f., 121, 140

Unterwerfungsvertrag (*pactum subjectionis*), Übertragungsvertrag, Herrschaftsvertrag 126, 128, 132 f., 138
Urrecht 103–112, 114 f., 143, 146–153, 191

Vereinigungsvertrag 125–128, 140, 182
Verfassung 125 f., 129–141, 146, 182 f., 185 f., 188 f.
Versprechen 115
Verteilungsgerechtigkeit 148 f., 153 f.
Volk, Volkssouveränität 10, 125, 130–132, 136, 141
Völkerbund, Völkerstaat, Weltrepublik 185, 187–190
Völkerrecht 12, 14, 117, 149, 179–191
vollkommene Pflicht 2
Vorstellung 84

Wechselwirkung, Interaktion 22, 46 f., 51, 66 f., 71, 96, 98
Widerstandsrecht 11, 125, 131, 133, 136–139
Willkür, freier Wille 1, 6, 14, 25 f., 29, 31, 41, 96, 113, 118, 126, 140 f., 144 f., 181
Wirksamkeit (freie), freie Kausalität 38 f., 45–47, 52 f., 58, 60 f., 63, 65–67, 69, 78–80, 85, 89, 94, 107, 110, 147

Zunft 14, 152
Zwangsrecht, Zwangsbefugnis 1 f., 10, 29, 99, 103 f., 110, 113–123, 140 f., 162, 167, 185
Zweck 15, 25, 41, 54, 60–63, 65 f., 69, 80, 90, 93, 95, 97, 107–112, 118 f., 121–123, 130, 141, 145–147, 150–153, 158–163, 170, 184–187, 190

Autorenhinweise

David Archard, born 1951, reader in Moral Philosophy at the University of St Andrews. He is the *author* of: Marxism and Existentialism (1980); Consciousness and the Unconsciousness (1984); Children Rights and Childhood (1993); Sexual Consent (1998). *Editor* of: Philosophy and Pluralism (1996).

Carla De Pascale, geb. 1949, war Professorin für Geschichte der zeitgenössischen Philosophie an der Universität Bologna. *Autorin* von: Il Problema dell'Educazione in Germania. Dal Neoumanesimo al Romanticismo (1979); Tra rivoluzione e Restaurazione. La Filosofia della Società di Franz von Baader (1982); Etica e Diritto. La Filosofia Pratica di Fichte e le Sue Ascendenze Kantiane (1995), deut. Übersetzung: „Die Vernunft ist praktisch". Fichtes Ethik und Rechtslehre im System (2003); Vivere in società. Agire nella storia. Libertà, diritto, storia in Fichte (2001); Filosofia e politica nel pensiero italiano fra Settecento e Ottocento: F.M. Pagano e G. D. Romagnosi (2007); Giustizia (2010); Il razionale e l'irrazionale. La filosofia critica tra Hamann e Schopenhauer (2014); Ital. Übers. v. Fichtes System der Sittenlehre: Il sistema di Etica (1994).

Axel Honneth, geb. 1949, Seniorprofessor für Sozialphilosophie an der Goethe-Universität in Frankfurt/Main, Direktor des dortigen Instituts für Sozialforschung und Jack C. Weinstein Professor of the Humanities an der Columbia University, New York (USA). *Buchveröffentlichungen*: Kritik der Macht. Reflexionsstufen einer kritischen Gesellschaftstheorie (1985); Die zerrissene Welt des Sozialen (1989); Kampf um Anerkennung. Zur moralischen Grammatik sozialer Konflikte (1992); Leiden an Unbestimmtheit. Eine Reaktualisierung der Hegelschen Rechtsphilosophie (2001); Verdinglichung. Eine anerkennungstheoretische Studie (2005); Das Recht der Freiheit. Grundriß einer demokratischen Sittlichkeit (2011); Die Idee des Sozialismus. Versuch einer Aktualisierung (2015).

Rolf-Peter Horstmann, geb. 1940, war bis 2007 Professor für Philosophie an der Humboldt-Universität zu Berlin. Seitdem Gastprofessor an verschiedenen Universitäten hauptsächlich in den USA. *Buchveröffentlichungen*: Ontologie und Relationen. Hegel, Bradley und Russell über interne und externe Beziehungen (1984); Wahrheit aus dem Begriff. Eine Einführung in Hegel (1990); Die Grenzen der Vernunft. Eine Untersuchung zu Zielen und Motiven des Deutschen Idealismus (^{2}1994); Bausteine kritischer Philosophie. Arbeiten zu Kant (1997). *Herausgeber* und Mitherausgeber zahlreicher Sammelbände sowie von zwei Bänden der historisch-kritischen Hegel-Ausgabe. Verfasser zahlreicher Aufsätze zu unterschiedlichen Themen.

Matthias Kaufmann, geb. 1955, Professor für Ethik an der Martin-Luther-Universität Halle-Wittenberg. Gastprofessuren bzw. Lehrstuhlvertretungen in Berlin (Humboldt-Universität) und Münster. *Buchveröffentlichungen*: Recht ohne Regel? Die philosophischen Prinzipien in Carl

Schmitts Staats- und Rechtslehre (1988, span. Übers. 1989); Begriffe, Sätze, Dinge. Referenz und Wahrheit bei Wilhelm von Ockham (1994); Rechtsphilosophie (1996); Aufgeklärte Anarchie. Einführung in die politische Philosophie (1999). *Herausgeber* von: Integration oder Toleranz? Minderheiten als philosophisches Problem (2001). Gastherausgeber eines Heftes über: Ethik und Dezisionismus, in: Ethik und Sozialwissenschaften (Heft 1/1992).

Wolfgang Kersting, geb. 1946, Professor im Ruhestand (2011). *Buchveröffentlichungen*: Wohlgeordnete Freiheit. Immanuel Kants Rechts- und Staatsphilosophie (²1993); Niccolò Machiavelli (²1988); Thomas Hobbes zur Einführung (1992); John Rawls zur Einführung (1993); Die politische Philosophie des Geselllschaftsvertrags (1994); Medizin und Gerechtigkeit (1995); Recht, Gerechtigkeit und demokratische Tugend (1997); Platons ‚Staat' (1999); Theorien der sozialen Gerechtigkeit (2000); Politik und Recht (2000); Rechtsphilosophische Probleme des Sozialstaats (2000). *Herausgeber* von: Thomas Hobbes, Leviathan (1996); Gerechtigkeit als Tausch? Auseinandersetzungen mit der politischen Philosophie Otfried Höffes (1997); (mit Ch. Chwaszcza) Politische Philosophie der internationalen Beziehungen (1998); Politische Philosophie des Sozialstaats (2000).

Alessandro Lazzari, geb. 1963, ist Training und Gender Equality Officer am Nationalen Forschungsschwerpunkt NCCR On the move an der Universität Neuenburg. Er war Redaktionsmitarbeiter der Zeitschrift für philosophische Forschung (1989/93) und Visiting Fellow an der Harvard University (1995/96). *Dissertation* über das Thema „Einheit und Freiheit in der Philosophie K. L. Reinholds 1789–1792". Aufsätze zu Apels Transzendentalpragmatik, zu Reinhold und zur zeitgenössischen Reinhold-Rezeption sowie zu Fichte.

Ingeborg Maus, ist Professorin für Politikwissenschaft an der Johann Wolfgang Goethe-Universität in Frankfurt/Main. Gastprofessuren in Kyoto, Essen und Wien. *Buchpublikationen*: Bürgerliche Rechtstheorie und Faschismus. Zur sozialen Funktion und aktuellen Wirkung der Theorie Carl Schmitts (²1980); Rechtstheorie und politische Theorie im Industriekapitalismus (1986); Zur Aufklärung der Demokratietheorie. Rechts- und demokratietheoretische Überlegungen im Anschluß an Kant (²1994); Über Volkssouveränität. Elemente einer Demokratietheorie (in Vorbereitung). *Mitherausgeberin* von: Blätter für deutsche und internationale Politik, Kantian Review.

Jean-Christophe Merle, geb. 1964, Professor für Philosophie an der Universität Vechta, Honorarprofessor für Philosophie an der Universität des Saarlandes in Saarbrücken. *Autor* von: Justice et Progrès. Contribution à une Doctrine du Droit Social (1997); Strafen aus Respekt vor der Menschenwürde (2007). Zahlreiche Artikel zur politischen Philosophie und zur Rechtsphilosophie, insbes. des deutschen Idealismus *Mitherausgeber* von: Fichtes System der Sittenlehre (2015), Kant's Theory of Law (Beiheft vom Archiv für Rechts- und Sozialphilosophie 143, 2015), A Moral e o Direito em Kant (22016), Spheres of Global Justice (2013) u. a.

Frederick Neuhouser, born 1957, Professor of Philosophy and Viola Manderfeld Professor of German, Barnard College, Columbia University. He has been Professor of Philosophy at Harvard University and at the University of California at San Diego. He is the *author* of: Fichtes Theory of Subjectivity (1990); Foundations of Hegel's Social Theory. Actualizing Freedom (2000). Editor of the Engl. transl. of Fichte's Grundlage des Naturrechts: Foundations of Natural Right (2000). Rousseau's Critique of Economic Inequality, PPA, 2013. Rousseau's Julie: Passion, Love, and the Price of Virtue, in: Understanding Love through Philosophy, Film, and Literature (Oxford, 2013), eds. S. Wolf, C. Grau. Marx (und Hegel) zur Philosophie der Freiheit, in: Nach Marx, eds. R. Jaeggi, D. Loick (Suhrkamp, 2013), 25–47. The Critical Function of Genealogy in the Thought of J.-J. Rousseau, in: Review of Politics 74 (2012), 371–387. Rousseau und die Idee einer ‚pathologischen' Gesellschaft, in: Politische Vierteljahresschrift, 2012, 628–645. Die normative Bedeutung von ‚Natur' im moralischen und politischen Denken Rousseaus, in: Sozialphilosophie und Kritik (Suhrkamp, 2009), ed. R. Forst, 109–133. The Concept of Society in 19th Century Thought, in: Cambridge History of Philosophy in the 19th Century, eds. A. Wood, S. Hahn (Cambridge, 2009). Rousseau und das menschliche Verlangen nach Anerkennung, in: Deutsche Zeitschrift für Philosophie, 6/2008, 27–51 [In English as „Rousseau and the Human Drive for Recognition", in: The Philosophy of Recognition, eds. H.-C. Schmidt am Busch, C. F. Zurn (Rowman & Littlefield, 2010)]. Desire, Recognition, and the Relation between Bondsman and Lord, in: Hegel's ‚Phenomenology of Spirit' (Blackwell, 2008), ed. K. Westphal, 37–54. Hegel's Social Philosophy, in: The Cambridge Companion to Hegel (Cambridge, 2008), 2nd ed., ed. Frederick Beiser. The Idea of a Hegelian Science of Society, A Companion to Hegel, ed. S. Houlgate, M. Baur (Blackwell, 2009)

Claude Piché, geb. 1952, ist Professor für Philosophie an der Université de Montréal. *Veröffentlichungen*: Das Ideal. Ein Problem der Kantischen Ideenlehre (1984) ; Kant et ses Épigones. Le Jugement Critique en Appel (1995). *Mitherausgeber* von Kant actuel. Hommage à Pierre Laberge (2000). Herausgeber von Années 1781–1801. Kant : Critique de la Raison Pure (2002).

Alain Renaut, geb. 1948, Professor für Philosophie an der Universität Paris-IV-Sorbonne. Gastprofessur an der Universität Ottawa. *Autor* von: Le système du droit: philosophie et droit dans la pensée de Fichte (1986); L'ère de l'individu: contribution à une histoire de la subjectivité (1989; engl. Übers. 1997); Qu'est-ce que le droit. Aristote, Wolff et Fichte (1992); Sartre, le dernier philosophe (1993); L'individu. Réflexions sur la Philosophie du Sujet (1995); Les Révolutions de l'Université. Essai sur la Modernisation de la Culture (1995); Kant aujourd' hui (²1999); Libéralisme, Politique et Pluralisme Culturel (1999); Mitautor (mit L. Ferry) von: Système et critique: essais sur la critique de la raison dans la philosophie contemporaine (1984); La pensée 68: essai sur l'anti-humanisme contemporain (1985, engl. Übers. 1990); Philosophie politique, Bd. 3: Des droits de l'homme à l'idée républicaine (⁴1996, engl. Übers. 1992); 68–86: Itinéraires de l'individu (1987); Heidegger et les modernes (1988, engl. Übers. 1990); Why we are not Nietzscheans (1997); Philosopher à Dix-Huit ans : Faut-il Réformer l'Enseignement de la Philosophie (1999). Mitautor mit L. Sosoe: Philosophie du droit (1991). Mitautor mit S. Mesure von: La Guerre des Dieux. Essai sur la Querelle des Valeurs (1996); Alter ego. Les paradoxes de l'identité démocratique (1999). *Mitherausgeber* von: Histoire de la philosophie politique (1999). Frz. Übers. von: Fichtes Grundlage des Naturrechts: Fondement du droit naturel (^{3}1999); Reden an die Deutsche Nation: Discours à la Nation Allemande (1992); sowie mit L. Ferry: Philosophies de l'Université (1979); Essais philosophiques choisis (1984); Machiavel et autre Ecrits Philosophiques et Politiques (1981).

Günter Zöller, geb. 1954, ist Professor für Philosophie an der Ludwig-Maximilians-Universität München. Gastprofessuren: Princeton University, Emory University, Seoul National University, Venice International University, McGill University, The Chinese University of Hong Kong, Alma Mater Studiorum – Università di Bologna, Huazhong University of Science and Technology, Università Ca' Foscari Venezia und Fudan University. *Buchveröffentlichungen*: Theoretische Gegenstandsbeziehung bei Kant (1984), Fichte's Transcendental Philosophy (1998), Kritischer Geist. Erkennen und Handeln bei Kant, Fichte und Nietzsche (auf Kroatisch, 2012), Fichte lesen (2013; japanische Übersetzung 2014, italienische Übersetzung 2015), Res Publica. Plato's „Republic" in Classical German Philosophy (2015). *Herausgeber*: Minds, Ideas, and Objects. Essays on the Theory of Representation in Modern Philosophy (mit P. Cummins, 1993), Figuring the Self. Subject, Individual, and Others in Classical German Philosophy (mit D. Klemm, 1997), A. Schopenhauer, Prize Essay on the Freedom of the Will (1999), Immanuel Kant, Prolegomena to Any Future Metaphysics (mit P. G. Lucas, 2004), J. G. Fichte, The System of Ethics (mit D. Breazeale, 2005), Fichte und die Aufklärung (mit E. Fuchs, M. Ivaldo und C. de Pascale, 2005), Fichtes praktische Philosophie. Eine systematische Einführung (mit H. G. von Manz, 2006), Übertragene Anfänge. Imperiale Figurationen um 1800 (mit T. Döring und B. Vinken, 2010), Der Staat als Mittel zum Zweck. Fichte über Freiheit, Recht und Gesetz (2011), Immanuel Kant, Anthropology, History, and Education (mit B. Louden, 2011), The Cambridge Companion to Fichte (mit David James; i. Vorb.). Über 300 Aufsätze zu Problemen und Personen der klassischen deutschen Philosophie.

www.ingramcontent.com/pod-product-compliance
Lightning Source LLC
Chambersburg PA
CBHW051116230426
43667CB00014B/2611